hänssler

JOSEPH – EIN MENSCH IM VERTRAUEN AUF GOTT

Mit Joseph geistlich wachsen

Charles R. Swindoll

Dr. Charles R. Swindoll ist Autor zahlreicher Bücher.
Seine Radiosendung »Lebenseinsichten« wird täglich weltweit ausgestrahlt.
Swindoll ist Hauptpastor der »First Evangelical Free Church« in Fullerton,
Kalifornien.

Hänssler-Paperback
Bestell-Nr. 393.683
ISBN 3-7751-3683-5

© Copyright der Originalausgabe 1998 by Charles R. Swindoll, Inc.
Published by Word Publishing, Inc., Nashville, Tennessee
Originaltitel: Joseph – A Man of Integrity and Forgiveness
Übersetzung: Dagmar Gleiss-Forcioli

© Copyright der deutschen Ausgabe 2001 by Hänssler Verlag,
D-71087 Holzgerlingen
Internet: www.haenssler.de
E-Mail: info@haenssler.de
Umschlaggestaltung: Carmen Knoll
Titelbild: Aus dem Film »Die Bibel – Joseph«, Szene mit Paul Mercurio, USA 1995;
Cinetext Bildarchiv Frankfurt
Satz: Vaihinger Satz + Druck
Druck und Bildung: Ebner ULM
Printed in Germany

Widmung

In großer Dankbarkeit
widme ich dieses Buch

JACK A. TURPIN,

der dem Vorstand der Incorporate Members
von Dallas Theological Seminary
treu, sorgfältig und selbstlos
seit 1982
gedient hat.

Wir alle in der Seminar-Familie
ehren Gott von Herzen
für dieses Vorbild an Integrität,
seinen Geist der Großzügigkeit und des Großmutes,
sein Herz der Demut,
seine Hingabe an seine Familie.

INHALT

EINLEITUNG

Joseph
— ein Mensch der Integrität und der Vergebung

Die Tragödien unserer Zeit haben mich dazu getrieben, ein faszinierendes Buch zu lesen. Ich war es so leid, in der Zeitung die ganzen skandalösen Gerüchte ausgebreitet zu bekommen und neugierigen Reportern folgen zu sollen, die sich in die Gemächer des Privatlebens anderer vorarbeiten. Ich brauchte eine neue Hoffnung, dass es immer noch echte Helden gibt, dass es noch einige Menschen gibt, die uns ein Vorbild an echter Größe sind, dass manche noch unseren Respekt verdienen und unsere Bewunderung.

Daher stellte ich alles andere in die Warteschlange und setzte mich hin, um David Aikmans ersten Band »Große Seelen« zu lesen. Auf weniger als 400 Seiten, die auf persönlicher Beobachtung und eingehender Nachforschung beruhen, erinnert Aiman seine Leser, dass es tatsächlich zumindest sechs Menschen gibt, die das zwanzigste Jahrhundert durch ihr Leben und ihre Erfolge ändern geholfen haben. Trotz ihrer menschlichen Unvollkommenheiten und Schwächen sind diese sehr menschlichen Persönlichkeiten über ihre Umstände hinausgewachsen, haben gewaltige Hindernisse überwunden und sich guten Zielen hingegeben, wobei sie eine überwältigende Entschiedenheit an den Tag legten.

Als ich das Buch gelesen hatte, bemerkte ich von neuem den Wert von Biografien. Wen inspiriert ein Mann oder eine Frau nicht, der oder die außergewöhnlichen und dem Allgemeinwohl dienenden Einfluss ausübt? Wer kann über den Mut eines Einzelnen lesen, der sich traut, allein dazustehen mit einer Vision, auf die er sich konzentriert, zwischen Menschen einer fragwürdigen Kultur, die immer weiter abgleitet? Wer möchte einem solchen Leben nicht nacheifern? Ich war ganz neu mit dem Wunsch erfüllt, diese Serie biblischer Biografien fortzusetzen, die ich vor über einem Jahr begonnen hatte – erst Davids, dann Esthers.

Eine Sammlung, die »Große Vorbilder aus Gottes Wort« heißt, ist unvollständig ohne Joseph, einen Mann, der ein Leben vorgelebt hat, das jedermann einfach großartig nennen muss. Während ich diese Feststellung schreibe, erscheint es mir nötig zu klären, was wir hier mit »groß« meinen. Da ich gerade David Aikmans Buch beendet hatte, das dieses Wort auch im Titel führt, kommt mir auch ein Kommentar von ihm in den Sinn:

> Das Wort »groß« hat viele Definitionen, darunter »bedeutend«, »namhaft«, »geehrt«, »berühmt«, »großmütig«, »hoch stehend«, »edel«, »herausragend«, »bekannt«, »beharrlich«, »ausdauernd«, »wunderbar«, »bewundernswert« (Webster's Third New International Dictionary). Die Liste ist noch viel länger. In einem synonymen Wörterbuch findet man als Unterpunkt zu »großmütig« die Wendung »groß(artig) an Herz oder Seele« (Roget's International Thesaurus).[1]

Und dann fährt er mit den folgenden, sehr persönlichen Überlegungen fort, denen ich von Herzen zustimme:

> Ich bin immer tief inspiriert worden durch das Leben anderer. Es ist schwer, aus den Geschichten anderer nicht mit neuem Schwung versehen zu werden, die über Gegnerschaft oder Leiden hinausgewachsen sind oder die trotz großer Anfechtung ihre Reinheit behalten haben. In unserer Zeit hat man die Neigung, das Leben eines Mannes oder einer Frau spontan zu beurteilen, basierend auf Fragmenten; man ist da-

bei oft ungeduldig bei den Einzelheiten, den Feinheiten, den Tiefenschichten.[2]

Da ich solche Ungeduld nicht an den Tag legen möchte, habe ich mir die Zeit genommen, den »Pausen«-Knopf bei jedem Leben in dieser Serie zu drücken, um es eingehend zu untersuchen und voll schätzen zu lernen, was dem eiligen Leser entgehen würde. Ich möchte denselben Standard beibehalten, wenn ich mir nun den Joseph anschaue. Immerhin, wenn wir entdecken, dass seine Geschichte mehr Raum im Buch Genesis einnimmt als die irgendeines anderen Menschen – mehr als Adam, Noah, Abraham, Isaak oder gar sein eigener Vater Jakob – dann merken wir, dass wir es nicht mit einem kleinen Lichtlein zu tun haben. Im Gegenteil, er ist einer jener Vorväter, dessen Gegenwart einen fassbaren Schatten über die farbige Landschaft der hebräischen Geschichte wirft. Er gehört in die Liste der »Großen Gottes« ... Er lebte sein Leben zum Ruhme Gottes und, was genauso wichtig ist, er lebte, obwohl er schrecklich misshandelt wurde, weit jenseits der allzu normalen Reaktionen wie Wut, Unwillen und Rachsucht. Er ist derjenige, der sich ganz bewusst entschied, unfaire Taten, die sich gegen ihn richteten, zu übersehen, riesige Hindernisse zu überwinden, eine Tugend vorzuleben, die in unserem feindseligen Zeitalter auszusterben droht – Vergebung. Aber mehr darüber später.

Ich stehe in der Schuld vieler treuer und begabter Menschen, die mir geholfen haben, diesen Band in Ihre Hände zu bringen. David Moberg, der Altersvizepräsident von Marketing and Creative Development, als Verleger verbunden mit Word Publishing, hat eine ausgewogene Mischung nachdenklichen Verstehens und sanfter Überzeugungskraft an den Tag gelegt, um mir zu helfen, an dieser Aufgabe dranzubleiben. Helene Peters hat immer wieder meine handgeschriebenen Notizen dechiffriert und diese Zeilen in richtig geschriebene und mit genauer Interpunktion versehene Wörter, Sätze und Absätze verwandelt, auch hat sie alle nötigen Genehmigungen für meine Fußnoten eingeholt. Judith Markhan, meine Herausgeberin mit dem klaren Blick, hat ihre großen Fähigkeiten einem weiteren meiner Bände gewidmet, hat eifrig gegen die Anforderungen und Zeitlimits gearbeitet, denen wir in diesem Projekt gegenüberstanden. Außer diesen »großen Seelen« möchte ich zweien meiner Kollegen im Büro von Insight for Living in Anaheim danken: Gary Matlack und Wendy Peterson für ihre Bereitschaft, mir über die Schulter zu sehen und mich, wo nötig, vor historischen Irrtümern zu retten, vor schlecht formulierten Feststellungen oder technischen Fehlern. Lee Hough's hat ausgezeichnet an unserem Studienführer gearbeitet und war mir dadurch einige Male eine große Hilfe und ich erkenne dankbar an, wie sehr ich seine Umsicht in der Forschung schätze und seine schöpferischen Fähigkeiten.

Ich schulde meiner Frau Cynthia besonderen Dank, mit der ich länger als 43 Jahre verheiratet bin, deren Ermutigung meinen Stift in Bewegung hielt und deren Unterstützung und Verständnis grenzenlos ist. Ihretwegen und wegen all derer, die ich oben erwähnt habe, liegt nun *Joseph – ein Mann der Integrität und der Vergebung* vor und ich – ein Mann mit müder Hand und erschöpftem Kopf – bin erleichtert.

CHUCK SWINDOLL
Dallas, Texas

Irren ist menschlich;
Vergeben ist göttlich.

KAPITEL EINS

Lieblingssohn, gehasster Bruder

Ich musste einfach lächeln, als mir der Slogan auf der vorhergehenden Seite aus einem Briefumschlag in die Hände fiel, in dem sich auch ein Brief von einem früheren Freund aus meiner Militärzeit befand. Er und ich wussten beide aus Erfahrung, dass diese starken sechs Wörter tatsächlich ein ungeschriebenes Gesetz der Marine widerspiegeln – wenigstens des »alten Corps«, zu dem ich früher gehört hatte. Ich habe mitbekommen, dass sich das in der letzten Zeit geändert hat (ehrlich gesagt, möchte ich das erst selbst sehen, bevor ich es glaube). Sollte das wirklich so sein, ist diese Änderung längst überfällig.

Veränderungen in Richtung Vergebungsbereitschaft und Vergebung mögen in den Offiziersrängen des Marine Corps vorkommen, aber das trifft nicht für die breite Masse zu. »Ich werde nicht wütend, ich ziehe nur gleich« ist nicht einfach ein harmloser Aufkleber auf einer Stoßstange, über den Leute vielleicht lächeln; darin drückt sich auch eine übermächtige, schmerzhafte Wirklichkeit aus. Wie sonst könnte man die Vielzahl der Gerichtsverfahren erklären, die durchgebrannten Sicherungen von Autofahrern, die explosiven Reaktionen und manchmal tödlichen Racheakte derer, die meinen, man habe ihnen Unrecht getan? »Gleichzuziehen«

hat in unserer amerikanischen Gesellschaft die Ebene einer verdrehten Form der Kunst erreicht. Menschen irren und Gott vergibt. Aber keines von beiden steht für eine Linie, die die meisten Menschen zu übernehmen bereit wären.

Zum Glück gibt es Ausnahmen. Immer wieder einmal kommen wir mit einem Menschen in Kontakt, der mutig im Gegensatz steht zum kleinsten gemeinsamen Nenner der überwiegenden Meinung heute, die sich auf sehr niedrigem Niveau befindet. Gelegentlich tritt solch ein Mensch auf und wir sind fassungslos, betroffen durch seine Größe.

Mir passierte das 1980. Ich hatte mich im Frühsommer entschieden, noch vor Jahresende die Bibel vom ersten bis zum letzten Buch durchzulesen. Ich hatte noch nicht einmal das Buch Genesis durchgelesen, als ich die erste Persönlichkeit traf, deren Leben mich immer wieder zum Kopfschütteln veranlasste vor Erstaunen. Vollkommen unabhängig davon, wie man ihn behandelte, trotz unfairer und irrtümlicher Anklagen, obwohl man ihn verwarf, ausstieß, verließ, missbrauchte, verleumdete und vergaß, wies er es von sich, rachsüchtig oder bitter zu werden oder Groll zu hegen. Um ganz ehrlich zu sein, er erschien mir zu gut, um wahr zu sein. Daher las ich seine Lebensgeschichte noch einmal – dieses Mal langsamer und aufmerksamer, bewusster. Zu meinem Erstaunen enthüllte das sorgfältigere Lesen eine noch tiefere Ebene der Geduld und Reinheit. Ich schwor mir, dass ich mich irgendwann noch einmal mit einem Stift in der Hand diesem Menschen widmen würde, der in Genesis 37 bis 50 beschrieben ist, um ihn der Allgemeinheit vorzustellen. Das war ein Mann, mit dem jedermann Bekanntschaft schließen sollte!

Diese Zeit ist jetzt gekommen. Jetzt endlich habe ich das Vorrecht, Sie mit diesem Mann von enormer Integrität bekannt zu machen, der die immer während Vergebung vorbildlich lebte. Er heißt Joseph. Wenn ich richtig liege, werden auch Sie diesen Mann nie mehr vergessen. Aber warum sollte uns das überraschen? Seine Lebensgeschichte steht in dem einzigartigsten Buch, das je geschrieben wurde – in der Bibel. Kein darin beschriebenes Leben ist unwichtig oder sollte vergessen werden.

Die Bibel ist das entscheidende Buch über die Persönlichkeit des Menschen ... Von Adam in Genesis bis zu Satan in der Apokalypse sind die Bilder unvergesslich ... Augustinus beschrieb, wie Menschen über die Erde gehen und Flüsse und Berge bestaunen, die Sterne und das Meer, während der Mensch selbst das größte Wunder ist ... Wie erschreckend und wie wunderbar zugleich sind die furchtbaren und herrlichen Eigenschaften und Fähigkeiten des Menschen ... Jemand hat einmal gesagt, dass das Leben jedes einzelnen Menschen genug Stoff für einen großen Roman enthält.[3]

DAS SCHULUNGSBUCH GOTTES

Gott setzt die in der Bibel beschriebenen Menschen unentwegt dazu ein, uns zu lehren, uns zu ermutigen, uns auch zu warnen. Wer könnte sich dem Einfluss der Wahrheiten entziehen, die von den darin beschriebenen Menschen vorgelebt werden, von David und Esther, von Mose und Jona, von Petrus und Paulus? Man kann Wahrheiten nicht in den Bereich der Theorie verbannen, wenn sie sich durch das Leben realer Männer und Frauen enthüllen. Genau das bewirken diese göttlich inspirierten Biografien; sie holen die Wahrheiten hervor und weben sie in den Alltag ein. Gottes Trainingsbuch ist voller Biografien, die uns inspirieren und anleiten.

Der Römerbrief stellt in Kapitel 15 Vers 4 fest: »Denn was *zuvor* geschrieben ist, das ist uns zur Lehre geschrieben, damit wir durch Geduld und den Trost der Schrift Hoffnung haben.« Dieser Bezug auf *»frühere Zeiten«* umfasst all die Wahrheiten, die im Alten Testament niedergeschrieben worden sind. Und wenn wir diesen Vers richtig lesen, gibt es auch zwei prinzipielle Gründe, warum Gott möchte, dass wir das Alte Testament vorliegen haben, studieren und es als Lebensbuch gebrauchen lernen: Zunächst zur Lehre für die Gegenwart und als Zweites, damit wir daraus Hoffnung für die Zukunft schöpfen. Gott hat uns diese Information gegeben, damit unser Wollen und Wünschen die Wahrheiten über ihn und über das Leben aufnehmen können, damit wir so ermutigt werden, in Zukunft durchzuhalten, und so bestehen können.

Dann heißt es in 1. Kor 10,6 und 11: »*Das* ist aber geschehen uns zum Vorbild, damit wir nicht am Bösen unsre Lust haben, wie jene sie hatten ... *Dies* widerfuhr ihnen als ein Vorbild. Es ist aber geschrieben uns zur Warnung, auf die das Ende der Zeiten gekommen ist.« (Hervorhebung durch den Autor) »Das« in Vers 6 bezieht sich auf die vorangegangenen fünf Verse dieses Kapitels, die zurückverweisen auf das Volk Israel und manche Dinge, die es erfahren und erlebt hatte. Der gleiche Gedanke wird dann in Vers 11 wiederholt, wo betont wird, dass Gott uns die Wahrheiten des Alten Testaments gegeben hat, um uns zu lehren, uns Hoffnung zu geben, uns zu mahnen, im Alltag recht zu leben, damit uns nicht nach den bösen, schlechten Dingen verlangen sollte, nach denen manche unserer geistlichen Vorväter verlangt haben.

Ich habe Clarence E. Macartneys Feststellung schon zitiert, die mit der Anmerkung endet, dass das Leben jedes Menschen das Zeug zu einem Roman enthält. Vielleicht liest sich keine Biografie der Bibel so sehr wie ein spannungsgeladener, in den Bann ziehender Roman wie die des Joseph.

Josephs Geschichte ist eine ziselierte und in sich geschlossene Novelle, die in lebendigen Einzelheiten die Entwicklung seines Charakters beschreibt, von einem jungen überheblichen Mann mit Ausstrahlung zu einem Mann mittleren Alters voller Mitgefühl. Das Buch Genesis erreicht einen melodramatischen Höhepunkt in diesen spannendsten letzten Kapiteln: die Geschichte vom Fall und Wiederaufstieg eines Menschen, der reich ist an allen menschlichen Leidenschaften – Liebe und Hass, Ehrgeiz und Ruhm, Eifersucht und Wut. Tränen der Freude, aber auch des Kummers werden vergossen. Kleider werden vor Trauer zerfetzt. Es ist eine ergreifende Erzählung von Betrug und Hintergehung, Verrat und Vergebung.[4]

Bevor wir uns näher mit Joseph bekannt machen, wollen wir einen schnellen Blick auf einige Hintergrundinformation werfen. Vielleicht hilft es Ihnen, wenn Sie sich merken, dass dieses Leben sich in drei unterschiedliche Abschnitte teilen lässt:

- *Von der Geburt bis zum 17. Lebensjahr (Genesis 30,24–37,2)*
  In dieser Zeit befand sich Josephs Familie in einem Übergangsstadium – keiner war irgendwo zu Hause, alle waren unterwegs. Eine Gegnerschaft auf niedrigem Niveau brach aus, als seine Familie sich zerstritt und sich voll Eifersucht und Hass untereinander begegnete.

- *Vom 17. bis zum 30. Lebensjahr (Genesis 37,2–41,46)*
  Dieser zweite Teil beginnt, als Joseph in das frühe Mannesalter eintritt. Sein Leben scheint ihm zu entgleiten. Er wird versklavt, ungerechtfertigt angeklagt und ins Gefängnis geworfen.

- *Vom 30. Lebensjahr bis zum Tod (Genesis 41,47–50,26)*
  Josephs restliches Leben ist ein Leben des Wohlstandes und der Belohnung unter dem Segen Gottes. Er hatte die klassische Gelegenheit, mit seinen Brüdern gleichzuziehen und sie für immer zu ruinieren, aber er nahm sie bewusst nicht wahr. Stattdessen segnete und schütze er sie und vergab ihnen.

Jakob: der alternde Vater

Als erster Person begegnen wir Josephs Vater Jakob. Ihn müssen wir zunächst verstehen lernen. Sein zweiter Name ist Israel und das bedeutet »Gott eifert« – dieser Name war ihm gegeben worden, nachdem er mit Gott gerungen und sich an ihn geklammert hatte, bis er den Segen erhielt. (Diese Geschichte ist aufgeschrieben in Genesis 32,22–32.) Der Name ist eine deutliche Aufwertung gegenüber seinem alten Namen, Jakob, der wörtlich »der Schwindler« oder »der Betrüger« bedeutet. Darauf werden wir noch zurückkommen, aber zunächst wollen wir die Anfangszeilen von Genesis 37 langsam und aufmerksam lesen:

> Jakob aber wohnte im Lande, in dem sein Vater ein Fremdling gewesen war, im Lande Kanaan. Und dies ist die Geschichte von Jakobs Geschlecht: Joseph war siebzehn Jahre alt und war ein Hirte bei den Schafen mit seinen Brüdern; er war Gehilfe bei den Söhnen Bilhas und Silpas, der Frauen seines Vaters, und brachte es vor ihren Vater, wenn etwas Schlechtes über sie geredet wurde. Israel aber hatte Joseph lieber als alle seine Söhne, weil er der Sohn seines Alters war, und machte ihm einen bunten Rock.
>
> Gen 37,1-3

Jakob war ein alter Mann, als Joseph geboren wurde. Die Schrift nennt Joseph »den Sohn seines (hohen) Alters«. Jakobs ursprünglicher Name, »Betrüger«, war angemessen, da das seine Natur gewesen war von Jugend auf. Es ist nicht überraschend, dass das Thema Betrug zum fortwährenden Problem in der Familie wurde.

Jakob war nicht nur ein Betrüger, wir werden auch sehen, dass er ein passiver Vater war. Wir haben hier in dieser uralten Geschichte die klassische Illustration eines Mannes, der zu beschäftigt war, um seiner Familie gerecht zu werden, der zu geistesabwesend war und sich gedanklich zu wenig mit ihr beschäftigte; mit anderen Worten war er zu passiv, als dass er sich um die Dinge gekümmert hätte, die sich im Leben seiner Kinder abspielten.

Weil Jakob in der Phase, die wir hier betrachten, schon ein alter Mann war, liebte er Joseph am meisten. Als Joseph geboren wurde, hatte Jakob noch einmal ein neues Leben angefangen. Wir können das heute auch oft beobachten, wenn Männer in den Vierzigern oder älter noch einmal Vater werden. Wenn dies passiert, scheinen sie neuen Antrieb zu bekommen, ihr Leben noch einmal umzugestalten. Und das geschah auch mit Jakob, als Joseph geboren wurde. Darüber hinaus kann seine große Liebe für

Joseph damit erklärt werden, dass er das einzige Kind von Jakobs Lieblingsfrau Rahel war.

Einige Kapitel zuvor konnten wir den folgenden Bericht über Josephs Geburt lesen:

> Gott gedachte aber an Rahel und erhörte sie und machte sie fruchtbar. Da ward sie schwanger und gebar einen Sohn und sprach: »Gott hat meine Schmach von mir genommen«; und sie nannte ihn Joseph und sprach: »Der HERR wolle mir noch einen Sohn dazugeben!«
>
> Gen 30,22-24

Seine Mutter gab ihm den Namen Joseph, was »füge hinzu« bedeutet oder »Möge er (Gott) hinzufügen«. Damit drückte Rahel den Wunsch nach einem weiteren Sohn aus.

Bis Joseph geboren wurde, war Rahel unfruchtbar gewesen und für Frauen ihrer Kultur war Unfruchtbarkeit der größte Makel. Wenn eine Frau verheiratet war und ihr ganzes Leben ohne Kinder verbringen musste, dann war das für sie eine Schmach und oft auch für ihren Mann. In diesem Fall war ihre Unfruchtbarkeit keine Schmach für Jakob gewesen, weil er schon Kinder von seiner ersten Frau Lea hatte, die übrigens Rahels Schwester war. Doch das ist eine andere interessante Geschichte. Halten Sie noch aus, während ich Ihnen einige andere Details näher bringe, die Ihnen helfen werden, zu verstehen und richtig einzuschätzen, was Joseph in seiner Kindheit und Jugend erlebte.

Als Jakob ein junger Mann war, verliebte er sich in Rahel, die hübsche Tochter eines Mannes namens Laban. »Wenn ich deine Tochter Rahel heiraten darf, werde ich dir sieben Jahre treu dienen.« Das hatte Jakob dem Laban versprochen. Der Handel wurde so besiegelt und Jakob diente Laban sieben Jahre. Aber an Jakobs Hochzeitstag nahm Laban einen üblen Tausch vor; er betrog Jakob. Man könnte sagen, dass er den Betrüger betrog, und am Ende war Jakob mit Lea verheiratet, Rahels älterer und weniger hübscher Schwester.

Als Jakob bemerkte, was geschehen war, sagte er: »Ich werde noch einmal sieben Jahre bei dir arbeiten, wenn ich Rahel bekomme.« Sehen Sie, sie war die Frau, die er wirklich liebte. Da gab Laban dem Jakob Rahel als zweite Frau und Jakob arbeitete noch einmal sieben Jahre für seinen Schwiegervater. Offenkundig hatte diese junge Familie keinen guten Start.

Innerhalb der nächsten Jahre empfing Lea von Jakob acht Kinder, sieben Söhne, eine Tochter. Da Lea und Rahel um die Zuneigung Jakobs und um Mutterschaft rangen, gebaren auch ihre beiden Mägde dem Jakob vier Söhne.

In dieser ganzen Zeit flehte Rahel zu Gott, Er möge ihren Schoß öffnen und ihr ein Kind schenken. Schließlich erhörte Gott sie und gab ihnen den Sohn Joseph.

Inzwischen hatte Jakob zwanzig Jahre für seinen Schwiegervater gearbeitet und war sehr danach bestrebt, sich selbstständig zu machen und seiner eigenen Wege zu gehen. Laban lebte in Haran, in einem Land weit vom Nordosten Kanaans entfernt, während Jakob seine Frauen und Kinder in sein Heimatland zurückführen wollte, ins Land Kanaan, das oft »das Gelobte Land« genannt wird.

> Als nun Rahel den Joseph geboren hatte, sprach Jakob zu Laban: »Lass mich ziehen und reisen an meinen Ort und in mein Land. Gib mir meine Frauen und meine Kinder, um die ich dir gedient habe, dass ich ziehe; denn du weißt, wie ich dir gedient habe.«
>
> Gen 30,25-26

Kanaan: das Gelobte Land

»Ich gehöre nach Kanaan«, sagte Jakob zu seinem Schwiegervater. »Dort haben meine Leute ihre Wurzeln. Dort möchte ich meine Kinder aufziehen.«

Laban stimmte zu, aber in diesen Verhandlungen versuchten er und Jakob wieder, einander zu betrügen. Schließlich waren Jakob und seine Familie auf dem Weg ins Land Kanaan – aber die Reise verlief nicht ohne Tragödien. Der erste Zwischenfall ereignete sich, als sie zur Stadt Sichem kamen, eine Gegend, die von einem Volk besiedelt war, die man als Hetiter kennt. Lesen und weinen Sie:

> Dina aber, Leas Tochter, die sie Jakob geboren hatte, ging aus, die Töchter des Landes zu sehen. Als Sichem sie sah, der Sohn des Hiwiters Hamor, der des Landes Herr war, nahm er sie, legte sich zu ihr und tat ihr Gewalt an.

Gen 34,1-2

Es war tragisch, dass Dina vergewaltigt wurde. Aber sie war umgeben von Brüdern, die sie liebten und die um ihr Wohlergehen Sorge trugen. Sie entwarfen einen Plan, verleiteten die Hetiter, in ihre Falle zu gehen und metzelten alle Männer der Stadt hin. Dann nahmen sie all ihre Besitztümer mit, auch deren Frauen und Kinder (Gen 34,29).

Als Jakob hörte, was seine Söhne getan hatten, um sich zu rächen, wurde er zornig. Offenkundig nicht darüber, was man seiner Tochter angetan hatte oder über die Schrecklichkeit ihrer brutalen Rache. Sondern was Jakob am meisten erregte, war, ob Sie es glauben oder nicht, die Sorge um seinen Ruf bei dem restlichen Volk im Land.

Die zweite Tragödie betraf Rahel. Während sie noch auf der Heimreise in die Heimat Isaaks, Jakobs Vater, waren, erhörte Gott Rahels Gebete und schenkte ihr einen zweiten Sohn.

> Und sie brachen auf von Bethel. Und als es noch eine Strecke Weges war bis Ephrata, da gebar Rahel. Und es kam sie hart an über der Geburt. Da ihr aber die Geburt so schwer wurde, sprach die Wehmutter zu ihr: »Fürchte dich nicht, denn auch diesmal wirst du einen Sohn haben.« Als ihr aber das Leben entwich und sie sterben musste, nannte sie ihn Ben-Oni [d. h. Sohn meines Unglücks], aber sein Vater nannte ihn Ben-Jamin [Sohn des Glücks]. So starb Rahel und wurde begraben an dem Wege nach Ephrata, das nun Bethlehem heißt.

Gen 35,16-19

Was für ein trauriger Tag muss das für Jakob gewesen sein! Jakob hatte lange und hart gearbeitet, um die Frau heiraten zu können, die er liebte; und Rahel hatte Jahre gewartet, bis sie ihm seinen Sohn schenken konnte. Nun – auf der Schwelle zu seiner Heimatstadt, mit dem Haushalt und seinen Besitztümern, den Kindern von Lea und den beiden Söhnen Rahels im Gefolge – stirbt Jakobs geliebte Frau Rahel im Kindbett! Und auf dem Höhepunkt, als er noch um Rahel trauerte,

> zog Israel (Jakob) weiter und schlug sein Zelt auf jenseits von Migdal-Eder. Und es begab sich, als Israel im Lande wohnte, ging Ruben hin und legte sich zu Bilha, seines Vaters Nebenfrau. Und das kam vor Israel.
>
> Gen 35,21-22

Ruben hatte Beischlaf mit Bilha, die die Mutter von zweien seiner Halbbrüder war. Jakob (Israel) war ein so passiver Vater, dass er, als er hörte, was sein Sohn getan hatte, absolut nichts unternahm. Das erscheint offenkundig, denn der Schreiber fährt nach diesem Bericht damit fort, dass er einfach die Namen der zwölf Söhne Jakobs aufzählt. Als er von der Vergewaltigung seiner Tochter erfuhr, unternahm er nichts. Als er hörte, dass einer seiner Söhne Inzest begangen hatte mit Bilha, tat er wieder nichts. NICHTS!

Man könnte sagen: »Moment mal! Vielleicht hatte Jakob ja gar nichts von alledem erfahren. Vielleicht wurden ihm diese Informationen vorenthalten.« Aber wir wissen, dass das nicht stimmt; der Text sagt, dass Jakob von beiden Ereignissen erfuhr. Tatsächlich versammelte Jakob in seiner Sterbestunde alle seine Söhne um sich und segnete sie. »Das sind die zwölf Stämme Israels und das ist's, was ihr Vater zu ihnen geredet hat, als er sie segnete, einen jeden mit einem besonderen Segen.« (Gen 49,28) In diesem Zusammenhang sagte er:

> Ruben, mein erster Sohn bist du, meine Kraft und der Erstling meiner Stärke, der Oberste in der Würde und der Oberste in der Macht. Weil du aufwalltest wie Wasser, sollst du

nicht der Oberste sein; denn du bist auf deines Vaters Lager gestiegen, daselbst hast du mein Bett entweiht, das du bestiegst.

Gen 49,3-4

Dies ist eine poetische Art zu sagen: »Ruben, du bist ein wilder und rücksichtsloser Mensch. Du hast eine schändliche Tat begangen. Deshalb wirst du nicht die Ehre und die Macht bekommen, die einem Erstgeborenen eigentlich zusteht.« Eine Fußnote in der Neuen Internationalen Version der amerikanischen Bibel (NIV) stellt fest: »Rubens Abkömmlinge waren gekennzeichnet durch Unentschlossenheit.« (vgl. Ri 5,15-16).

Wenn Sie ähnlich veranlagt sind wie ich, dann denken Sie beim Lesen dieses Schlussberichtes: »Warum, Jakob, sagst du dies erst jetzt, Jahre später? Wo warst du, als all dies passierte? Warum hast du nicht gehandelt, als du es als Vater hättest tun sollen? Warum bist du da nicht auf den Plan getreten und hast eingegriffen? Da du es nicht getan hast, wer wird jetzt deine Kinder leiten?«

Ich danke Ihnen, dass Sie durchgehalten haben und mir durch diese geschichtlichen Fakten gefolgt sind. Ich habe Ihnen diesen ganzen Hintergrund mitgeliefert, damit Sie erkennen und begreifen können, welche Täuschungen, Intrigen, welche Wut, Rebellion, Rivalität und unkontrollierte Eifersucht unter den Söhnen Jakobs wucherten – alles Eigenschaften, die auch ihr Vater gezeigt hatte. Dies war die Familie, in die Joseph hineingeboren worden war, und es war eine ziemlich schreckliche Umgebung für einen Jungen, in der er aufwuchs.

Joseph: der Lieblingssohn

Bitte erinnern Sie sich, dass Joseph von Geburt an der Liebling seines Vaters war. Er war der Erstgeborene von Jakobs Lieblingsfrau Rahel, die er innig liebte. Er war das Kind, das Jakob im Alter geboren wurde. Joseph war so ganz anders als seine Brüder, was Charakter und Haltung betraf. Er liebte ihn nicht nur am meisten, er war auch so unklug, diese große Bevorzugung offen zu zeigen.

Nun waren Jakobs andere Söhne keine Dummköpfe. Sie mögen lüstern gewesen sein, unbeherrscht, trügerisch und rachsüchtig, aber sie waren nicht dumm. Sie merkten sehr schnell an sichtbaren Zeichen, wie sehr ihr Vater sich der Vorliebe für Joseph hingab, dass er der Liebling der Familie war. Seine Mutter war die bevorzugte Frau gewesen und Joseph war der bevorzugte Sohn. Aber sie hatten keineswegs vor, sich zurückzulehnen und zuzusehen, wie das einfach immer so weitergeht. Es war nur eine Frage der Zeit, wann sie ihrem Ärger Luft machen würden. Beobachten Sie bitte genau, wie ihre Sicherung immer mehr durchbrannte:

> Israel aber hatte Joseph lieber als alle seine Söhne, weil er der Sohn seines Alters war, und machte ihm einen bunten Rock.

Gen 37,3

Passive Väter neigen dazu, das Kind zu bevorzugen, das am leichtesten zu erziehen ist. Es ist viel schwieriger, mit einem Kind umzugehen, das sich schlecht leiten lässt. (Genau deshalb ist es ja auch so schwierig, es zu erziehen.) Daher wird ein passiver Vater dazu neigen, das Kind zu bevorzugen, das keine Schwierigkeiten bereitet. Da Jakob elf Söhne hatte, die nicht einfach zu handhaben waren, bevorzugte er den, der ihm eine Herzensfreude war.

Wie ich schon früher angemerkt habe, unternahm Jakob nichts, um seine Vorliebe zu verbergen. Im Gegenteil, er tat sie offen kund, indem er Joseph einen »… Mantel gab«, oder, wie die King James Bibel es übersetzt, »einen Mantel in vielen Farben«. (Die NIV nennt es »ein reich verziertes Gewand«.)

Ein verlässlicher Kommentator des Alten Testaments, H. C. Leupold, sagt bezüglich des Stils von Josephs Kleidung: »Diese Tunika hatte Ärmel und reichte bis an die Knöchel.«[5] Er folgert das aus dem hebräischen Wort *passim*, was »Hand-« oder »Fußgelenke« bedeutet.

Man kann in einem Kleidungsstück mit Ärmeln, das bis an die Knöchel reicht, nicht gut arbeiten, besonders dann nicht, wenn es ein teures, reich verziertes Gewand ist. Das wäre so, als wollte man einen Schweißer in einem bodenlangen Nerzmantel auf die Baustelle schicken. In Josephs Tagen bestand die Arbeitskleidung aus einer kurzen, ärmellosen Tunika. Sie ließ Arme und Beine frei, damit die Arbeiter leicht manövrieren und sich bewegen konnten. Wie Sie sich vorstellen können, gab Jakob dadurch, dass er Joseph diesen bodenlangen, prächtigen Mantel schenkte, was diesen aufwertete, deutlich zu erkennen: »Du kannst dieses wunderschöne Kleidungsstück tragen, weil du nicht so zu arbeiten brauchst wie deine Brüder.«

EIN MORDANSCHLAG

Und dies ist die Geschichte von Jakobs Geschlecht: Joseph war siebzehn Jahre alt und war ein Hirte bei den Schafen mit seinen Brüdern; er war Gehilfe bei den Söhnen Bilhas und Silpas, der Frauen seines Vaters, und brachte es vor ihren Vater, wenn etwas Schlechtes über sie geredet wurde. Israel aber hatte Joseph lieber als alle seine Söhne, weil er der Sohn seines Alters war, und machte ihm einen bunten Rock. Als nun seine Brüder sahen, dass ihn ihr Vater lieber hatte als alle seine Brüder, wurden sie ihm feind und konnten ihm kein freundliches Wort sagen.

Gen 37,2-4

In der Familie, in die Joseph hineingeboren wurde, gab es nur zornige, eifersüchtige und betrügerische Menschen. Außerdem hatten die anderen Söhne Jakobs beobachtet, wie inmitten dieser feindlichen Umgebung ihr Vater Joseph immer vorzog. Ihre Eifersucht verwandelte sich in Ablehnung und in Hass. Beachten Sie die Schlussanmerkung: Josephs Brüder hatten ihren jüngeren Bruder derart verachten gelernt, dass sie kein freundliches Wort mehr mit ihm wechseln konnten. Versuchen Sie einmal, sich den steigenden Druck in dieser Familie vorzustellen. Es war ein großes Pulverfass am Rande der Explosion.

Joseph fügte ihrer Verletztheit noch etwas hinzu: Er träumte oft. Warum auch immer, jedenfalls erzählte er seinen Brüdern eine Reihe seiner Träume. Wenn die Beziehung zu ihnen nicht schon vorher belastet gewesen wäre, so hätten diese Träume allein ausgereicht, da bin ich sicher, ihm Übles anzutun.

Dazu hatte Joseph einmal einen Traum und sagte seinen Brüdern davon; da wurden sie ihm noch mehr feind. Denn er sprach zu ihnen: »Höret doch, was mir geträumt hat. Siehe, wir banden Garben auf dem Felde, und meine Garbe richtete sich auf und stand, aber eure Garben stellten sich ringsumher und neigten sich vor meiner Garbe.« Da sprachen seine Brüder zu ihm: »Willst du unser König werden und über uns herrschen?« Und sie wurden ihm noch mehr feind um seines Traumes und seiner Worte willen.

Gen 37,5-8

»Lasst mich euch diesen Traum erzählen«, sagte Joseph.

Und als sie zu Ende gehört hatten, verspotteten ihn seine Brüder: »Was? Glaubst du wirklich, dass du eines Tages unser Herr sein wirst? Dass *wir* dir dienen müssen?« Man kann sich doch leicht vorstellen, wie jeder von ihnen dachte: »Wach auf, Jo!«

Und Joseph sagte: »Wartet, ich bin noch nicht fertig. Ich hatte noch einen Traum.« Der biblische Text berichtet:

Und er hatte noch einen zweiten Traum, den erzählte er seinen Brüdern und sprach: »Ich habe noch einen Traum gehabt; siehe, die Sonne und der Mond und elf Sterne neigten sich vor mir.« Und als er das seinem Vater und seinen Brüdern erzählte, schalt ihn sein Vater und sprach zu ihm: »Was ist das für ein Traum, den du geträumt hast? Sollen ich und deine Mutter und deine Brüder kommen und vor dir niederfallen?« Und seine Brüder wurden neidisch auf ihn. Aber sein Vater behielt diese Worte.

Gen 37,9-11

Als sein Vater von diesem Traum hörte, muss er die Stirn gerunzelt haben, denn was er antwortete, bedeutete so viel wie: »Nun halt mal die Luft an, mein Sohn. Was soll das alles? Versuchst du uns hier zu erklären, dass ich die Sonne bin, deine Mutter der Mond, deine elf Brüder die Sterne und dass wir alle uns vor dir verbeugen werden? Also, mein lieber Joseph, ich bin ein wenig besorgt wegen dir.«

Wieder reagierte Jakob passiv. Er merkte sich, was Joseph sagte, verstand auch die Bedeutung, aber er sah nicht darüber hinaus. Ich bin nicht sicher, ob er die Eifersucht der anderen Söhne nicht bemerkte, aber falls er es tat, reagierte er nicht darauf. Er machte eigentlich einen Rückzieher, indem er sagte: »Es ist, wie es ist. So sind wir eben in dieser Familie.« Elterliche Passivität in einer Familie, die in der Gefahr steht, außer Kontrolle zu geraten, ist tödlich. Dies hier ist ein klassisches Beispiel. Die Lunte hat das Pulverfass beinahe erreicht.

Vom Vater gesandt

Wenig später waren »seine Brüder hingegangen ..., um das Vieh ihres Vaters ... zu weiden«. Aber Joseph ging nicht mit, vielleicht weil Jakob ihn an seiner Seite haben wollte.

> Als nun seine Brüder hingegangen waren, um das Vieh ihres Vaters in Sichem zu weiden, sprach Israel zu Joseph: »Hüten nicht deine Brüder das Vieh in Sichem? Komm, ich will dich zu ihnen senden.« Er aber sprach: »Hier bin ich.« Und er sprach: »Geh hin und sieh, ob's gut steht um deine Brüder und um das Vieh, und sage mir dann, wie sich's verhält.« Und er sandte ihn aus dem Tal von Hebron und er kam nach Sichem.
>
> Gen 37,12-14

Es ist interessant festzustellen, dass Jakobs Söhne in das Gebiet, das sich Sichem nennt, zurückkehrten, um ihre Tiere zu weiden.

Das war doch der Ort, in dem ihre Schwester Dina vergewaltigt worden war und wo sie alle Männer umgebracht und ihre Häuser geplündert und allen Besitz mitgenommen hatten. Als Jakob feststellte, wohin sie gegangen waren, hat er vermutlich gedacht: Meine Jungens könnten in Gefahr sein wegen der Dinge, die sie den Bewohnern von Sichem angetan haben. Daher befahl er Joseph, hinzugehen und nachzusehen, wie es ihnen erging und ihm das zu berichten.

Man fragt sich, was Jakob zu jener Zeit dachte. Oder ob er überhaupt etwas gedacht hat? War er sich vollkommen im Unklaren über die Lage? Wie konnte er nicht bemerkt haben, wie in seinem Haus Hass und Neid umgingen? Hatte er keine Ahnung von der Gefahr, in die er seinen Lieblingssohn schickte? In Wirklichkeit bereitete er Joseph auf das vor, was geschehen würde. Sie sind im Begriff, Zeuge einer Explosion aufgestauter Gefühle zu werden.

> … Da zog Joseph seinen Brüdern nach und fand sie in Dotan. Als sie ihn nun sahen von ferne, ehe er nahe zu ihnen kam, beschlossen sie, ihn umzubringen, und sprachen untereinander: »Seht, der Träumer kommt daher! So kommt nun und lasst uns ihn töten und in eine Grube werfen und sagen, ein böses Tier habe ihn gefressen; so wird man sehen, was aus seinen Träumen wird.«

> Gen 37,17b-20

Von den Brüdern misshandelt

Komme mir keiner mit Feindseligkeit in der Familie! Sobald sie Joseph kommen sahen, reagierten die Brüder mit zusammengebissenen Zähnen. Ihre Bemerkungen sind festgehalten: »Seht, der Träumer kommt daher! So kommt nun und lasst uns ihn töten.« Jetzt ist es Zeit anzumerken, dass ein passiver Elternteil in einer feindseligen Familiensituation Folgen hervorbringt, die nicht mehr kontrollierbar sind. Inzwischen waren die Brüder in Gedanken bis zu Mordgelüsten gekommen.

Erstaunlicherweise ist es Ruben, der hier eingreift:

> Als das Ruben hörte, wollte er ihn aus ihren Händen erretten und sprach: »Lasst uns ihn nicht töten!« Und weiter sprach Ruben zu ihnen: »Vergießt nicht Blut, sondern werft ihn in die Grube hier in der Wüste und legt die Hand nicht an ihn!« Er wollte ihn aber aus ihrer Hand erretten und ihn seinem Vater wiederbringen.

> Gen 37,21-22

Erinnern Sie sich an Ruben? Ruben, den Erstgeborenen? Derselbe Ruben, der mit einer Konkubine seines Vaters geschlafen hatte. Vielleicht empfand er als Ältester eine gewisse Verantwortung für seinen jüngeren Bruder. Oder er war zu einem besseren Menschen geworden, als er vorher gewesen war.

»Seht mal, wir wollen ihn doch nicht umbringen«, sagte Ruben. »Lasst ihn uns nur in den Brunnen werfen. Wir werden ihm eine Lektion verpassen, aber es gibt keinen Grund, ihn zu töten.« Inzwischen hatte Ruben die Idee, später zurückzukommen, um Joseph herauszuziehen und ihn nach Hause zu bringen.

> Als nun Joseph zu seinen Brüdern kam, zogen sie ihm seinen Rock aus, den bunten Rock, den er anhatte, und nahmen ihn und warfen ihn in die Grube; aber die Grube war leer und kein Wasser darin. Und sie setzten sich nieder, um zu essen. …

> Gen 37,23-25

Offenbar müssen die Brüder mit Rubens Plan einverstanden gewesen sein. Beachten Sie aber, was sie als Erstes taten, kaum dass Joseph bei ihnen angekommen war: Sie »zogen ihm seinen Rock aus«. Diese verhasste Tunika des besonderen Lieblings kam als Erstes dran. »Weg mit dem Gewand«, sagten sie. Es war, als hätten sie gesagt: »Leg diesen Pelzmantel ab! Du bist auch nicht besser als wir.« Dann warfen sie ihn in den Brunnen.

Danach setzten sie sich zum Essen nieder! Ihr ganzer Ärger hat sie heißhungrig gemacht. Ist das nicht erstaunlich? Kein schlechtes Gewissen dabei!

EINE KARAWANE NACH ÄGYPTEN

Und sie setzten sich nieder, um zu essen. Indessen hoben sie ihre Augen auf und sahen eine Karawane von Ismaelitern kommen von Gilead mit ihren Kamelen; die trugen kostbares Harz, Balsam und Myrrhe und zogen hinab nach Ägypten. Da sprach Juda zu seinen Brüdern: »Was hilft's uns, dass wir unsern Bruder töten und sein Blut verbergen? Kommt, lasst uns ihn den Ismaelitern verkaufen, damit sich unsere Hände nicht an ihm vergreifen; denn er ist unser Bruder, unser Fleisch und Blut.« Und sie gehorchten ihm. Als aber die midianitischen Kaufleute vorüberkamen, zogen sie ihn heraus aus der Grube und verkauften ihn um zwanzig Silberstücke den Ismaelitern; die brachten ihn nach Ägypten.

Gen 37,25-28

Mir läuft es kalt den Rücken hinunter, wenn ich lese, was diese Männer ihrem eigenen Bruder antaten! Juda machte eine Handelskarawane aus und sagte eigentlich: »Hey, Ruben hat Recht. Wir wollen diesen Knaben nicht töten. Immerhin ist er ein Familienmitglied und wir brauchen sein Blut nicht an unseren Händen kleben zu haben. Lasst uns ihn loswerden, oder noch besser: Lasst uns bei dieser Gelegenheit noch ein wenig Kapital daraus schlagen.« Die anderen stimmten zu; und für 20 Silberstücke (was man in jenen Tagen für einen behinderten Sklaven bezahlt haben würde) übergaben sie ihn einer Gruppe von Fremden – einem Haufen midianitischer Händler.

Da nahmen sie Josephs Rock und schlachteten einen Ziegenbock und tauchten den Rock ins Blut und schickten den bunten Rock hin und ließen ihn ihrem Vater bringen und sagen: »Diesen haben wir gefunden; sieh, ob's deines Sohnes Rock sei oder nicht.« Er erkannte ihn aber und sprach: »Es ist meines Sohnes Rock; ein böses Tier hat ihn gefressen, ein reißendes Tier hat Joseph zerrissen!«

Gen 37,31-33

Als die Karawane so ihren Weg quer über die Felder nahm und schließlich außer Sicht war, tauchten die Brüder in aller Ruhe Josephs Gewand in das Blut einer frisch geschlachteten Ziege. Dann nahmen sie das blutverschmierte Kleidungsstück mit nach Hause, brachten es ihrem Vater, warfen es vor ihm auf den Boden und sagten: »Das haben wir gefunden. Wir meinen, es könnte das Gewand deines Sohnes Joseph sein.«

Als Jakob den blutigen Beweis sah, kam er zu dem erwünschten Schluss: Joseph, sein geliebter Sohn, war tot!

Noch ein Verrat, noch ein Betrug, noch ein Akt des Hasses in einer Familie, die voll war mit beidem. Welch eine harte Wirklichkeit. Welch tragische Folgen! Jakob, ein alternder Vater hatte Wind gesät und erntete jetzt Sturm. Ich muss mich einfach fragen, was in dieser Nacht dem Jakob wohl alles durch den Kopf gegangen sein mag, als er allein war und sich in diesen quälenden Stunden hin und her warf. Ich möchte wissen, ob er sein eigenes Versagen als Vater begriffen und verstanden und ob er sein beladenes Herz vor Gott im Gebet ausgeschüttet haben mag.

Lektionen, die die Feindseligkeit lehrt

Vielleicht sollten wir uns hier verschiedene Lektionen zu Gemüte führen, die man aus Jakobs Familie und den Feindseligkeiten gegenüber Joseph lernen kann. Die erste liegt auf der Hand.

Kein Feind ist hinterlistiger, gemeiner als die Passivität. Wenn Eltern passiv bleiben, kann es eventuell vorkommen, dass sie das Kind erziehen oder strafen, aber meistens wird die stark verspätete Reaktion in Wut ausgeführt. Die Passivität wartet und wartet, bis sie plötzlich, wenn es gar nicht mehr geht, hart zuschlägt! Wenn das geschieht, wird das Kind nicht wirklich erzogen, sondern später zur Brutalität neigen. Passivität verstellt uns nicht nur den Blick auf das Hier und Jetzt, sondern lässt auch unser Verhalten widersprüchlich erscheinen.

Ich habe mich inzwischen sehr damit beschäftigt, wie es heute in amerikanischen Familien zugeht, und ich bin sehr beunruhigt darüber. Und wenn die Christen nicht langsam aufwachen und beginnen in der Kraft Jesu Christi die Lage zu beherrschen, wer in der Welt soll es denn tun?

Sie mögen jetzt sagen: »Nun, ich bin jetzt Großvater, Großmutter. Die Zeiten, in denen ich Kinder erzogen habe, sind vorbei.« Oder: »Ich bin Single. Was geht mich das an?« Aber diese Feststellungen sind Ausflüchte, angenehme Entschuldigungen. Wir alle sind in Familien hineingeboren worden und wir alle haben jeden Tag irgendwie Kontakte mit Familien. Falls Sie es noch nicht bemerkt haben sollten: Die Familien befinden sich an einem glitschigen Hang und gleichen den Familien von vor 50 oder 60 Jahren kaum noch.

Ich war kürzlich sehr schockiert, als ich eine Gegenüberstellung der größten Erziehungsprobleme sah, die man mit Schulkindern 1940, und eine, die man mit Schulkindern1990 hatte. Dieser Tabelle liegen die Aussagen von Lehrern in der staatlichen Schule zugrunde:

1940	1990
Dazwischenreden	Drogenmissbrauch
Kaugummi kauen	Alkoholmissbrauch
Herumlärmen	Schwangerschaften
Im Gang herumrennen	Selbstmord
Beim Schlangestehen dazwischendrängeln	Vergewaltigung
Verstoß gegen die Vorschriften der Schuluniform	Raub
Abfall wegwerfen oder liegen lassen	Überfall

Seit 1940 sind die größten Probleme, die man mit Schulkindern hat, abgestürzt von Kaugummi kauen und Dazwischendrängeln zu Drogen- und Alkoholmissbrauch, Vergewaltigung und Überfall.[6]

Mein Schock steigerte sich zur Verzweiflung, als ich das neueste Buch von Stephen Covey las: *The Seven Habits of the Highly Effective Families*[7]. In einem eindringlichen Kapitel, das Eltern gewidmet ist, die etwas ändern wollen, etwas beitragen wollen zur Re-Orientierung in einer Welt, die sich verirrt hat, erzählt Covey die Geschichte eines Siebenjährigen, der verwirrt war. Sein Vater, der glaubte, der Junge würde Alpträume haben, drang in ihn, er möge erzählen, was ihn bedrücke. Nach einer ganzen Weile guten Zuredens beschrieb der Junge verschiedene schreckliche Pornographieszenen. Der Vater versuchte, sein Erstaunen zu verbergen und herauszufinden, wo denn der Junge solchem Dreck ausgesetzt gewesen wäre. Am Ende zeigte es sich, dass ein neunjähriger Junge in der Nachbarschaft sein Computerzimmer in einen Pornoladen verwandelt hatte – ohne dass seine Eltern die leiseste Ahnung davon hatten.

Covey fragt, wie so etwas passieren konnte. Wie kann es kommen, dass wir in einer Gesellschaft leben, in der die Technologie es Kindern ermöglicht – die keine Einsicht, keine Erfahrung, kein Urteilsvermögen darüber haben –, einer so kranken, im Tiefsten süchtig machenden Gemütsvergiftung zum Opfer zu fallen, wie die Pornographie es ist?

In den letzten 30 Jahren hat sich die Lage der Familie machtvoll und dramatisch geändert.

- Die Rate der unehelich Geborenen ist um mehr als 400 % gestiegen.

- Der Prozentsatz der Familien, denen nur ein einziger Elternteil vorsteht, hat sich mehr als verdreifacht.

- Die Scheidungsziffer hat sich verdoppelt.

- Der Selbstmord unter Teenagern ist um beinahe 300 % gestiegen.

- Fähigkeitstests in Bezug auf Bildung sind im Durchschnitt um 73 Punkte gesunken.

- Das Gesundheitsproblem Nummer eins für amerikanische Frauen heute ist häusliche Gewalt. 4.000.000 Frauen werden jährlich durch ihre Partner geschlagen.

- Ein Viertel aller Heranwachsenden zieht sich eine durch Geschlechtsverkehr übertragenene Krankheit zu, bevor sie von der Highschool[8] abgehen.[9]

Keine dieser Daten sollte uns eigentlich überraschen. Immerhin verbringt das amerikanische Durchschnittskind 7 Stunden täglich vor dem Fernseher und nur 5 Minuten täglich mit seinem Vater.[10]

Sie fragen sich vielleicht, was all dies mit der Geschichte von Joseph zu tun haben mag. Offen gesagt, sehr viel, denn Jakobs Familie litt unter dem Verhalten eines Vaters, der seine Arme verschränkte und wegschaute. Vergessen Sie diese vier Wörter nicht: **Passivität ist ein Feind!**

Wir können eine zweite Regel aus den Kämpfen lernen, die Joseph als Teenager durchmachte:

> Keine Reaktion ist grausamer als Eifersucht. Salomo hatte Recht, als er sagte: »Eifersucht ist so brutal wie das Grab.« (Hoheslied 8,6 nach der RSV) Wenn man der Eifersucht nachgibt, wenn sie sich entzünden und wachsen darf, führt das zu verheerenden Folgen. Wenn Sie zulassen, dass Eifersucht in Ihrer Familie oder zwischen Ihren Kindern ausbricht, dann sind Sie auf dem besten Weg, große Probleme zu bekommen. Es wird einen Punkt geben, an dem die Eifersucht sich als zerstörerisch erweist.

Wir haben uns mit Herzenshaltungen ebenso zu beschäftigen wie mit Taten. Ihr christlichen Eltern – behaltet das! Seien Sie unnachsichtig mit falschen Einstellungen! Aber wenn Sie wunderbare, gute Einstellungen erspähen, dann belohnen Sie sie großzügig! Bauen Sie die anderen auf! Natürlich müssen auch Ihre eigenen Haltungen stimmen, wenn Sie ein konsequentes Vorbild sein wollen.

Jakob und Rahel, Lea und Laban sind – ehrlich gesagt – ziemlich schlechte Vorbilder für ihre Familien gewesen. An Josephs Kindheit und Jugend können wir klar erkennen, welche Wirkung es hat, wenn ein Vater passiv ist, eine Mutter nicht vorhanden ist, eine Familie von Verrat, Eifersucht und Rangkämpfen beherrscht wird, wenn Kinder sich selbst überlassen sind, wenn sie herausfinden wollen, was es mit dem Leben auf sich hat, und wenn Sünde und falsche Behandlung, die sich eingeschlichen haben, einfach toleriert werden. Eifersucht korrigiert sich nie selbst, sie führt immer zu noch größeren Übeln.

Genug des Negativen. Wir können in all diesem wenigstens eine großartige Regel finden, die Hoffnung macht: *Keine Tat ist stärker als das Gebet!* Ich habe bemerkt, dass die biblische Geschichte nicht feststellt, dass Jakob sich im Gebet an Gott gewandt hätte, aber sicher hätte er das tun können! Wie sonst hätte er weiterleben können? Wo sonst hätte er sich hinwenden können auf der Suche nach Hoffnung?

Das Gleiche kann doch von Ihnen und mir gesagt werden. Gebet bringt die Kraft zum Ertragen hervor. Die Älteren sind eine Quelle der Weisheit für junge Eltern, für Kinder und Enkel. Unverheiratete Männer und Frauen haben auch viel zu bieten, sei es in ihrer eigenen Familie und Verwandtschaft oder in Familien der Gemeinde. Ein zerbrochenes, leeres Leben kann neue Kraft finden und sich erholen. Hier meine ich, sicher sagen zu können, dass Joseph seine Lage Gott unterbreitete, genau in dem Moment, als die Karawane sich auf den Weg nach Ägypten machte. Sicher wusste er, auch wenn er erst 17 war, dass seine einzige Hoffnung auf Gott ruhte, auf seinem treuen Eingreifen. Sicher schrie er zu dem Einen, der allein auch über seine Zukunft herrscht. Und genau so müssen auch wir das tun!

Wir lassen Joseph in höchst unsicheren Umständen zurück. Von seinen Brüdern verlassen, der Gnade unbarmherziger Händler ausgeliefert, unterwegs zu einem Ziel, das ihm vollkommen unvertraut war, konnte der Sohn Jakobs sich nirgendwo hinwenden als nach oben. Ich bin überzeugt, dass er das getan hat. Der Junge hat anscheinend nicht seine Wunden geleckt und geschworen, irgendwann einmal gleichzuziehen, vielmehr muss er sich entschlossen haben, sich nicht mit diesen üblen und selbstzerstörerischen Plänen zu beschmutzen – wie es ja später auch Daniel tat, der insofern seinem Vorbild folgte. Obwohl er seinem alternden Vater keine letzte Nachricht zukommen lassen konnte, wusste er, dass sein Herr die Lage kannte und bereit war, seine Bitte um Gnade zu erhören. Sicher hat er sich an ihn gewandt!

F. B. Meyer stimmt mir in dieser Sache zu. Mit viel Einfühlungsvermögen, was diesen einsamen Knaben anbelangt, schreibt er:

> Wie sehr muss es ihn verlangt haben, seinem Vater eine letzte Nachricht zukommen zu lassen! Und in all diese Gedanken mischte sich bestimmt die Frage nach Gott, den er anzubeten gelernt hatte. Was würde er zu all dem sagen? Er hatte keine Ahnung, dass er Jahre später auf diesen Tag zurückblicken würde und ihn einstufen würde als den Anfang einer Kette der gnädigsten, liebevollsten Fürsorge oder dass er je sagen würde: »Habt keine Angst, seid nicht zornig auf euch selbst. Gott sandte mich vor euch hierher.« Wenn das Leben weitergegangen ist und man zurückschauen kann auf geheimnisvolle und dunkle Ereignisse, ist es dann nicht sehr schön, die Hand Gottes aufzuspüren, wo wir anfangs nur die Bosheit und Grausamkeit des Menschen sehen konnten?[11]

KAPITEL ZWEI

Der Versuchung widerstehen

Am 9. April 1942 wurde Dietrich Bonhoeffer von den Nazis umgebracht. Er war nur 39 Jahre alt geworden. Und doch hat sich Bonhoeffer in diesen 39 Jahren hervorgetan, nicht nur als Pastor und Theologe, sondern auch als aktives, mutiges Mitglied des Widerstandes gegen Hitlers Drittes Reich. Sehr viele Menschen hingen ihm damals in seinem Heimatland an, aber heute mögen ihn noch viel mehr Menschen in der weltweiten Familie Gottes. Seine Arbeiten über Spiritualität werden auch heute noch weithin gelesen und Bücher wie »*Die Kosten der Jüngerschaft*«, »*Gemeinsames Leben*«, »*Ethik*« und »*Briefe aus dem Gefängnis*« werden heute unter die Klassiker eingestuft. Aber das nach meiner Ansicht Beste von ihm ist ein kleines Büchlein mit weniger als 50 Seiten mit dem Titel »*Versuchung*«. In dieser kurzen Abhandlung hat uns Bonhoeffer eine einzigartige Beschreibung und wohl die beste Erklärung der Versuchung hinterlassen, die außerhalb der Bibel existiert.

In uns schlummert eine Neigung zur Begehrlichkeit, die sowohl plötzlich als auch mächtig losbrechen kann. Mit unwiderstehlicher Kraft reißt die Begehrlichkeit die Herrschaft über das Fleisch an sich. Urplötzlich wird ein verborgen dahinglimmendes Feuer entzündet. Das Fleisch brennt und steht lichterloh in Flammen. Es ist nicht wesentlich, ob es sich dabei um geschlechtliche Begehrlichkeit handelt oder um Ehrgeiz, Eitelkeit, Rachsucht, Streben nach Ruhm, Habgier, Jagen nach Geld oder schließlich ein fremdartiges Streben nach der Schönheit der Welt oder der Natur. Unsere innere Freude an Gott wird dabei ausgelöscht und wir suchen unsere Freude im Kreatürlichen. In diesem Augenblick ist Gott für uns ziemlich unwirklich. Er verliert an Wirklichkeit, nur das Begehren nach der Schöpfung ist wirklich, die einzige Realität ist dann der Teufel. Satan füllt uns nicht mit Hass auf Gott, sondern er lässt uns Gott vergessen…

Die Lust, die so aufbricht, taucht Gemüt und Willen des Menschen in tiefste Dunkelheit. Die Kraft zur klaren Unterscheidung und zur Entscheidung wird uns genommen…

In diesem Augenblick steht alles in mir gegen das Wort Gottes auf.[12]

Niemand ist bisher über die Erde gegangen, Jesus Christus inbegriffen, der sich nie der Versuchung ausgesetzt sah. Und es gibt niemanden, außer Jesus Christus, der ihr nicht hin und wieder nachgegeben oder unter den Folgen zu leiden gehabt hätte. Versuchung ist unausweichlich ein Teil der gefallenen Welt. Wir können ihr nicht entrinnen.

Die Versuchung hat viele Gesichter. Da gibt es, nur beispielsweise, die *materielle Versuchung*, die in dem Streben nach Gütern besteht. Sie können so groß wie ein Haus sein oder so klein wie ein Ring. Sie können so großartig und bestechend sein wie ein nagelneuer Porsche oder so verstaubt und äußerlich unansehnlich wie eine antiker Schreibtisch mit Rollladenhaube. Und wer von uns hätte nicht schon einmal den brennenden Wunsch oder das Begehren nach Dingen verspürt? Und wer war nicht schon einmal so dumm, diesem Streben nachzugeben?

Dann gibt es das, was ich hier mal *persönliche Versuchung* nennen möchte, die in dem Begehren nach Ruhm, Macht, einer einflussreichen Position oder der Kontrolle über andere besteht. Sie mag sich einfach äußern in dem Streben nach einem Titel wie

»geschäftsführender Vorstand«, »Präsident«, »Doktor«, »Professor« oder »Admiral«. An diesen Titeln oder Positionen an sich ist nichts Schlechtes, solange nicht die Lust hereinschleicht und zu dir sagt: »*Dir* stünde dieser Titel zu, bei allem, was er für dich bedeutet!«

Schließlich gibt es noch die *sexuelle Versuchung*, die im Begehren einer anderen Person besteht – oder richtiger: im Begehren des Körpers der anderen Person. Ich beziehe mich hier auf den hedonistischen Wunsch, das zu haben und zu genießen, was einem nicht gehört, entweder in moralischer oder rechtlicher Hinsicht.

Weil Joseph sich in einer Schlacht mit der dritten Kategorie der Versuchung befand, werden wir unsere Gedanken in diesem Kapitel auf diese eine Art begrenzen. Während wir das tun, wollen wir nicht Bonhoeffers praktische Erinnerung vergessen, dass uns, sobald wir dieser besonderen Versuchung nachgeben, »die Kraft zur Unterscheidung und zur Entscheidung genommen ist«.

Bevor wir uns dieser Art der Versuchung zuwenden, wollen wir uns noch mal genau ansehen, was eigentlich mit Joseph geschehen war, seitdem wir ihn im letzten Kapitel bei einer Gruppe von midianitischen Händlern verlassen haben, in einer langsamen Karawane, die Richtung Ägypten zog.

DIE GESCHICHTLICHEN UMSTÄNDE

Jakob hatte es als Tatsache akzeptiert, dass Joseph tot sei. Was seine Brüder betraf, war er weit weg für immer, jedenfalls so weit sie es sich eingestanden, vielleicht sogar tot. Aber in Wahrheit war Joseph quicklebendig.

Joseph wurde hinab nach Ägypten geführt, und Potifar, ein ägyptischer Mann, des Pharaos Kämmerer und Oberster

der Leibwache, kaufte ihn von den Ismaelitern, die ihn hin-
abgebracht hatten.

Gen 39,1

Joseph fand sich in einem Land mit einer Kultur wieder, die er
nicht kannte, rundum sprach man eine Sprache, die er nicht verstand. Dieses so sehr ersehnte Kind Rahels und der Lieblingssohn Jakobs war als gewöhnlicher Sklave verkauft worden und
zwangsweise in eine Lage gebracht worden, die sogar schlimmer
aussah, als im Brunnen zu sitzen, in den seine Brüder ihn ja ursprünglich geworfen hatten.

Wir werden in seine Lebensumstände in Ägypten eingeführt
und dabei fallen zwei Dinge durch ihre Abwesenheit auf: Erstens wird keine Zeitspanne genannt, sodass wir nicht wissen,
wie lange Joseph in Potifars Haus war, bevor sich die weiteren
Ereignisse abspielten. Er kann zwei Monate dort gewesen sein,
aber auch zwei Jahre.

Zweitens wird nichts darüber gesagt, wie sehr Joseph sich anpassen musste. Sie erinnern sich, dass er aus einem ländlichen,
großbäuerlichen Hintergrund kam, er entstammte einem wenig
gebildeten Volk, einer Familie, in der er der Stolz und die Freude seiner Mutter und der Liebling seines alternden Vaters gewesen war.

Ohne Vorwarnung war er nun von seinen Brüdern ergriffen
worden, seines herrlichen Mantels beraubt und in einen tiefen,
glitschigen Brunnen geworfen worden. Er wurde nur aus dieser
Lage befreit, um an hartherzige Sklavenhändler verkauft zu
werden, die ihn in ein unbekanntes Land verschleppten, wo er
wie eine äußerst billige Ware verkauft wurde. Die Veränderungen, denen er ausgesetzt war, und die Notwendigkeit, sich anzupassen, der er gegenüberstand, müssen überwältigend gewesen
sein.

Im Genesis-Bericht lesen wir, dass er einem Mann namens
Potifar verkauft worden war, der beschrieben wird als der
»Oberbefehlshaber der königlichen Leibwache« oder, wie noch
übersetzt wird, als »... Oberster der Leibwache«. Diese Gruppe

war eine Elite, eine mutige Bande rauer Männer. Der jüdische Historiker Alfred Edersheim beschreibt diese Gruppe, indem er erzählt, Potifar sei der »Leiter der Scharfrichter« gewesen. Unabhängig davon, welchen Titel man Potifar geben mag war er sicher kein Mensch, mit dem »gut Kirschen essen war«. Er war ein Mann mit einer gehörigen Portion militärischer Erfahrung und mit der Autorität, über Leben und Tod zu entscheiden. Und doch passte sich Joseph der neuen Lage nicht nur an, er hatte darin Erfolg – und zwar hauptsächlich aus einem Grund. Dieser Grund kann aus einem wunderbaren Satz abgelesen werden, der einige Male in Josephs Geschichte vorkommt: »Der HERR war mit Joseph.«

> Und der HERR war mit Joseph, sodass er ein Mann wurde, dem alles glückte. Und er war in seines Herrn, des Ägypters, Hause. Und sein Herr sah, dass der HERR mit ihm war; denn alles, was er tat, das ließ der HERR in seiner Hand glücken, sodass er Gnade fand vor seinem Herrn und sein Diener wurde. Der setzte ihn über sein Haus; und alles, was er hatte, tat er unter seine Hände. Und von der Zeit an, da er ihn über sein Haus und alle seine Güter gesetzt hatte, segnete der HERR des Ägypters Haus um Josephs willen, und es war lauter Segen des HERRN in allem, was er hatte, zu Hause und auf dem Felde. Darum ließ er alles unter Josephs Händen, was er hatte, und kümmerte sich, da er ihn hatte, um nichts außer um das, was er aß und trank. Und Joseph war schön an Gestalt und hübsch von Angesicht.

> Gen 39,2-6

Der allgewaltige Gott Israels war intensiv mit Josephs Leben beschäftigt. Er führte ihn. Er gab ihm Leichtigkeit, die ägyptische Sprache zu erlernen. Außerdem verschaffte er ihm Gnade bei Potifar. Eindeutig stand Gott hinter Josephs Erfolgen. Es hatte nichts mit Glück zu tun.

Auch brauchte Joseph dem Potifar nicht zu erzählen, dass

der Herr mit ihm war; das konnte dieser selbst sehen. »Und sein Herr sah, dass der HERR mit ihm war.« (V. 3) Zudem setzte Joseph seine Spiritualität nicht als Mittel ein, um sich Vorteile von seinem Meister zu verschaffen. Einfach, weil der Herr all das bewirkte, wurde Joseph nicht reich, sondern fand Gnade vor den Augen Potifars. Beachten Sie, dass es nirgends heißt, Joseph habe Potifar um Gnadenerweise *gebeten*, sondern es heißt, er fand Gnade vor Potifar.

Josephs Glaube an Jehova wurde von seinem Vorgesetzten bemerkt und anerkannt, denn er sah das Ergebnis dieses Glaubens in Josephs Leben und Arbeit – eine gewinnende Kombination. Joseph war ein junger Mann, der viel und umsichtig arbeitete. Das ging so weit, dass er mehr Verantwortung und Autorität übertragen bekam. Am Ende setzte ihn der Chef der Leibgarde über seinen gesamten Haushalt. Mit anderen Worten, er unterstellte alles, was er besaß, Josephs Urteil. Auf Hebräisch heißt es: »Alles, was zu ihm kam, unterstellte er ihm.« Das ist doch interessant. Nicht nur, was Potifar besaß, sondern auch alle Vorteile, die ihm schließlich zufielen, landeten unter den aufmerksamen Augen und der festen Hand Josephs. Was für eine fabelhafte Beförderung – vom gewöhnlichen Sklaven, vermutlich unter Dutzenden von Sklaven in Potifars Haus, zum Verwalter des gesamten Hauses des obersten militärischen Leiters in Ägypten! Aber es kommt noch besser, denn durch Joseph und um seinetwillen segnete der Herr Potifars Haus und alles, was er besaß.

Mit steigendem Erfolg geht wachsendes Vertrauen einher, das im Übrigen zu längeren Zeitspannen führt, in denen der Vertraute unbeobachtet ist und daher verwundbar wird. Was das Zweite betrifft, schreibt F. B. Meyer einfühlsam:

> Wir sollten Versuchung eher in den Zeiten des Wohlstandes und des Wohlergehens erwarten als in Zeiten der Kargheit und der Mühen. Nicht auf den Gletscherhängen der Alpen, sondern in den sonnigen Ebenen der Champagne, nicht, wenn die Jugend eifrig und kraftvoll die steile Leiter des

Ruhms erklimmt, sondern wenn sie die goldenen Pforten erreicht hat, nicht, wenn Menschen die Stirn runzeln, sondern wenn sie das süße Lächeln der Schmeichelei aufsetzen – dann, genau dann ist der Augenblick gekommen, wo die Versuchung auf der Lauer liegt! Dann aufpassen![13]

Welch eine weise Warnung! Diese Mahnung betrifft nicht solche Menschen, die am Boden liegen und am Ende sind. Diese Nachricht ist an die Erfolgreichen, die aufstrebenden Vorstände gerichtet, den Mann, die Frau auf dem Weg an die Spitze, an den Menschen, der die Erweise von Gottes Güte und Gnade erlebt, der die Vorteile eines ruhigen Privatlebens und des Vertrauens genießt, das man ihm entgegenbringt. Thomas Carlyle, der schottische Essayist, hatte Recht, als er sagte: »Feindseligkeit ist manchmal für einen Menschen schwer zu ertragen, aber auf einen Menschen, der Wohlstand unbeschadet durchsteht, kommen hundert, die eher mit Gegnerschaft klarkommen.«[14]

Joseph war eindeutig erfolgreich. Potifar überließ ihm alles und wir lesen: »Er (Potifar) kümmerte sich um nichts mehr, außer um seine eigenen Speisen.« (V. 6) Nun, wenn das kein Vertrauen ist!

Es handelte sich bei Joseph um einen Sklaven, der das Recht erworben hatte, dass man ihn achtete und ihm vertraute. Daher überließ Potifar ihm alles. Ich lese das so, dass Joseph seinen eigenen Tagesablauf festlegte, dass er die ganzen Besitztümer und den Haushalt Potifars verwaltete und seine Finanzen regelte. Potifar hatte alles in Josephs Hände gelegt.

Aber Sie werden sich erinnern, dass je größer der Erfolg und je tiefer das Vertrauen, das andere in einen Menschen setzen, desto größer die Verletzbarkeit und Schwäche. In solchen Augenblicken gilt: »Wir sollten Versuchung eher in den Zeiten des Wohlstandes und des Wohlergehens erwarten … dann, genau *dann* ist der Augenblick gekommen, wo die Versuchung auf der Lauer liegt! Jetzt aufpassen!«

Der Geist Gottes, der über dem Schreiben des Bibeltextes wachte, hat darauf geachtet, dass eine bestimmte Auswahl von

Wörtern weise und zutreffend geschrieben wurde. So endet Gen 39,6 mit dem leicht befremdlichen, aber wichtigen Satz: »Joseph sah sehr gut aus.« Die Living Bible übersetzt: »Joseph war übrigens ein sehr gut aussehender junger Mann.« Die NASB gibt das wieder mit: »Joseph war in Figur und äußerem Erscheinungsbild hübsch.« Die NIV formuliert: »Joseph war gut gebaut und sah gut aus.« Diese Sätze, mit denen Josephs Erscheinung beschrieben wird, werden im ganzen Alten Testament nur viermal gebraucht: für Joseph, Saul, David und Absalom.

Bitte verstehen Sie mich recht: Es ist nichts Schlechtes daran, körperlich gut gebaut oder hübsch zu sein. Aber diese Eigenschaften gehen mit ungewöhnlichen Versuchungen einher. Wir haben es hier mit einem jungen Mann zu tun, der so gut wie alles besaß: Ruhm, Macht, Autorität und Achtung. Er war ein Haussklave, der es geschafft hatte – er verfügte über eigene Räume, Zugang zu allen vertraulichen Informationen und das vollkommene Vertrauen seines Arbeitgebers. Obendrein sah er auch noch gut aus und gewann, ohne es darauf angelegt zu haben, die Aufmerksamkeit der Frauen. Es kann nicht überraschen, dass der Feind seiner Seele, der Versucher, sich auf diese körperlichen Eigenschaften konzentrierte.

Die Bibel verschwendet keine Wörter. Potifars Frau auch nicht.

> Und es begab sich danach, dass seines Herrn Frau ihre Augen auf Joseph warf und sprach: »Lege dich zu mir!« (so Luther).
>
> Noch direkter übersetzt die Hoffnung-für-alle-Bibel:
> Das bemerkte auch Potifars Frau. »Schlaf mit mir!«, forderte sie ihn auf.
>
> Gen 39,7

So etwas nenne ich die *direkte Aufforderung*!

Lassen Sie uns noch einmal zu einer früheren Anmerkung zurückkehren. »Je größer der Erfolg, desto größer die Verwundbarkeit, die Schwäche … Dann, genau *dann* liegt die Versuchung auf der Lauer. Jetzt aufpassen!« Der Schreiber der Genesis stellt fest: »Und es begab sich nach dieser Geschichte«, wodurch auf die vorangegangenen Verse verwiesen wird, die von Josephs Erfolg berichten. Joseph war reif für die Attacke des Feindes, daher traf dieser Angriff mit Lasergenauigkeit ein.

Potifars Frau war unverschämt und schamlos aggressiv: »Komm ins Bett mit mir. Lass uns Geschlechtsverkehr haben!« Die meisten anderen wären dadurch vollkommen überrascht worden oder hätten sich wenigstens einen Augenblick geschmeichelt gefühlt durch solch eine verführerische Aufforderung. Nicht Joseph. Keinen Augenblick lang. Ohne zu zögern und vollkommen in sich selbst ruhend und sicher in seinem Gott geborgen, antwortete er mit derselben Offenheit:

> Er weigerte sich aber und sprach zu ihr: »Siehe, mein Herr kümmert sich, da er mich hat, um nichts, was im Hause ist, und alles, was er hat, das hat er unter meine Hände getan; er ist in diesem Hause nicht größer als ich, und er hat mir nichts vorenthalten außer dir, weil du seine Frau bist. Wie sollte ich denn nun ein solch großes Übel tun und gegen Gott sündigen?«
>
> Gen 39,8-9

Vers 8 stellt einfach fest: »Er weigerte sich aber.« Joseph wies sie zurück. Wenn Sie auch alles andere vergessen sollten, was ich bisher geschrieben habe, vergessen Sie diese wunderbaren Worte nicht: Er lehnte ab. Wenn Sie jetzt dasitzen und denken sollten, Joseph sei so eine Art geistlicher Riese gewesen, dann legen Sie diesen Gedanken bitte schnell ab. Wenn Sie meinen sollten, eine übernatürliche Wolke habe ihn irgendwie abgehalten – auch das können Sie vergessen. Sehen Sie sich einfach die Fakten an. Eine ägyptische wohlhabende Frau bietet ihren Körper an und ein junger jüdischer Diener wird durch ihre eindeutigen Avancen versucht. Und was geschieht? »Er weigerte sich aber.« Er sagte NEIN! Er widerstand ihren verlockenden Worten; er sah ihr so lange direkt in die Augen, bis sie wegschauen musste, entschlossen, nicht nachzugeben.

Wieso war er dazu in der Lage? Es gibt zwei Gründe. Erstens: seine Loyaliät gegenüber seinem Herrn und Meister. Er sagte dieser Frau. »Mein Herr vertraut mir. Er hat mir Verantwortung für jedermann, der zu ihm gehört, übertragen. Das Einzige, worüber ich nicht verfügen kann, bist du – seine Frau. Ich könnte nicht sein Vertrauen missbrauchen.«

Und der zweite Grund war, dass er Gott gegenüber loyal war. »Wie sollte ich denn nun ein solch großes Übel tun und gegen Gott sündigen?«

Clarence Edward Macartney fügt ein Stück Realismus hinzu:

> Dies war keine gewöhnliche Versuchung. Joseph war nicht aus Stein, war keine Mumie, sondern ein junger Mann Ende zwanzig aus Fleisch und Blut. Auch dauerte diese Anfechtung nicht nur einen Tag, sondern sie kam wieder und wieder … Eine alte Geschichte erzählt, dass, als Joseph anfing, mit Gott über seine Versucherin zu reden, sie ihren Rock über die Gottesstatue warf, die im Raum stand, und sagte: »Jetzt wird Gott es nicht sehen.« Aber Joseph antwortete: »Mein Gott sieht alles.«[15]

Wie konnte dieser »junge Mann Ende zwanzig aus Fleisch und Blut« Nein sagen? Weil er wusste, dass sein Leben vor Gott wie ein offenes Buch dalag. Inzwischen war Gott für Joseph so wirklich und nah geworden, dass er ihm näher stand als irgendetwas oder irgendjemand auf der Welt. Er befand sich in einem Privatgemach, vollkommen abgeschirmt mit der Frau seines Herrn, die alles für diesen herbeigesehnten Augenblick der Lust und des Genusses geplant und vorbereitet hatte. Sie waren allein. Es wäre das Natürlichste unter der Sonne gewesen, dem nachzugeben. Aber Joseph sagte, dies wäre etwas sehr Schlechtes, eine verbrecherische Sünde gegen seinen Gott. Und daher ging er weg.

Vielleicht denken Sie jetzt: *Wow, Junge! Ich bin froh, dass es vorbei ist und du damit durch bist. Ich danke Gott dafür, wie vorbildlich du dich verhältst. Du hast einer großen Anfechtung widerstanden und damit bist du jetzt für den Rest deines Lebens aus dem Schneider.* Schön wäre es! Lesen Sie weiter:

> Und sie bedrängte Joseph mit solchen Worten täglich. Aber er gehorchte ihr nicht, dass er sich zu ihr legte und bei ihr wäre.
>
> Gen 39,10

Potifars Frau weigerte sich, ein Nein als Antwort zu akzeptieren. Sie würde sich nicht ignorieren lassen, daher drang sie Tag um Tag in Joseph. Sie war eine üble Verführerin. Es trieb sie mit aller Macht dazu, mit Joseph zu schlafen. All seine Worte über die noblen Gründe, weshalb er das nicht tun wolle, machte sie nur noch entschiedener. Sie kümmerte sich keinen Deut um die Heiligkeit der Ehe oder das Vertrauen zwischen ihrem Mann und Joseph. Sie war einzig daran interessiert, ihre sexuellen Wünsche erfüllt zu bekommen – und zwar gleich, *sofort*.

Sollten Sie in dem Wunschtraum leben, dass Anfechtung, wenn man ihr einmal widerstanden hat, weggehe, dann sollten Sie diese Seifenblase jetzt anstechen und zum Platzen bringen. Sie werden nämlich sonst, wenn Sie weiter entlang dieser Linie denken, umso leichter ein Opfer der Anfechtung. Überdies hilft es, im Auge zu behalten, dass der Versucher der geachteten Person nachstellt, der, die von anderen zitiert wird als erfolgreicher Mensch, als Partner, dem man vertraut, als gottgefällige Seele.

Darum ist es keine Überraschung, dass Potifars Frau ausgerechnet dem Joseph nachging, und das mit unnachgiebiger Ausdauer. Er wäre ein Fang gewesen! Wenn sie ihn bekommen hätte, dann hätte sie wirklich etwas erreicht! Aber Joseph gab keinen Zentimeter nach. Und wir können froh sein, dass er das nicht tat! Wenn er auch nur das geringste Interesse an ihr gehabt hätte, würde das seinen Untergang bewirkt haben.

Bonhoeffers Worte sind es wert, wiederholt zu werden:

> In uns schlummert eine Neigung zur Begehrlichkeit, die sowohl plötzlich als auch mächtig losbrechen kann. Mit unwiderstehlicher Kraft reißt die Begehrlichkeit die Herrschaft über das Fleisch an sich. Urplötzlich wird ein verborgen dahinglimmendes Feuer entzündet. Das Fleisch brennt und steht lichterloh in Flammen …
> Die Lust, die aufgebrochen ist, hüllt Gemüt und Willen des Menschen in die tiefste Dunkelheit. Die Kraft zur klaren Unterscheidung und zur Entscheidung wird uns genommen …
> In diesem Augenblick steht alles in mir gegen das Wort Gottes auf.[16]

Wenn einmal die Glutasche der Lust zu glimmen begonnen hat, wird das lebendig, was in Jakobus 1 lebendig beschrieben ist:

> Niemand sage, wenn er versucht wird, dass er von Gott versucht werde. Denn Gott kann nicht versucht werden zum Bösen, und er selbst versucht niemand. Sondern ein jeder, der versucht wird, wird von seinen eigenen Begierden gereizt und gelockt.
>
> Jak 1,13-14

Die Anziehungskraft sinnlicher Lust wirkt wie ein Magnet, der zwei »plötzliche und mächtige Feuer« aufeinander zu bewegt – das innere Verlangen und den äußerlichen Anreiz. Lasst uns doch ehrlich sein, man kann dem Köder nicht ausweichen, wenn man in der Welt lebt. Sogar wenn Sie es tatsächlich schaffen sollten, sich von der Welt abzuschotten, werden es Ihre Gedanken nicht zulassen, dass Sie den äußerlichen Köder ausblenden. Aber bedenken Sie bitte, dass es keine Sünde ist, den Köder wahrzunehmen. Die Sünde liegt im Anbeißen. Wenn die Lust eines anderen Sie versucht, *Ihrer eigenen* Lust nachzugeben, wenn sie es so weit bringt, dass Ihr Widerstand nachlässt, dann sind Sie verführt worden. Sie haben der Verlockung, der Versuchung dann nicht widerstanden. Dieses Geheimnis wird von Joseph wunderschön vorgelebt. Er weigerte sich, in seinem Widerstand nachzulassen. Er blieb dabei zu widerstehen.

Potifars Frau bot ihm den Köder Tag um Tag an. Und jedes Mal lehnte Joseph ab anzubeißen. »Nein.« »Nein.« »Nein«, antwortete er. Er hörte nicht nur nicht auf sie, es kam so weit, dass er ihr nicht einmal nahe sein wollte. In ihrer Nähe zu sein war nicht ungefährlich.

Joseph hatte sie ein ums andere Mal abgewiesen und sich geweigert, ihren Avancen nachzugeben. Schließlich stellte sie ihm eine Falle.

> Es begab sich eines Tages, dass Joseph in das Haus ging, seine Arbeit zu tun, und kein Mensch vom Gesinde des Hauses war dabei. Und sie erwischte ihn bei seinem Kleid und sprach: »Lege dich zu mir!« Aber er ließ das Kleid in ihrer Hand und floh und lief zum Hause hinaus.

> Gen 39,11-12

Eines Tages war Joseph ins Haus gekommen, um seiner Arbeit nachzugehen. Er bemerkte, dass das Haus sehr still war. Kein einziger Diener oder Sklave war in Sicht. Wie konnte das sein? Vielleicht hatte Potifars Frau sie zu verschiedenen Diensten weggeschickt um sie loszuwerden. Jedenfalls war sie mit Joseph allein im Haus und wieder kam sie mit ihrem Anliegen. Nur diesmal akzeptierte sie sein Nein nicht. Sie ging über mündliche Avancen hinaus und fasste Joseph an. Sie hielt ihn so fest, dass er, als er einen Satz machte, um sich loszureißen und auf die Straße zu eilen, sein äußeres Gewand in ihren Händen zurückließ.

Was für eine klare Sache! Was für eine praktische Herausstellung von Wahrheit im Leben Josephs. Was für eine deutliche Anweisung der Bibel. Wann immer das Neue Testament sich mit dem Thema sinnlicher Versuchung beschäftigt, gibt es uns einen Befehl: HAU SCHNELL AB! Die Bibel weist uns nicht an, lange hin und her zu überlegen. Sie sagt nicht, wir sollten darüber nachdenken und Bibelverse aufsagen. Sie rät uns zu FLIEHEN! Ich habe herausbekommen, dass man der Sinnlichkeit nicht nachgeben kann, wenn man vor ihr davonläuft. Folgerung? Renn um dein Leben! Schnell weg hier! Wenn Sie versuchen, mit der Lust zu debattieren, oder wenn Sie mit sinnlichen Gedanken spielen wollen, werden Sie schließlich nachgeben. Jawohl, man kann es bekämpfen; deshalb befiehlt ja auch der Geist Gottes so nachdrücklich: Renn weg!

Und genau das tat Joseph. Er rannte hinaus auf die Straße und Potifars Frau stand da, wieder abgeblitzt, mit seinem Gewand in den Händen. Sie war wütend.

In einem amerikanischen Gedicht heißt es, es gebe nicht einmal »in der Hölle solchen Zorn wie eine Frau ihn hat, die man beleidigt hat«.[17] So verwandelte sich jetzt jedes Gramm der Lust von Frau Potifar in rasende Wut. Den Mann, den sie so sehr begehrt hatte, verachtete sie nun mit derselben Intensität – und daher schusterte sie eine Geschichte zurecht, durch die sie ihn der Vergewaltigung bezichtigte.

> Als sie nun sah, dass er sein Kleid in ihrer Hand ließ und hinaus entfloh, rief sie das Gesinde ihres Hauses und sprach zu ihnen: »Seht, er hat uns den hebräischen Mann hergebracht, dass der seinen Mutwillen mit uns treibe. Er kam zu mir herein und wollte sich zu mir legen; aber ich rief mit lauter Stimme.«
>
> Gen 39,13-14

Das Einzige, was diese beleidigte Frau wollte, war Rache. Um dieses Ziel zu erreichen, reimte sie eine falsche Anklage gegen Joseph zusammen, indem sie ein Stück als »Beweis« einsetzte, das die Umstände ihr in die Hände gespielt hatten – sein Obergewand.

> Und sie legte sein Kleid neben sich, bis sein Herr heimkam, und sagte zu ihm dieselben Worte und sprach: »Der hebrä-

ische Knecht, den du uns hergebracht hast, kam zu mir herein und wollte seinen Mutwillen mit mir treiben. Als ich aber ein Geschrei machte und rief, da ließ er sein Kleid bei mir und floh hinaus.« Als sein Herr die Worte seiner Frau hörte, die sie ihm sagte, sprach: »So hat dein Knecht an mir getan«, wurde er sehr zornig. Da nahm ihn sein Herr und legte ihn ins Gefängnis, in dem des Königs Gefangene waren. Und er lag allda im Gefängnis.

Gen 39,16-20

Sie rief die Männer aus dem Hause zusammen und log ihnen etwas vor: »Dieser Jude, den mein Gemahl in unser ägyptisches Haus gebracht hat ..., schaut her, was er getan hat! Er hat versucht, sich zu mir zu legen, und ich habe laut geschrien! Hier ist der Beweis: sein Obergewand. Als er sich mir nähern wollte, habe ich es zu fassen bekommen.« Ich glaube ihr sofort, dass sie geschrien hat, aber das war kein Schrei der Angst vor einer Vergewaltigung, sondern der Schrei des Zorns über den Fehlschlag ihres Planes. Ihre Schreie und Tränen waren die einer beleidigten Frau, die wutentbrannt darüber war, dass der schöne junge Joseph ihren Annäherungsversuchen widerstanden hatte und nichts mit ihr zu tun haben wollte.

Wenn ich den biblischen Bericht lese, schlägt mein Herz vollkommen für Joseph. Dann denke ich: *Hoffentlich gibt es eine Zeit, in der dieser Joseph belohnt wird. Belohne ihn jetzt, lieber Gott! Belohne ihn dafür, dass er Tag um Tag nein gesagt hat. Belohne ihn dafür, dass er davongerannt ist statt nachzugeben.* Aber Gott ist mit seinem Mann Joseph noch nicht am Ende. Gott ist anders als wir. Er setzt geduldig und treu Dinge und Umstände ein, auf die wir niemals kämen. Gott sieht ja weit über unsere Lage hinaus und weiß, was tief in den Nischen von Josephs Leben getan werden muss, um ihn vorzubereiten auf die grandiosen Jahre, die vor ihm liegen. Daher schwieg er auch, als Joseph in einer Falle von Indizien fest saß. Beobachten Sie bitte genau, wie die weiteren Ereignisse sich abspielen: An der Oberfläche ist es herzzerreißend.

Joseph war vollkommen unschuldig, aber die Umstände sprachen gegen ihn. Potifars Frau hatte sowohl sein Obergewand als »Beweis« als auch durch ihre Stellung im Hause die Möglichkeit zur Manipulation. Sie setzte beides gegen ihn ein – und er landete im Gefängnis.

Nun, ich möchte nicht etwas in die Geschichte hineinlesen, das nicht dasteht, aber ich glaube, wir haben Anhaltspunkte dafür, dass Potifar seiner Frau nicht ganz glaubte. Immerhin war er der Chef der Leibwache und der Scharfrichter. Hätte er es tief im Herzen geglaubt, dass ein Sklave versucht habe, seine Frau zu vergewaltigen, meinen Sie, er hätte ihn nur ins Gefängnis gesteckt? Ich bin sicher, er hätte ihn auf der Stelle umbringen lassen. Die alten Ägypter gingen mit Verbrechern nicht besonders zimperlich um.

Doch statt ihn foltern und töten zu lassen, ließ Potifar Joseph nur in das Gefängnis stecken, »in dem des Königs Gefangene waren« (V. 20). Ich habe den Eindruck, Potifar war hauptsächlich darüber erbost, dass er seinen besten Sklaven verlieren sollte nur wegen einer Frau, von der er wusste, dass sie nicht treu war. Wie auch immer, Joseph landete hinter Gittern.

Versuchen Sie einmal, sich vorzustellen, was in Josephs Kopf zu dieser Zeit vorgegangen sein mag, kurz nachdem man ihn eingesperrt hatte. Er war nicht nur unschuldig, er hatte einer deutlichen Versuchung wiederholt widerstanden. (Er hat ja nie Gen 41 gelesen und kannte daher nicht das Endergebnis. Er wusste nicht, dass er nach Ablauf weniger Jahre Premierminister Ägyptens sein würde.) Dieser Mann wusste in diesem schmerzhaften Augenblick nur eines: Was er getan hatte, war richtig und er erlitt Unrecht dafür. Die Zeit zog sich in die Länge. Tage wurden zu Monaten. Er war wieder einmal zu Unrecht abgelehnt, vergessen, vollkommen hilflos.

Aber irgendwie, mitten in dieser unfairen Lage, merkte Joseph, dass die Hand Jehovas mitmischte. »Joseph, du gehörst mir. Warte ab. Ich bin bei dir. Ich habe dich weder übersehen noch vergessen. Du wirst hier besser herauskommen als du hineingekommen bist, gerade wegen der Anklage gegen dich. Ich bin noch nicht damit zu Ende, dich für den Dienst vorzubereiten, den du mir leisten sollst.«

Klingt das zu fromm? Kommt es Sie zu hart an, diese Gedanken zu schlucken? Habe ich hier in Ihren Augen den Bodenkontakt verloren? Das kann eigentlich nicht sein, jedenfalls nicht, wenn wir den Rest der Geschichte glauben, der in diesem Kapitel aufgezeichnet ist.

> Aber der HERR war mit ihm und neigte die Herzen zu ihm und ließ ihn Gnade finden vor dem Amtmann über das Gefängnis, sodass er ihm alle Gefangenen im Gefängnis unter seine Hand gab und alles, was dort geschah, durch ihn geschehen musste. Der Amtmann über das Gefängnis kümmerte sich um nichts; denn der HERR war mit Joseph, und was er tat, dazu gab der HERR Glück.
>
> Gen 39,21-23

Haben Sie den Schlüsselsatz herausgespürt? ... Wieder diese Anmerkung: »Der HERR war mit ihm.« Die Hand des Herrn lag auf Joseph. Aber die Beziehung war beidseitig. Joseph gehorchte seinem Gott auch. Statt bitter und böse zu werden, diente er vorrangig Gott. Im Ergebnis war er erfolgreich – sogar im Gefängnis! Ist das nicht erstaunlich?!

EIN PAAR PRAKTISCHE WORTE
DER HOFFNUNG

Es kann sein, dass Sie gerade jetzt der Versuchung ausgesetzt sind. Vielleicht haben Sie ihr schon nachgegeben. Einige meiner Leser könnten jetzt auch denken: *Es ist gut, Bruder, dass du mir das alles noch einmal sagst, ich brauche das. Bisher habe ich der Verlockung sinnlicher Anfechtung widerstanden, aber ich brauche Hilfe, damit ich fest bleibe und durchhalte.* Aber sicher kann niemand, der dies liest, sagen: »Ich habe keine Ahnung, wovon du sprichst, Chuck. Ich habe so etwas noch nie erlebt.«

Daher möchte ich für alle Leser dieses Kapitel mit ein paar praktischen Ratschlägen schließen. Es sind Grundsätze, die in meinem Leben funktioniert haben, dank der Gnade Gottes. Wenn Sie vorhaben, der Anfechtung zu widerstehen, müssen Sie vier Voraussetzungen erfüllen. Ich will sie zuerst generell nennen und dann jede einzeln ausführen.

Sie dürfen sich nicht durch die Umstände schwächen lassen.
Sie dürfen sich nicht durch Überredung täuschen lassen.
Sie dürfen mit Ihren Gefühlen nicht zu mild umgehen.
Sie dürfen sich nicht durch unmittelbare Erfolge irritieren lassen.

Soweit es seine *Umstände* betraf, hatte Joseph es geschafft. Wirtschaftlich war er abgesichert. Sozial war er geachtet und man vertraute ihm. Persönlich war er gut aussehend und freundlich. Er hätte zulassen können, dass dies alles seine Entschiedenheit geschwächt und ihn anfällig gemacht hätte, der Gelegenheit nachzugeben, aber er hat es nicht getan.

Ich wiederhole die Warnung: Wenn Sie vorhaben, der Versuchung zu widerstehen, *dürfen Sie sich nicht durch die Umstände schwächen lassen*. Das liegt auf derselben Linie wie die zweite Anforderung, an der Sie festhalten müssen. *Sie dürfen sich nicht durch Überredung täuschen lassen*. Ihre Versucherin oder Ihr Versucher wird genau die richtigen Worte parat haben und sehr überzeugend sein:

- »Mein Ehemann befriedigt meine Bedürfnisse nicht so, wie du es tun würdest.«
- »Wenn du das für mich tätest, würde mir das zeigen, dass ich dir am Herzen liege.«
- »Wer wird es je bemerken? Wir sind vollkommen allein, absolut sicher.«
- »Schau, wir werden doch sowieso bald verheiratet sein. Wozu warten? Was liegt daran?«

- »Ich bin so schrecklich einsam. Gott versteht das schon – deshalb hat er dich mir ja auch geschickt.«
- »Nur dies eine Mal. Nie, nie mehr wieder.«
- »Was wäre schon Gnade, wenn sie nicht auch etwas so Natürliches wie dieses zudecken würde?«

Sie und ich müssen die Zeiten, in denen wir leben, beurteilen lernen. Wir leben in einer Ära, die versucht, Gnade bis zur Ketzerei hin zu überdehnen. Ich sehe und höre Anzeichen dafür tatsächlich in jeder Woche. Deshalb möchte ich Ihnen ins Gesicht sagen: Das größte Geschenk, das Sie Ihrem Ehepartner machen können, ist das der Reinheit und Treue. Der größte Charakterzug, den Sie für Ihren Gatten und Ihre Familie entwickeln und vorleben können, ist moralische und ethische Selbstkontrolle. Bleiben Sie standhaft, mein Freund, meine Freundin! Weigern Sie sich, nachzugeben. Joseph hat das getan und das können Sie auch. Und das *müssen* Sie auch tun.

Trügerische Köder werden täglich für uns ausgelegt und nicht alle kommen von dem Menschen selbst. Manche werden von einem Kabelkanal des Fernsehens ausgelegt oder vom Internet oder von einem Magazin oder vom Gruppendruck in der Schule oder an der Arbeitsstelle verursacht. Sie werden Frau Potifars überredende Worte überall und immer wieder hören. Sie werden sich prüde vorkommen, wie der einzige Mensch in Ihrer Umgebung, der nicht nachgibt. Lassen Sie sich nicht von der Überredung täuschen, wie schön oder ansprechend die Worte auch klingen mögen. Es ist alles Lüge. Behalten Sie das bitte: Es ist alles Lüge.

Drittens möchte ich das folgende Prinzip unterstreichen: *Sie dürfen mit Ihren Gefühlen nicht zimperlich umgehen.* Ja, Sie haben richtig gelesen. Ihr Inneres wird dafür sprechen, sich Befriedigung zu verschaffen. Die Versuchung wird an Ihnen arbeiten und Sie um Verständnis bitten. Erinnern Sie sich, wie rüde Joseph mit seinen Gefühlen umging? Vers 8 hält fest: »Er weigerte sich.« Vers 9 sagt über die Versuchung: »... dieses große Übel und Sünde gegen Gott ...« Vers 10 berichtet uns, dass er nicht einmal auf sie hörte oder gar in ihrer Nähe verweilte. Vers 12 stellt fest, dass er vor ihr floh! Wenn es nötig werden sollte, seien Sie extrem, werden Sie geradezu rüde.

Ich kann mir vorstellen, wie jemand hierauf reagieren könnte: »Nun, ich weiß nicht so recht. Ich dachte, die christliche Botschaft ist die der Liebe!?« Liebe zum Schlechten? Liebe zur Lust? *Kommen Sie auf den Boden zurück!*

Der verstorbene Dag Hammarskjold hat einmal geschrieben:

> Du kannst nicht mit dem Tier in dir spielen, ohne ganz Tier zu werden, nicht mit Falschheit spielen, ohne gleichzeitig dein Recht auf die Wahrheit aufzugeben, mit Grausamkeit spielen, ohne die Feinfühligkeit deines Gemütes zu verlieren. Wer seinen Garten sauber erhalten will, legt nicht gleichzeitig ein Beet nur für Unkraut an.[18]

Viertens und letztens *dürfen Sie sich nicht durch die unmittelbaren Folgen irritieren lassen.* Erinnern Sie sich bitte noch mal an Joseph. Nachdem er getan hatte, was recht ist, wurde falsche Anklage gegen ihn erhoben und man warf ihn ins Gefängnis. Und wenn Sie sich die Zeit nehmen weiterzulesen, werden Sie bemerken, dass er für sehr lange Zeit vergessen worden ist.

Lassen Sie sich nicht durch die unmittelbaren Folgen irre machen. Es mag sein, dass Sie Ihre Arbeitsstelle verlieren. Es mag sein, dass Sie einen Liebhaber oder eine Geliebte verlieren (wenn man einen solchen Menschen einen Liebhaber nennen kann). Es mag sein, dass die Menschen, mit denen Sie umgehen, Sie weniger akzeptieren als vorher. Es mag sein, dass Sie der einzige Mensch weit und breit sind, der »es« nicht »tut«. Dann sind Sie eben der Einzige! Wenn Sie den Namen Jesu Christi nennen, dann bitte vollkommen, vollständig und halten Sie sich von heute an moralisch sauber. Selbst wenn das Ihre berufliche Herabstufung nach sich ziehen sollte oder Verlust an Ansehen oder der Arbeitsstelle. Gehen Sie aus dieser Beziehung weg! Hören Sie auf damit! Das schulden Sie sich und Ihrer Familie. Und am wichtigsten: Das schulden Sie unserem Gott.

Die Wahrheit, die sich an Josephs Leben zeigt, gilt uns allen – ob wir nun verheiratet sind oder nicht, geschieden, wieder verheiratet, Mann oder Frau, jung oder alt. Wie auch immer Ihre Umstände sein mögen, egal, wie verlockend oder angenehm befriedigend ihr augenblicklicher Köder aussehen mag, verweilen Sie nicht mehr. Beanspruchen Sie die übernatürliche Kraft, die aus dem Wissen und der Kenntnis Jesu Christi kommt und bleiben Sie – unter der Führung seiner Kraft – standhaft in seiner Macht. Gerade jetzt, in diesem Augenblick, sollten Sie sich entscheiden, wie Joseph zu sein. Entschließen Sie sich, es ihm gleichzutun – und widerstehen Sie von heute an.

Sonst _werden_ _Sie nachgeben_. Das ist dann nur noch eine Frage der Zeit.

KAPITEL DREI

Gefangen und vergessen

Opfer. Das ist ein Wort, das wir heutzutage oft hören. Ich bemerke, dass manche viel zu schnell und zu oft auf dieses Wort zurückgreifen, übereilt. Es gibt Menschen, die behaupten, sie seien anderen zum Opfer gefallen, auch wenn die ganze Wahrheit ihrer Geschichte anders sein mag. Wenn ihre Eltern gelegentlich ein bisschen zu streng waren, behaupten sie, Opfer von Kindesmissbrauch geworden zu sein. Wenn der Chef einen besonderen Einsatz erwartet hat und wenn es nötig war, dass alle Überstunden machten, damit ein gewisses Projekt fertig werden könnte, fühlen sie sich als Opfer einer tyrannischen Autoritätsfigur. Auf solchen Unsinn beziehe ich mich hier nicht. Ich spreche hier über solche Menschen, die wirklich Opfer geworden sind von unfairer und ungerechter Behandlung oder von Misshandlung überhaupt, immer wieder lesen wir von solchen Menschen und unsere Herzen brennen für sie. Kinder misshandeln andere Kinder. Schüler misshandeln andere Schüler. Ehefrauen misshandeln ihre Männer und Ehemänner ihre Frauen. Pastoren misshandeln ihre Gemeinde und umgekehrt. Unsere Postbox bei »Insight for Living« enthält oft Post von gebrochenen oder wütenden Opfern irgendeiner extremen Form der Misshandlung. Wenn wir ihre Geschichten lesen und uns Mühe geben, so zu antworten, dass es ihnen eine Hilfe ist, wird unser Herz durch den Schmerz berührt, mit dem diese Menschen leben müssen. Wie oft habe ich schon gedacht: *Das ist doch nicht fair! Dieser Mensch hat das getan, was recht ist, wurde aber so ungerecht behandelt. Warum nur, Herr!?*

Es gibt darunter Geschichten von Menschen, die schwerstens missbraucht wurden. Eine Ehefrau ist verlassen oder missbraucht worden, ein Kind ist vernachlässigt oder belästigt worden. Ein Ehemann ist plötzlich und ohne Warnung von seiner Frau verlassen worden, die nun ihre eigene Richtung einschlagen will und ihre Familie nicht mehr möchte. Einzelne sind zu Unrecht verhaftet worden, später verurteilt worden und ins Gefängnis geworfen worden. Menschen sind schrecklichen Gerüchten zum Opfer gefallen oder heimtückischer Verleumdung.

Meine Frau und ich sind befreundet mit einer jüdischen Frau, die eine extrem schmerzhafte Kindheit hatte. Sie kann sich an dieses eine Weihnachten noch erinnern, als die anderen Kinder in der Klasse, die das »Judenmädchen« (wie sie sagten) hassten, einander Geschenke machten. Was sie als Gabe erhielt, war ein Beutel voll Abfall.

Ich erinnere mich, von einem Pastor gelesen zu haben, der zu einem besonderen Thema eine sehr eindeutige Position einnahm. Verschiedene Mitglieder seines Kirchengemeinderates fanden, dass er den falschen Standpunkt verträte. Statt nun intelligent und umsichtig mit ihm umzugehen, kamen sie nachts zu seinem Haus, zerstörten die Kinderschaukel, die er im Hintergarten aufgestellt hatte, und schlitzten alle vier Reifen seines Autos auf.

Meine Frau erinnert sich sehr genau an eine Situation, wo sie mit einem unserer vier Kinder in einer Arztpraxis warten musste. Dort wurde sie Zeuge, wie eine junge Mutter von drei Kindern immerzu gewalttätige Redewendungen auf ihre Kinder niederhageln ließ. Das Schlimmste war, als eines der Kinder sich ausstreckte, um ein Bild anzufassen, nur um den Rahmen zu berühren, als sie sagte: »Wenn du das noch mal anfasst, breche ich dir jeden einzelnen Finger an deiner Hand.«

Auch Sie können sicher ein Dutzend oder mehr Beispiele in dieser Richtung nennen. Es gibt auch Anlässe, wo man Missbrauch und Misshandlung der zuständigen Behörde melden muss. Aber in der überwiegenden Zahl der Fälle handelt es sich nicht um verbrecherische Handlungen, die wir erleiden, sondern eher um unfaire Behandlung, die schwer zu ertragen ist. Und wenn solche Dinge geschehen, besteht die größte Prüfung in der des Charakters, der Herzenshaltung. Wenn man uns über den Tisch zieht, möchten wir genauso reagieren, möglichst noch schlimmer. Das ist unsere menschliche Natur. Wir möchten Rache, wir möchten gleichziehen. Wart's ab!, sagen wir. Ich ziehe noch gleich mit dir. Wir wollen uns behaupten. Und so warten wir den richtigen Augenblick ab, um zuzuschlagen. Und wenn wir das tun, merken wir die Beschränktheit dieser Haltung. Sie bindet uns zunehmend, bis wir ihre Geisel sind, unfähig uns selbst zu befreien, unfähig, ein freudiges Leben zu führen.

Plötzlich kreuzt ein Vers unseren Weg, wie 1. Petrus 2,20, wo es heißt:

> Denn was ist das für ein Ruhm, wenn ihr um schlechter Taten willen geschlagen werdet und es geduldig ertragt? Aber wenn ihr um guter Taten willen leidet und es ertragt, das ist Gnade bei Gott.
>
> 1 Petr 2,20

Ja, Sie haben richtig gelesen. (Vielleicht wollen Sie es noch mal lesen, um sicher zu sein?) Wenn wir solche Feststellungen lesen oder solche wie in Jesaja 55,8-9, dann fangen wir an uns zu fragen, wie diese Dinge zu der Tatsache passen, dass Gott gut ist. Sie erinnern sich bestimmt an die Worte aus Jesajas Feder, als er Gottes Botschaft wiederholt:

> »Denn meine Gedanken sind nicht eure Gedanken, und eure Wege sind nicht meine Wege«, spricht der HERR, »sondern so viel der Himmel höher ist als die Erde, so sind auch meine Wege höher als eure Wege und meine Gedanken als eure Gedanken.«
>
> Jes 55,8-9

Sehen Sie sich den Kontrast genau an! Es gibt einen Riesenunterschied zwischen »meinen Gedanken« und »euren Gedanken«, sagt der Herr. »Meine Wege« sind nicht wie »eure Wege«. Sie sind höher, sie sind tiefgründiger, geheimnisvoll – und ich würde noch dazufügen: *überraschend.*

Unsere menschlichen Wege bauen auf dem, was fair aussieht. Wir glauben fest daran, dass, wenn jemand alles tut, was recht ist, er belohnt und gesegnet werden wird. Wenn jemand tut, was unrecht ist, wird das ernste Folgen haben, sogar Strafe nach sich ziehen. Aber das sind unsere Wege, nicht Gottes Wege. Jedenfalls nicht unmittelbar. Es ist bekannt, dass er viel zulässt, dass unfaire Behandlung im Leben von absolut unschuldigen Leuten vorkommt – aus Gründen, die tiefgründiger sind, als wir uns oder als die Betroffenen sich hätten vorstellen können. Wie vorsichtig er doch eingreift!

Joseph wird misshandelt

Wenn jemand je unfair behandelt und misshandelt worden ist, wenn jemand je unschuldig zum Opfer wurde, dann war das Joseph.

Zunächst wurde er *von seiner Familie unfair behandelt.* Seine Brüder hassten ihn, wollten ihn töten, aber verkauften ihn lieber in die Sklaverei. Sodann wurden *seine Lebensumstände unerwartet sehr eingeschränkt.* Er wurde zum Sklaven in einem Land, dessen Sprache er nicht einmal kannte. Im einen Augenblick war er der siebzehnjährige Mann, dessen ganzes Leben noch vor ihm lag, im nächsten befand er sich vollkommen abhängig von der Gnade eines ihm Fremden, der total über ihn befinden konnte wie über sein Eigentum. Danach wurde er falscher Anklage ausgesetzt. Nachdem er das Vertrauen und die Zuneigung seines Herrn Potifar errungen hatte, versuchte die Frau seines Herrn Joseph zu verführen. Wie wir im vorhergehenden Kapitel gesehen haben, log sie, als er ihren Wünschen nicht nachkam, und sagte: »Dieser Sklave hat versucht, mich zu vergewaltigen!« Das

Ergebnis ihrer Lügengeschichte war, dass er zu Unrecht ins Gefängnis kam und preisgegeben wurde.

JOSEPH IM GEFÄNGNIS

Dort finden wir Joseph in diesem Kapitel. Er war ungerecht behandelt worden, seine Lebensumstände waren stark beschnitten worden, er zu Unrecht angeklagt und verurteilt worden – nun sitzt er im Gefängnis. Tatsächlich steht in Gen 40,15, dass er im *Gefängnis* saß, im Verlies. Er sitzt wieder in der Falle, im Dunkeln, diesmal an der tiefsten Stelle einer ägyptischen Grube. Er ist zurückgeworfen auf das Startfeld, von dem er ausgegangen war.

Wie alt Joseph zu der Zeit war? Niemand weiß es genau. Vermutlich Ende zwanzig. Eine wichtigere Frage ist: Wo war Gott? Wir können Gott in den guten Dingen leicht erkennen. Wir können ihn manchmal auch in den fragwürdigen Dingen erkennen. Aber wo ist Gott, wenn es ungerecht zugeht? Wo ist Gott, wenn wir Verließ-Erfahrungen durchmachen? Bedeutet sein Schweigen, dass er nicht da ist? Er lässt uns nicht im Fragen.

Gen 39,21 sagt: »Der Herr war mit Joseph.« Dort war Gott. Er war genau dort. Er war *nie* weg gewesen. Er war mit Joseph. Nicht nur das. Er tat für Joseph, was er schon vorher für ihn getan hatte: Er verschaffte ihm Gnade und Gunst in den Augen anderer.

> Aber der HERR war mit ihm und neigte die Herzen zu ihm und ließ ihn Gnade finden vor dem Amtmann über das Gefängnis, sodass er ihm alle Gefangenen im Gefängnis unter seine Hand gab und alles, was dort geschah, durch ihn geschehen musste. Der Amtmann über das Gefängnis kümmerte sich um nichts; denn der HERR war mit Joseph, und was er tat, dazu gab der HERR Glück.
>
> Gen 39,21-23

Zweimal in diesem kurzen Bericht lesen wir: »Der HERR war mit Joseph.« Joseph begann, die Handschrift Gottes in seinem Gefängnis-Erleben zu erkennen. In Umständen, die hätten annehmen lassen, er befinde sich in einer der schwierigsten Situationen, am ödesten aller Orte, war Joseph erfolgreich. Deshalb wurde er dazu freigesetzt von Gott strategisch im Leben von wenigstens zwei Menschen eingesetzt zu werden. Ist das nicht erstaunlich – Joseph war erfolgreich im Gefängnis, an welch einem Ort!

Alexander Solschenizyn beschreibt sein geistliches Erwachen schmerzlich genau in dem eindrucksvollsten Abschnitt seines Buches »Archipel GULAG«. In seiner Einsamkeit und seinem Schmerz war Gott ihm nahe.

> …vergiftet durch den Erfolg der Jugend, hatte ich mich selbst für unfehlbar gefühlt und daher war ich grausam. Im Übermaß der Macht war ich zum Mörder geworden und zum Unterdrücker. In meinen übelsten Augenblicken war ich überzeugt, dass ich Gutes tat, und ich war gut ausgestattet mit systematischen Argumenten. Und erst als ich auf verrottendem Gefängnisstroh lag, merkte ich in mir die ersten Bewegungen des Guten. Nach und nach wurde mir enthüllt, dass die Trennungslinie zwischen Gut und Böse nicht zwischen Staaten verläuft, nicht zwischen Klassen oder politischen Parteien – sondern mitten durch das menschliche Herz, durch alle menschlichen Herzen. … Daher segne ich dich, Gefängnis, dafür, dass du in mein Leben gekommen bist.[19]

Der alte russische Autor, der acht Jahre in dem schrecklichen sowjetischen Lager GULAG verbracht hat, hört sich wie ein Psalmist an, wenn er sagt: »Es ist gut für mich, dass du mich gedemütigt hast, damit ich deine Gebote lerne.« (Ps 119,71)

Diese Verlies-Erlebnisse waren gut für mich, weil ich dort lernte, dass der Herr allen träumerischen Idealismus aus meinem geistlichen Leben entfernte. Letztendlich war auch Joseph in der Lage zu sagen: »Ich segne dich, Gefängnis, weil in *dir* Gott mir ganz wirklich geworden und nah gekommen ist.«

Falsche Anklage hatte Joseph ins Gefängnis gebracht, aber genau dort blieb der Herr ihm treu und nährte seine Seele in der ganzen Zeit dort. Als Ergebnis fand Joseph Gnade in den Augen des obersten Wächters – wir würden ihn vielleicht den Chef-Aufseher nennen – er vertraute Joseph so sehr, dass er ihm die Aufsicht über alle anderen Gefangenen anvertraute und sich um nichts »kümmerte...; denn der HERR war mit Joseph, und was er tat, dazu gab der HERR Glück«.

Schauen Sie, Gott, der Herr hatte die erste Stelle im Leben Josephs; er war der Brennpunkt seines Lebens. Die Linse des Willens Gottes stand zwischen Joseph und den Umständen, sodass Joseph Gott darin erkennen konnte, Gott daraus lesen konnte – und Gott erlauben konnte, ihn in genau diesen Umständen einzusetzen.

Wenn ein Verlies-Erlebnis naht, ist die schnellste und einfachste Reaktion anzunehmen, Gott habe uns verlassen. Ich weiß nicht, ob Sie den Cartoon »Ziggy« lesen, den ich besonders mag, weil er oft genau die Sachen sagt, die ich gedacht habe. Einer meiner Lieblingscartoons zeigt Ziggy mit seiner großen Nase und seinem Glatzkopf, wie er auf einem Berggipfel steht und nach oben starrt. Der Himmel ist dunkel und es gibt nur eine einzige Wolke da oben. Ziggy schreit: »Soll ich den Rest meines Lebens in der Warteschleife zubringen?«

Auch Sie haben sich schon so gefühlt, oder nicht? »Herr, wirst du mir je antworten?« Wie oft scheint der Himmel kälter als Eis, nicht wie der Wohnort eines liebenden Gottes. Wir schreien, aber es kommt keine Antwort.

Bitte machen Sie hier keinen Fehler. Joseph verdiente das Gefängnis nicht, aber er reagierte darauf großartig. Das macht die Schönheit der Geschichte aus. Zunächst stand an erster Stelle in seinem Leben seine lebendige und beständige Beziehung zu seinem Herrn. Und deswegen konnte Gott ihn an strategischer, wichtiger Stelle einsetzen.

JOSEPHS ZELLENKAMERADEN

Und es begab sich danach, dass sich der Mundschenk des Königs von Ägypten und der Bäcker versündigten an ihrem Herrn, dem König von Ägypten. Und der Pharao wurde zornig über seine beiden Kämmerer, gegen den Obersten über die Schenken und gegen den Obersten über die Bäcker, und ließ sie setzen in des Amtmanns Haus ins Gefängnis, wo Joseph gefangen lag.

Gen 40,1-3

Ein Mundschenk war die Person, die den Wein und das Essen des Königs probierte, bevor er etwas zu sich nahm. Deshalb galt, wenn man ihn hätte vergiften wollen: »Tschüs, lieber Mundschenk!«, und gleichzeitig: »Lang lebe der Pharao!« Es gehörte auch zu seinen Aufgaben, dafür zu sorgen, dass dem Pharao kein ungenügend zubereitetes Essen serviert würde, da er für die Ernährung des Pharaos zuständig war. Dies führte zu einer engen Verbundenheit, einer Vertrauensbeziehung zwischen den beiden Männern. Oft verließ sich der König des Landes auf den Mundschenk. Wenn Sie sich erinnern, war auch Nehemia Mundschenk des Königs und hatte eine enge Beziehung zu ihm. Auf vielerlei Weise war der Mundschenk der Vertrauensmann des Hofes. Wenn dieses Vertrauen je gebrochen wurde, hatte das sehr schwere Folgen. So etwas Ähnliches musste geschehen sein, denn der Mundschenk des Pharaos landete im Gefängnis – darüber hinaus auch des Königs Bäcker. (Das war ein weiterer Mensch, auf den sich der König verließ, weil, was immer er zubereitete, in den Mund des ägyptischen Herrschers marschierte.) Nirgends wird uns berichtet, was genau sich zugetragen hatte und wie der Sturz dieser beiden und ihre Strafe zustande gekommen waren. Was wir wissen, ist, dass sie sich »versündigten an ihrem Herrn« und dass er über seine beiden Hofangestellten »zornig wurde«. Mag sein, dass am Morgen der Biskuitteig zusammengesunken war und dass mittags auf der königlichen Pizza zu viel Chili war und dass der Mundschenk den Pharao nicht gewarnt hatte. Es musste mit Essen zu tun haben, denn ihre Berufe hingen zusammen. Was immer es auch war, es machte den Pharao so zornig, dass er gerufen haben muss: »Geht mir aus den Augen!«, und sie beide in den Kerker hatte werfen lassen. Da Gottes Wege tiefgründig und weise sind, kamen sie in dasselbe Verlies, dieselbe Zelle, in der auch Joseph saß.

Ist es nicht bemerkenswert, dass Gott uns oft Leute in den Weg stellt, die ähnliche Erlebnisse wie wir durchgemacht haben oder gerade dabei sind durchzumachen? Ist es nicht wundersam, dass, wenn wir verletzt sind, Gott solche Menschen unseren Weg kreuzen lässt, die unseren Schmerz verstehen können? Das trifft sicher auch hier zu. Joseph und diese beiden Männer waren aus verschiedenen Gründen im Gefängnis, aber sie fanden sich an demselben Ort wieder und teilten ähnliches Elend. Und dank seiner eigenen Erfahrung konnte Joseph ihnen beistehen.

Sie erinnern sich, das war nur deshalb möglich, weil der Herr in Josephs Leben unangefochten die erste Stelle einnahm. Weil er frei war von Bitterkeit, wurde er ein brauchbares Instrument in der mächtigen Hand Gottes. Wenn irgendein Vorbehalt, eine Feindseligkeit, ein Rachegelüst noch in ihm gesteckt haben sollte, so hören wir doch nichts davon in dem Bericht. Ich bin überzeugt, dass das nicht existierte.

Die Handlung verdichtet sich:

> Und der Amtmann gab ihnen Joseph bei, dass er ihnen diente. Und sie saßen etliche Zeit im Gefängnis. Und es träumte ihnen beiden, dem Schenken und dem Bäcker des Königs von Ägypten, in einer Nacht einem jeden ein eigener Traum, und eines jeden Traum hatte seine Bedeutung. Als nun am Morgen Joseph zu ihnen hineinkam und sah, dass sie traurig waren, fragte er sie und sprach: »Warum seid ihr heute so traurig?«
>
> Gen 40,4-7

Wenn ich das lese, muss ich lächeln, denn wenn irgendjemand ein trauriges Gesicht hätte haben können, dann doch sicher Joseph. Seine Notlage war doch viel schlimmer als ihre. Sie waren wegen einer Laune des Pharaos dort und würden sicher nicht für immer im Gefängnis gelassen werden. Aber Joseph war angeklagt durch die Frau des Chefs der Scharfrichter und wusste nicht, ob er das Tageslicht je wieder sehen würde. Aber trotz der harten Umstände bemerkte er die Not dieser beiden Männer.

Wenn Ihr Herz auf dem rechten Fleck schlägt, auch dann, wenn Ihrem Leben plötzlich die Grundlage entzogen worden ist, dann ist es auffallend, wie empfindsam Sie werden können gegenüber der Not eines anderen. Sie müssen es nicht einmal lang ausführen. Sie müssen nicht sagen: »Du meinst, dass du Grund zur Klage hast? Dann höre dir erst mal meine elende Geschichte an!« Joseph sagte: »Wie kommt es, dass ihr heute so besonders traurig seid, Leute? Was ist nur los mit euch?« Ich gebe zu, es mag sein, dass eine solche Frage, im Gefängnis gestellt, überflüssig erscheint, aber es zeigt Josephs Fähigkeit, über seine eigenen unmittelbaren Sorgen und Bedürfnisse hinauszudenken, um anderen Güte zu erweisen und ihnen beizustehen.

Eine der schönen Facetten der richtigen Herzenshaltung ist, dass durch sie an jedem Tag die Sonne scheint. Sie brauchen dann keinen wolkenlosen Himmel, um sonnige Tage zu erleben.

Ich habe oft die Freude gehabt, eine wahre Geschichte aus dem Leben Thomas Edisons zu erzählen, die sehr treffend den Segen einer positiven Haltung beschreibt. Edisons Sohn Charles beschreibt dieses Ereignis in seinem Buch »Der elektrische Thomas Edison«[20]:

An einem Dezemberabend echote der Aufschrei: »Feuer!« durch die Anlage. Im Filmraum war spontan etwas entflammt. In wenigen Augenblicken waren alle Verpackungselemente, Zelluloid für Berichte, Filme und andere brennbare Güter mit einem »Wuff!« in Rauch aufgegangen.

Da ich meinen Vater nicht finden konnte, war ich sehr besorgt. War er in Sicherheit? Würde es ihm nicht das Herz brechen, dass all seine wertvollen Besitztümer in Rauch aufgingen? Er war inzwischen 67, hatte also nicht mehr das Alter, in dem man von vorne anfangen kann. Ich sah ihn im Garten auf mich zulaufen.

»Wo ist Mutter?«, schrie er. »Hol sie schnell her! Sag ihr, sie soll ihre Freunde mitbringen. So schnell sehen sie solch ein Feuer nicht mehr!«

Ist das zu glauben? Statt zu sagen »O, mein Gott, was habe ich nur angestellt, dass ich das verdient habe? Siebenundsechzig Jahre bin ich dir treu gewesen und das ist nun der Dank?!«, sagt er: »Hey, Sohn, bring deine Mutter. Dies ist ein unglaublicher Anblick! Schaut euch dieses Feuer an.«

Edisons Sohn fährt fort:

Um 5.30 Uhr am nächsten Morgen, als das Feuer gerade erst unter Kontrolle gebracht worden war, rief er seine Angestellten zusammen und kündigte an: »Wir werden alles wieder aufbauen!«
Einem Mann wurde aufgetragen, alle Maschinenläden in der Gegend zu pachten. Ein anderer sollte einen Kran zum Abriss von der Firma Erie Railroad Co. besorgen. Dann fügte er hinzu, beinahe nebensächlich: »Ach übrigens: Weiß einer, wo wir das Geld herbekommen können?«
Später erklärte er: »Man kann immer aus Katastrophen Kapital schlagen. Wir haben gerade einen Haufen alten Mülls entsorgt. Wir werden etwas Größeres und Besseres aufbauen, als es diese alten Ruinen waren.« Damit rollte er seinen Mantel zu einem Kissen zusammen, legte sich auf den Tisch, zog die Beine an und fiel in tiefen Schlaf.[21]

Joseph handelte ähnlich. Er sagte: »Wie kommt es, dass ihr so traurige Gesichter macht?« Was geht in diesem Verlies vor?

Sie antworteten: »Es hat uns geträumt und wir haben niemand, der es uns auslege.«

Gen 40,8a

Ich glaube, Joseph musste sich auf die Lippen beißen, als er das hörte! Sie waren beide irritiert und besorgt über einen Traum, den sie gehabt hatten und den sie nicht deuten konnten! Sie konnten ja nicht ahnen, dass sie den Träumer aller Träumer vor sich sitzen hatten!

Joseph sprach: »Auslegen gehört Gott zu; doch erzählt mir's.«

Gen 40,8b

Es ist doch wirklich überraschend, dass Joseph überhaupt noch etwas mit Träumen zu tun haben wollte! Beim letzten Mal, als er damit zu tun hatte – Sie erinnern sich doch, was da passierte? Er erzählte seinen Brüdern von seinen Träumen – und dann kam die »Operation Brunnenstadt« ins Rollen: Er fand sich auf einem ägyptischen Sklavenmarkt wieder. Man sollte doch meinen, er würde jetzt sagen: »Nicht mit mir, Leute! Ich habe fürs Leben genug von Träumen!« Aber nicht so Joseph. Er sagte: »Ach wirklich? Ein Traum, ja? Erzählt ihn mir!«

Solch ein Ergebnis wird durch eine positive Grundhaltung bewirkt. Sie lässt dich die normalen Grenzen überspringen. Sie säubert das Deck deines Schiffes. Sie wird dich befreien von Dingen, an denen du sonst immer wieder hängen bleibst. Sie wird dir Gelegenheiten zeigen, in denen du anderen beistehen kannst, an die du sonst im Traum nicht gedacht hättest.

Daher sagte Joseph: »Nur Gott kann Träume deuten, aber erzähle ihn mir.«

Die Deutung des ersten Traumes

Da erzählte der oberste Schenk seinen Traum und sprach zu Joseph: »Mir hat geträumt, dass ein Weinstock vor mir wäre, der hatte drei Reben, und er grünte, wuchs und blühte und seine Trauben wurden reif. Und ich hatte den Becher des Pharaos in meiner Hand und nahm die Beeren und zerdrückte sie in den Becher und gab den Becher dem Pharao in die Hand.«

Gen 40,9-11

Der Mundschenk sagte: »Ich sah einen Weinstock aufwachsen, und der hatte drei Reben. Sie wuchsen und blühten und brachten reife Trauben hervor. Ich nahm die Trauben und quetschte sie aus in den Becher des Pharao, und gab ihm den Becher in die Hand. Was in aller Welt kann das bedeuten?«

Joseph sprach zu ihm: »Das ist die Deutung: Drei Reben sind drei Tage. Nach drei Tagen wird der Pharao dein Haupt erheben und dich wieder in dein Amt setzen, dass du ihm den Becher in die Hand gebest wie vormals, als du sein Schenk warst. Aber gedenke meiner, wenn dir's wohl geht, und tu Barmherzigkeit an mir, dass du dem Pharao von mir sagst und mich so aus diesem Hause bringst. Denn ich bin aus dem Lande der Hebräer heimlich gestohlen worden; und auch hier hab ich nichts getan, weswegen sie mich hätten ins Gefängnis setzen dürfen.«

Gen 40,12-15

»Hier ist die Deutung«, sagt Joseph. »Die drei Reben bedeuten drei Tage. In drei Tagen wird man dich wieder in dein altes Amt als Mundschenk einsetzen.« Dann fügte er hinzu: »Aber denke an mich wenn es dir gut geht!« – und er erklärte ihnen ein wenig von seiner eigenen Not und seiner Unschuld.

Hier tritt Josephs Menschlichkeit zutage. Ich liebe es, denn es zeigt uns, dass Joseph eine Person aus Fleisch und Blut war, keine steinerne Heiligenstatue. Er wusste, dass manchmal ein Gefängnisinsasse herauskommt, weil er die richtigen Leute kennt. Und niemand stand dem Pharao näher als der Mundschenk. Hoffentlich würde er, wenn er herausgekommen und wieder im Amt sein würde, wenn er das Vertrauen des Pharaos wieder hätte, mal bei Gelegenheit sagen: »Herr, ich kenne da einen Mann, den solltest du dir mal wohlwollend anschauen.«

»Denke an mich, wenn alles für dich wieder beim Alten ist«, sagt Joseph. Das ist doch eine äußerst verständliche Anmerkung, nicht wahr?

Inzwischen hatte jedoch der Hofbäcker dem Gespräch zugehört und er muss gedacht haben: *Vielleicht bedeutet ja auch mein Traum etwas Gutes?* Und daher fragte er Joseph: »Und was ist mit meinem Traum?«

Die Deutung des zweiten Traumes

Als der oberste Bäcker sah, dass die Deutung gut war, sprach
er zu Joseph: »Mir hat auch geträumt, ich trüge drei Körbe
mit feinem Backwerk auf meinem Haupt und im obersten
Korbe allerlei Gebackenes für den Pharao, und die Vögel fraßen aus dem Korbe auf meinem Haupt.«

Gen 40,16-17

»Was bedeutet das?«, fragte der Bäcker. Joseph antwortete:
»Nun, hier liegt der Fall ein wenig anders.« Beachten Sie hier unbedingt Josephs Integrität: Er wusste, was der Traum bedeutete
und dass der Mann umgebracht werden würde. Wer möchte
schon eine solche Botschaft überbringen? Er könnte dem Bäcker
irgendetwas erzählt haben, irgendeine Lüge zusammenreimen
und dieser hätte nie etwas davon erfahren, dass Joseph die richtige Deutung kannte. Oder bis er es herausbekommen hätte, was
der Traum wirklich bedeutete, wäre es eh zu spät gewesen. Aber
Joseph war ein Mann der Wahrheit. Er war nicht darauf aus,
Freunde zu gewinnen, sondern Gottes Botschaft kundzutun.

Joseph antwortete und sprach: »Das ist seine Deutung: Drei
Körbe sind drei Tage. Und nach drei Tagen wird der Pharao
dein Haupt erheben und dich an den Galgen hängen, und die
Vögel werden dein Fleisch von dir fressen.«

Gen 40,18-19

»Die drei Körbe bedeuten drei Tage«, sagte Joseph. »Das bedeutet, dass man dich in drei Tagen hinrichten wird.« Diese Information war betrüblich, aber Joseph sagte ihm die Wahrheit.

Ich betone diesen Punkt, weil ich möchte, dass Sie begreifen,
dass nicht jeder, der eine ansteckend positive Haltung Gott gegenüber hat, gleichzeitig unrealistisch sein muss und jedermann
nur nette Sachen sagen kann oder immerzu die Dinge beschönigt,
ob sie nun wahr sind oder nicht. Ich glaube daran, dass wir positiv denken sollen, aber ich glaube nicht, dass wir Quatsch oder
Blödsinn erzählen sollen. Ich glaube deshalb, dass wir positiv

denken sollen, weil ich glaube, dass das die einzige Art ist, wie Christen wirklich denken können, da wir alles mit den Augen Jesu sehen. Im Kern sagte Joseph damit ja Folgendes: »Mein Freund, deine Tage sind gezählt.« Und genau so kam es dann ja auch. Die Ereignisse liefen für beide Männer genau so ab, wie Joseph es vorausgesagt hatte.

> Und es geschah am dritten Tage, da beging der Pharao seinen Geburtstag. Und er machte ein Festmahl für alle seine Großen und erhob das Haupt des obersten Schenken und das Haupt des obersten Bäckers unter seinen Großen und setzte den obersten Schenken wieder in sein Amt, dass er den Becher reiche in des Pharaos Hand, aber den obersten Bäcker ließ er aufhängen, wie ihnen Joseph gedeutet hatte.
>
> Gen 40,20-22

JOSEPHS ENTTÄUSCHUNG

Als Joseph sah, dass der Mundschenk das Gefängnis verließ, muss er gedacht haben: *Jetzt kommt meine Chance! Diesem Knaben leiht der Pharao sein Ohr. Er wird mich hier herausholen.* Wir wissen nicht, ob Joseph erfuhr, was mit diesen Menschen geschah, aber als sie in der vorausgesagten Zeitspanne entlassen wurden, muss er sich ausgerechnet haben, dass er mit Gottes Hilfe die richtige Deutung der Träume gegeben hatte. Sicher stellte er es sich ganz lebendig vor, dass der Wärter hereinkäme und sagen würde: »Du bist ein freier Mann, Joseph. Man hat sich deiner erinnert und du bist rehabilitiert.«

Obwohl er doch nichts Unrechtes getan hatte, obwohl er nur die Wahrheit gesagt hatte, obwohl er doch nachdrücklich darum gebeten hatte, dass man sich seiner erinnern möge – herrschte nur Stille um ihn her. Die lang gehegten Hoffnungen von Joseph wurden enttäuscht.

Aber der oberste Schenk dachte nicht an Joseph, sondern vergaß ihn.

Gen 40,23

Und nach zwei Jahren hatte der Pharao einen Traum …

Gen 41,1

Was für eine *Enttäuschung*! Statt dass man sich seiner erinnert und ihn belohnt hätte, vergaß man ihn noch einmal zwei Jahre lang! Man kann diese Tatsache inmitten all der Erzählungen von Träumen und ihren Deutungen leicht übersehen. Aber noch ganze zwei Jahre nach der Freilassung des Mundschenks blieb Joseph begraben in diesem Verlies. Beachten Sie bitte die Betonung – zwei *ganze* Jahre. Zwei lange, eintönige, elende Jahre!
Was mag Joseph in dieser Zeit gedacht haben? Menschliche Neigung wäre gewesen: Werde ich hier für immer in der Warteschleife hängen, Herr? Erstens habe ich doch nicht verdient, hier zu sein, und zweitens habe ich mich weder beklagt noch zu entkommen versucht. Ich habe auch die Träume richtig gedeutet und bin Monat um Monat treu an deiner Hand gegangen. Ich tat genau, was du von mir wolltest. Ich habe dir treu gedient. Was ich sagte, traf zu! Und nun hat mich der Mensch vergessen. <u>Es sieht eigentlich so aus, als habest du mich auch vergessen!</u> *Nichts von alledem. Dieser bemerkenswerte Mann, der schon wieder jemandem zum Opfer gefallen war, wartete weiter, vertraute weiter, hoffte weiter und stützte sich weiter allein auf Gott.*

Josephs Lage damals und unsere heute

Die Geschichte der Misshandlung Josephs, seiner Enttäuschung und Verlassenheit klingt in jedem von uns nach. Ehefrauen ohne Ehemänner, Ehemänner ohne Ehefrauen, Kinder ohne Eltern, Eltern ohne Kinder, Männer und Frauen ohne Arbeit, Pastoren, die nicht mehr im Amt sind, Ehefrauen von früheren Pastoren, nach denen niemand mehr fragt oder, was genauso wiegt, die niemand mehr achtet. Gefangene, die ausgesperrt sind, gejagt durch ihr Verbrechen, das sie begangen (oder nicht begangen!) haben, geplagt von Einsamkeit und Verlassenheit. Die Josephs-Geschichte ist für sie alle wichtig.

Ungerechte Behandlung und Misshandlung können viele Gesichter haben, aber die meisten lassen sich in vier Kategorien einteilen. Die erste ist *ungerechte Behandlung durch Familienmitglieder.* Kinder sind genauso leicht geneigt, ihre Eltern zu misshandeln, wie Eltern ihre Kinder – sogar erwachsene Kinder.

An dem Seminar, an dem ich lehre, trifft man die besten Männer und Frauen, die man je zu treffen hoffen kann. Sie sind intellektuell begabt, geistlich auf der richtigen Wellenlänge und entschlossen, die Arbeit des Herrn dort aufzunehmen, wo er sie auch hinsendet. An der Oberfläche scheinen sie alles zu »haben«. Aber je näher wir einander kommen, je mehr Zeit wir miteinander verbringen, desto mehr bemerke ich, wie viele aus Familien kommen, die alles andere als bestätigend und heil waren.

Ich spreche mit den meisten unserer Abgänger ein paar Wochen, bevor sie ihren Titel verliehen bekommen. Es ist erstaunlich, was man im Leben anderer Leute entdecken kann und hinter verschlossenen Türen enthüllt bekommt. Wie oft gibt es Tränen und tiefen Schmerz, wenn sie dir von schwer belasteten Beziehungen zu einem Elternteil oder gar beiden Eltern berichten. Zum Glück gibt es wunderbare Ausnahmen, aber es ist nicht ungewöhnlich zu hören, wie unsere Absolventen traurige Geschichten von gewalttätigen und zerbrochenen Elternhäusern erzählen, von wütenden Müttern und Vätern, die nicht da waren. Jedes Jahr gibt es welche, die ihren hart erarbeiteten Titel entgegennehmen, ohne dass ein einziges Mitglied ihrer Familie dabei ist und ihrem Erfolg applaudiert.

Ein junger Mann erzählte mir, sein Vater habe seit vier Jahren nicht mehr mit ihm gesprochen – seit genau jener Zeit, als der Sohn sich entschied, kein Jurastudium aufzunehmen wie sein Vater, ein Anwalt, gehofft hatte, sondern Theologie zu studieren und der Kirche Jesu Christi zu dienen. Als ich seine Hand schüttelte bei der Übergabe des Titels eines Master of Arts of Theology, trafen sich unsere Augen – und dann umarmten wir einander und weinten. In diesem einschneidenden Augenblick seines Lebens fühlte er wieder den Stachel des Verlassenseins.

Gewalttätige Behandlung in der Familie kann viele Formen annehmen und hinterlässt viele Narben.

Die zweite Kategorie der Misshandlung ist die *unerwartete Beschneidung der Umstände*. Das geschieht zum Beispiel, wenn Sie plötzlich eingeschränkt sind, sei es im emotionalen oder im körperlichen Bereich. Sie sind nicht in der Lage, über Ihre eigenen Gefühle oder über Ihren Körper zu verfügen. Eine plötzliche Verletzung oder ein traumatisches Geschehnis können jemanden behindern und dazu führen, dass der- oder diejenige sich entsetzlich allein fühlt. Die Narben aus einer gewalttätigen Vergangenheit können dazu führen, dass jemand lange Jahre in Dunkelheit zubringt, voller Schmerzen, und sich die ganze Zeit müht, heil zu werden. Ein enger Freund von mir durchlebt eine schreckliche Zeit, weil er versucht, seiner Frau zu helfen, sich von ihrer Kindheit zu erholen, in der sie missbraucht worden ist. Hier habe ich weder den Raum noch erscheint es mir angemessen, ausführlich zu beschreiben, welche enormen Schwierigkeiten solch eine »Reise« mit sich bringt. Zu den vielen anderen Nebeneffekten dieser sich lang hinziehenden Wiedererlangung der Gesundheit gehört auch der Verlust der ehelichen Gemeinschaft – mehr als zwei Jahre lang. Er sehnt sich danach, seine Frau im Arm zu halten und die Schönheit intimer Vergnügen zu genießen, aber es kann nicht sein. Nicht jetzt. Vielleicht nie.

Diese unerwarteten Beschränkungen halten Menschen davon ab, frei zu sein, vielleicht zu fliegen oder zu segeln, ihr Leben zu genießen.

Die dritte Kategorie der Misshandlung sind *unwahrhaftige Beschuldigungen*. Sie brauchen gar nicht lange auf dieser Erde zu leben, bevor Menschen beginnen, unwahre Dinge über Sie zu erzählen. Das geschieht schon kleinen Kindern. Die Tragödie liegt darin, dass diese unwahren Aussagen an Menschen geraten, die es nicht besser wissen und ihnen glauben. Sie zu korrigieren ist ebenso schwer wie an einem windigen Tag Federn aus einem zerrissenen Kissen einzufangen. Dann dauert es nicht lange und Sie werfen verzweifelt Ihre Arme in die Luft und sagen frustriert: »Wie kann ich das je berichtigen?«

Es ist noch gar nicht lange her, da ging im Nordwesten das Gerücht um, ich sei schon einmal verheiratet gewesen. Wenn die Menschen nur wüssten, wie jung Cynthia und ich waren, als wir zum ersten und einzigen Mal 1955 heirateten, würden sie niemals eine solche Meinung vertreten! Es war unwahr und doch begann das Gerücht sich auszubreiten und viele glaubten dem und erzählten es anderen weiter. Was hätten wir tun können, um die Aussage zu berichtigen? Natürlich haben andere viel skandalösere, viel schmerzhaftere unwahre Aussagen und Anklagen gegen sich gehört und erlitten.

Die vierte Kategorie der Misshandlung ist das *unfaire Verlassen*. Auf mancherlei Weise mag dies die schmerzhafteste von allen sein. Sie tut sehr weh.

Viele Frauen können sich hier wieder finden. Sie haben geholfen, ihren Ehemann durchs Studium zu bringen. Sie haben die Vision und Zukunft seines Lebens vor sich gesehen, auch die Möglichkeiten seiner Gaben und Sie, seine treue Ehefrau, haben schwer gearbeitet, um das zu ermöglichen. Er bekam die Anerkennung, er erhielt den Titel, er bekam die Stellung und machte sich einen Namen, er kassierte die Vorteile – und dann hat er Sie verlassen. Heute wissen Sie nicht einmal, wo er lebt. Sie haben ihm geholfen. Sie haben alles in diese Ehe investiert, sich daran gebunden. Sie mögen sogar Kinder von ihm geboren haben. Sie standen ihm bei, als es sehr wenig für Sie zu gewinnen gab – und jetzt hat er Sie verlassen. Er nahm das Geld und – war weg für immer.

Sie haben großzügig jemandem Geld gegeben und dieser Mensch hat Ihren Großmut ausgebeutet. Er oder sie zahlt nichts zurück. Sie haben möglicherweise Tausende von Dollars ausstehen. Man hat Sie unfair im Stich gelassen.

Manche von Ihnen haben mit einem anderen Menschen zusammengearbeitet, um ein Geschäft aufzubauen. Sie haben bereitwillig hinter den Kulissen für das gemeinsame Ziel gearbeitet.

Der andere kassierte die Lorbeeren und Sie bekamen den Groß-teil der Arbeit – haben Jahr um Jahr geackert. Dann, als sich alles auszuzahlen begann, hat der andere sie fallen lassen.

Manche von Ihnen sind falsch beurteilt worden und sogar Freunde haben Sie deswegen verlassen. Vielleicht trifft das sogar auf Ihre Brüder und Schwestern in der örtlichen Gemeinde zu – nur, weil es unwahre Behauptungen über Sie gab, denen man Glauben schenkte. Das ist sehr schmerzhaft.

Aber ich möchte Ihnen etwas sagen: Es mag zwar schwer sein, das zu akzeptieren, aber Sie müssen begreifen, dass Gott auf dem Weg über diese Art der Schmerzen seine besten Botschaften weitergibt. C.S. Lewis nennt das »Gottes Megafon«. In seinem Buch *The Problem of Pain* schreibt er: »Gott flüstert uns zu in unserer Freude, spricht in unser Gewissen, aber er schreit in unseren Schmerzen.«[22]

Wir haben die Wahl: Wir können enttäuscht und bitter werden oder wir können diese Schwierigkeit als Plattform nutzen, auf die wir unsere Hoffnung und unser Vertrauen in den lebendigen Gott setzen.

Enttäuschung ist ein gefährlicher, glitschiger Weg. Zunächst sind wir über unsere Mitmenschen enttäuscht. Dann geht es weiter mit Zynismus. Dann dauert es nicht mehr lange und wir trauen niemandem mehr, nicht einmal Gott. Wir haben uns die Finger verbrannt. Man hat uns ausgebeutet und falsch behandelt. Ich habe noch niemanden getroffen, der von der Menschheit enttäuscht war, ohne gleichzeitig enttäuscht zu sein von Gott. Das geht Hand in Hand. Zynismus wird in diesem Zusammenhang ausgebrütet.

Der Grund für Enttäuschung und die Therapie dafür kann man fast mit denselben einfachen Worten ausdrücken. Der Grund der Enttäuschung ist, dass man die *einzige Hoffnung auf Menschen setzt und ihnen vollkommen vertraut*, indem man sie auf einen Sockel stellt, indem man sich auf sie ausrichtet und seine Sicherheit bei ihnen sucht. Wenn man sich so horizontal ein-engt, dann nimmt die Person die Stelle Gottes ein, *wird* sogar zum Gott. Ihre gesamte Hoffnung mag auf einer einzigen Person ruhen. Das kann Ihr Kind sein. Ein Elternteil. Ein Geschäftspartner, ein Freund, ein Pastor, ein Trainer, ein Ehegatte. Und wenn sich herausstellt, dass alles auf tönernen Füße steht, die drauf und dran sind zu zerfallen (was so sicher kommt wie das Amen in der Kirche), setzt die völlige Enttäuschung ein.

Was ist die Therapie? Indem man seine *einzige Hoffnung auf den lebendigen Gott setzt und ihm vollkommen vertraut.* Wenn wir das tun, beruhigen die einfachsten Botschaften von Gott unser Gemüt.

Christian Reger ist ein Mann, der genau das tat. Christian Reger hat vier Jahre im grauenvollen Konzentrationslager Dachau zugebracht, eingesperrt von den Nazis, von 1941 bis 1945. Sein Verbrechen? Er war ein Mitglied der Bekennenden Kirche, einer der großen deutschen Kirchen, die in den Dreißiger und Vierziger Jahren sich gegen die Nazis stellten. Martin Niemöller und Dietrich Bonhoeffer waren beide Pastoren dieser Kirche. Insgesamt stand diese Denomination für die Wahrheit, aber Christian Reger wurde den Nazis durch den Organisten seiner örtlichen Gemeinde ausgeliefert. Er wurde Hunderte von Kilometern weit verschifft, um die nächsten vier Jahre im Konzentrationslager Dachau nördlich von München zu verbringen.

Philip Yancey erzählt die erinnerungswürdige Geschichte dieses Mannes in seinem Buch *Where Is God When It Hurts?*[23]

Christian Reger wird Ihnen Horrorgeschichten erzählen, wenn Sie ihn danach fragen. Aber er wird sich nicht damit begnügen. Er fährt dann damit fort, seinen Glauben zu bezeugen – wie er in Dachau einem liebenden Gott begegnet ist.
»Nietzsche sagte einmal, dass ein Mensch Qualen aushalte, wenn er den Grund seines Lebens kenne«, erzählte mir Reger einmal. »Aber ich habe hier in Dachau etwas gelernt, was weit größer ist: Ich habe den Jemand meines Lebens kennen gelernt. Er hat genügt, mich durchzutragen, und er genügt noch, mich immer noch zu tragen.«[24]

Wenn Sie ein Opfer von Misshandlung geworden sind, dann hören Sie bitte auf mich, oder richtiger: was noch wichtiger ist, dann hören Sie auf Gottes Wahrheit. Er hat hundert verschiedene Botschaften, die er Ihnen in Ihren »Verlies-Erlebnissen« zukommen lassen möchte. Er kennt die richtige Botschaft zum richtigen Zeitpunkt und alles, was Sie brauchen, um sie zu empfangen, ist ein empfindsames, gehorsames, vertrauendes Herz. Keines, das sich damit beschäftigt, Rachegelüste, Bitterkeit oder Feindseligkeit zu nähren, sondern eines, das sagt: »Herr, mein Gott, hilf mir bitte jetzt. Gerade jetzt in diesem Augenblick. Erlöse mich aus dem Gefängnis meiner selbst. Hilf mir, über die Dunkelheit hinauszusehen, deine Hand in allem zu erkennen. Da ich zerbrochen bin, forme mich um. Hilf mir, dich in dieser Verlassenheit zu erkennen, in diesem Abgelehnt-Werden.« Beten Sie dieses Gebet. Verwandeln Sie die Prüfung in Vertrauen und halten Sie danach Ausschau zu erkennen, wie sanft Gott Anfechtung, Verlassenheit, Gefangenheit für seine Absichten einsetzt. Ich bitte Sie herzlich – tun Sie das heute. Wenn Joseph diese Jahre der Misshandlung, der Einsamkeit und des Vergessen-Seins überleben konnte, dann bin ich überzeugt, dass Sie das auch können.

Ich weiß, dass Ihre Welt nicht voller ägyptischer Verliese ist, nicht voller Träume, die gedeutet werden müssen, auch nicht voller Konzentrationslager. Ihre Misshandlung kommt in einer ganz anderen Verpackung daher. Aber welche Form sie auch immer hat, so tut sie doch sehr weh. Sie haben getan, was recht war, aber man hat Sie ungerecht behandelt.

Bei all dem erinnern Sie sich bitte daran, dass Gott Sie nicht verlassen hat. Er hat Sie weder vergessen noch im Stich gelassen. Er ist nie von Ihnen weggegangen. Er versteht, wie schmerzhaft das für Sie ist, was er geheimnisvollerweise zugelassen hat, das Ihnen an Bösem geschehen ist. Auf diese Weise bringt er Sie weiter, näher zu sich, auf den Weg des einfühlsamen Hinhörens, des Wandels mit ihm. Gott ist gut, Jesus Christus ist wirklich – Ihre gegenwärtigen

Umstände sprechen nicht dagegen. Mein Gebet ist, dass er für Sie tut, was er auch für Joseph getan hat.

KAPITEL VIER

Erinnert und zu Ehren gebracht

Schmerz, mit dem man richtig umgeht, kann ein Leben gestalten und auf Größe vorbereiten. Die Geschichte bordet über von Geschichten jener Menschen, deren Kämpfe und Narben die Grundlage für ganz besondere Leistungen legten. Tatsächlich waren es harte Zeiten, durch die diese Menschen das erreichten, was sie brauchten, um zu wirklicher Größe heranzuwachsen.

Eine junge Frau sang ein Solo vor einer großen Zuhörerschaft. Ihre Stimme war ausgezeichnet, ihre Intonation wunderbar, ihr Stimmvolumen überragend. Es ergab sich zufällig, dass der Mann, der dieses Stück geschrieben hat, im Publikum saß. Als die junge Sängerin geendet hatte, lehnte sich der Sitznachbar des Komponisten vor und fragte ihn: »Nun, was halten Sie von ihr?« Der Komponist antwortete leise: »Sie wird wirklich großartig sein, wenn etwas passiert, das ihr das Herz bricht.«

Lange Zeit habe ich mit diesem Konzept gerungen. Es schien einer grausamen Philosophie zu entstammen. Warum sollte jemand zuerst leiden müssen? Was soll das heißen: »Es gibt Gutes, das man nur durch Anstrengungen gewinnen kann?« Ich bin inzwischen vollkommen gegenteiliger Meinung. Gott kann einen

Menschen reich segnen, den er zuvor tief verletzt hat. Ich könnte Ihnen viele Beispiele nennen, aber sicher beweist kein Leben diese Wahrheit deutlicher als das des Joseph.

Die meisten Erlebnisse, die Joseph bisher hatte, waren düster. Er mag als Lieblingssohn geboren und aufgewachsen sein, aber sein Leben war randvoll mit tiefen Enttäuschungen, Misshandlung und Ablehnung, mit Angst, falscher Anklage, mit Sklaverei und Verlassen-Sein. Wir haben Joseph zuletzt im Gefängnis beobachtet, wo er im letzten Kapitel noch saß. Nun, nach über zwei Jahren, nehmen wir seine Geschichte wieder auf.

Sie erinnern sich: Wir verließen ihn zwei Jahre, nachdem er dem Mundschenk gesagt hatte: »Weil ich dir jetzt die Bedeutung deines Traumes gesagt habe, vergiss mich bitte nicht. Erinnere dich an mich, wenn du wieder eingesetzt bist und alles wieder in Ordnung ist für dich. Tue mir den Gefallen und sprich mit dem Pharao über mich, damit ich hier herauskomme. Erinnere dich meiner.« Aber der Mundschenk erinnerte sich nicht an Joseph oder unterließ es, ihn zu erwähnen. Nur drei Tage, nachdem Joseph das alles gesagt hatte, wurde der Mann entlassen und in seine alte Position als Mundschenk des Pharaos wieder eingesetzt. Und schon hatte er nicht nur all seine Tage im Verlies vergessen, sondern auch seinen Mitgefangenen Joseph.

Zwei volle Jahre vergingen nach diesem Ereignis – eine lange Zeit, wenn man der Vergessene ist. Wir mögen uns fragen: »Nach all dem, was Joseph durchgemacht hatte, warum passiert ihm so etwas?« Er war doch Gott treu und gehorsam gewesen und war doch früher emporgehoben worden, weil »der HERR mit ihm war«. Die Antwort ist, dass Gott noch immer in seinem Leben am Werk war. Ein anderer Mensch der Bibel, der durch schweres Leid lernte, war Hiob.

ZUSAGEN GÖTTLICHER FÖRDERUNG

Den guten alten Hiob hatten Schrecklichkeiten grün und blau geschlagen: Der Tod seiner zehn Kinder (stellen Sie sich das nur einmal vor!), die Zerstörung seiner Familie, der Verlust aller seiner Besitztümer einschließlich seiner Gesundheit. Er hatte nicht einmal den Trost, eine Frau zu haben, die zu ihm stünde, oder Freunde zu haben, die sich einfühlten. Er hatte nichts. Ich glaube nicht, dass es irgendjemanden gibt, der Hiob das verdenken würde, was er auf der Suche nach der Antwort Gottes meditierend vor ihm ausbreitet:

> Ach dass ich wüsste, wie ich ihn finden und zu seinem Thron kommen könnte! So würde ich ihm das Recht darlegen und meinen Mund mit Beweisen füllen und erfahren die Reden, die er mir antworten, und vernehmen, was er mir sagen würde. Würde er mit großer Macht mit mir rechten? Nein, er selbst würde Acht haben auf mich. Dann würde ein Redlicher mit ihm rechten, und für immer würde ich entrinnen meinem Richter! Aber gehe ich nun vorwärts, so ist er nicht da; gehe ich zurück, so spüre ich ihn nicht. Ist er zur Linken, so schaue ich ihn nicht; verbirgt er sich zur Rechten, so sehe ich ihn nicht.
>
> Hiob 23,3-9

Hiob sagt damit: »Ich wünschte, ich könnte Gott finden. Ich wünschte, er und ich könnten uns einfach mal zusammensetzen und offen über meine Lage reden und ich könnte ihn fragen, warum ich diese Dinge durchmachen muss. Ich möchte all meine ›Warum?‹-Fragen beantwortet bekommen. Ich möchte alle meine ›Wie-lange-noch?‹-Probleme gelöst bekommen.«

Trotz allem, was er durchgemacht hat, glaubt Hiob noch immer, dass Gott ihm zuhören wird. »Er würde mich doch niemals voll ins Gesicht schlagen und dann sagen: ›Schweig still, Hiob und setz dich dort hin.‹ Nein, Er würde mir zuhören.«

Obwohl Hiob dies glaubt, stellt er doch die Warum-Frage: »Ich weiß nicht, was er hier tut. Ich kann nicht finden, wo er ist. Was er sehen kann, kann ich nicht sehen. Aber dieses weiß ich … dieses *weiß* ich«, sagt Hiob. Ich liebe diese Feststellung des Glaubens:

> Er aber kennt meinen Weg gut. Er prüfe mich, so will ich erfunden werden wie das Gold. Denn ich hielt meinen Fuß

auf seiner Bahn und bewahrte seinen Weg und wich nicht ab
und übertrat nicht das Gebot seiner Lippen und bewahrte
die Reden seines Mundes bei mir ...

Hiob 23,10-12

Der Schlüsselsatz in dieser Feststellung steht am Anfang: »Er
prüfe mich«. Sehen Sie, es gibt keinen Vorgang, durch den sich
das Finden, Reinigen und Formen von Gold beschleunigen ließe. Der Vorgang, es auszugraben oder zu waschen, zu transportieren, zu reinigen und zu formen, ist ein langer, mühevoller
Vorgang. Anfechtung ist werdendes Gold für ein Kind Gottes
und Gott ist es, der fest legt, wie lang der Prozess dauert. Er allein ist derjenige, der uns reinigt.

Hiob sagte nicht: »Wenn er mich geprüft hat, dann gewinne
ich eine Million!«, oder: »Wenn er mich geprüft hat, bekomme
ich alles wieder, was ich verloren habe.« Oder: »Wenn er mich
geprüft hat, wird meine Frau sich bei mir entschuldigen und
wird alles wieder glatt ziehen.« Oder: »Wenn er mich geprüft
hat, wird alles wieder, wie es früher war.« Nein, die Zusage liegt
nicht in den Äußerlichkeiten, sondern im Inneren. Der Herr
sagt Hiob zu: »Wenn der Vorgang vorbei ist, wirst du wie *Gold*
hervorkommen. Dann wirst du bereitet sein, mir dort zu dienen, wo ich es bestimme. Dann wirst du auch fähig sein, jedwe-
de Erhebung zu handhaben, die deines Weges kommt.«

An dieser Stelle hatten wir Joseph zurückgelassen. Er stak
noch in diesem Vorgang: Sein Gold wurde noch gereinigt. Sein
Herz wurde noch immer durch Anfechtung und Verlassen-Sein
gebrochen.

DER TEST: DUNKELHEIT VOR DER DÄMMERUNG

Diese vollen zwei Jahre waren für Joseph weder aufregend noch
ereignisreich. Sie stehen für eine lange, gleichförmige, trübe, er-
eignislose Plagerei. Monat um Monat um Monat um ... nun,

eben – nichts! Nicht einmal der Bericht in Genesis versucht, diese Zeit bedeutungsvoll erscheinen zu lassen. Weil sie es nicht war.

So ist es eben, wenn man in einer Wartezeit steckt. Nichts passiert. Warten. Warten. Warten. Warten.

Andererseits erscheint es nur so, als geschehe nichts. In Wahrheit ereignet sich einiges: Geschehnisse laufen ab, die mit uns nichts zu tun haben. Zudem werden wir in dieser Zeit gestärkt. Wir werden vor- und zubereitet. Wir werden gereinigt. Geläutert zu lauterem Gold.

Jetzt sind wir wieder bei meiner früheren Anmerkung gelandet – Joseph wird zubereitet auf etwas Großes. Alle, die Gott sehr gebraucht, werden zunächst im Geheimnis seiner Gegenwart verborgen, versteckt vor dem Stolz des Menschen. Dort klären sich unser Blick und unsere Vision. Dort tropft der Schlick von unserem Leben und unser Glaube fängt an, nach seinem Arm zu greifen. Abraham wartete auf die Geburt des Isaak. Mose führte den Auszug der Kinder Israel erst an, als er 80 Jahre alt war. Elias wartete am Rande des Baches. Noah wartete 120 Jahre auf Regen. Paulus wurde drei Jahre in Arabien verborgen. Die Liste ließe sich beliebig verlängern. Gott ist am Werk, während seine Leute warten, warten, warten. Joseph wird für eine bedeutungsvolle Aufgabe vorbereitet.

Das ist es, was passiert. Nichts für die Gegenwart, alles für die Zukunft!

DER WENDPUNKT: DER TRAUM DES PHARAO

Nach diesen vollen zwei Jahren erlebt Joseph einen Wendepunkt in seinem Leben – an einem Tag, der begann wie jeder andere auch. Dieser Morgen dämmerte herauf wie jeder andere in den vorangegangenen beiden Jahren. Genau wie der Morgen dämmerte, bevor Mose den brennenden Dornbusch sah. Genau wie der Morgen dämmerte, bevor David durch Samuel zum erwählten König Gottes gesalbt worden war. Für Joseph begann ein weiterer Tag im Verlies – mit einem kleinen Unterschied, von dem Joseph keine Ahnung hatte: In der Nacht davor hatte dem Pharao geträumt.

DER TRAUMBERICHT

Und nach zwei Jahren hatte der Pharao einen Traum: Er stünde am Nil und sähe aus dem Wasser steigen sieben schöne, fette Kühe; die gingen auf der Weide im Grase. Nach diesen sah er andere sieben Kühe aus dem Wasser aufsteigen; die waren hässlich und mager und traten neben die Kühe am Ufer des Nils. Und die hässlichen und mageren fraßen die sieben schönen, fetten Kühe. Da erwachte der Pharao. Und er schlief wieder ein und ihm träumte abermals, und er sah, dass sieben Ähren aus einem Halm wuchsen, voll und dick. Danach sah er sieben dünne Ähren aufgehen, die waren vom Ostwind versengt. Und die sieben mageren Ähren verschlangen die sieben dicken und vollen Ähren. Da erwachte der Pharao und merkte, dass es ein Traum war.

Gen 41,1-7

Der König des Landes hatte einen Traum, und darin sah er sieben fette, rassige Kühe aus dem Marschland des Nildeltas steigen. Dann kamen aus demselben Fluss sieben hässliche, hagere, ausgehungerte Kühe und verschlangen die wohlgenährten, rassigen Kühe.

Der Pharao wachte auf, dachte vielleicht, er habe ein zu üppiges Abendessen genossen und seinem Magen ein wenig zu viel zugemutet. Es dauerte aber nicht lange und so schlief er wieder ein und sein Traum ging weiter. Dieses Mal sah er einen Halm mit sieben Ähren, die dick und rund und gesund waren. Aber dann kamen sieben Ähren, die der heiße Ostwind versengt hatte, dürr und inhaltslos. Sie verschlangen die sieben Ähren mit den dicken, runden, gesunden Körnern.

Als der Pharao aufwachte, erinnerte er sich an das, was er geträumt hatte, und war dadurch sehr irritiert.

Und als es Morgen wurde, war sein Geist bekümmert, und er schickte aus und ließ rufen alle Wahrsager in Ägypten und alle Weisen und erzählte ihnen seine Träume. Aber da war keiner, der sie dem Pharao deuten konnte.

Gen 41,8

Es gibt einen interessanten Punkt bei dem Begriff, der manchmal mit »Magier« wiedergegeben wird. Als man das Wort ursprünglich aus dem Hebräischen ins Griechische übersetzte, benutzten die Übersetzer einen Begriff, der so viel bedeutete wie »Männer, die sich mit den heiligen Schriften auskannten«.

Warum ich dieses anmerke? Weil es uns verrät, das all diese Männer sehr intelligent waren. Sie wurden für die weisesten Männer in ganz Ägypten gehalten. Sie verbrachten ihre Zeit damit, Hieroglyphen zu dechiffrieren, aber auch mit anderen Dingen wie damit, die Bewegung der Himmelsgestirne zu verfolgen und zu studieren. Aber so weise sie auch waren konnten sie doch dem Pharao nicht erklären, was seine Träume bedeuteten. Ich bewundere ihre Ehrlichkeit. Sie hätten doch eine Deutung zusammenreimen können, aber das haben sie nicht getan. Sie sagten: »Wir wissen nicht, was deine Träume bedeuten.« Ganz plötzlich dämmerte es dem Mundschenk des Pharaos.

Da redete der oberste Schenk zum Pharao und sprach: »Ich muss heute an meine Sünden denken: Als der Pharao zornig wurde über seine Knechte und mich mit dem obersten Bäcker ins Gefängnis legte in des Amtmanns Hause, da träumte uns beiden in einer Nacht einem jeden sein Traum, dessen Deutung ihn betraf. Da war bei uns ein hebräischer Jüngling, des Amtmanns Knecht, dem erzählten wir's. Und er deutete uns unsere Träume, einem jeden nach seinem Traum. Und wie er uns deutete, so ist's gekommen; denn ich bin wieder in mein Amt gesetzt, aber jener wurde aufgehängt.« Da sandte der Pharao hin und ließ Joseph rufen, und sie ließen ihn eilends aus dem Gefängnis. Und er ließ

sich scheren und zog andere Kleider an und kam hinein zum
Pharao.

Gen 41,9-14

Als der Pharao hörte, dass es da jemanden gab, der ihm sagen
könnte, was der beunruhigende Traum bedeute, sagte er natürlich: »Los, holt mir den Mann!«

Nun erinnern Sie sich bitte, dass Joseph keine Ahnung davon
hatte, was sich im Palast des Pharaos abgespielt hatte. Er wusste
nicht, was kommen würde. Er befand sich noch immer in diesem Verlies, als plötzlich die Ketten rasselten und die Gitter sich
bewegten und ihm die Stricke abgenommen wurden. Dann erlebte er, dass man ihn aus der Grube zog.

Es gibt eine interessante Nebensächlichkeit, auf die ich Sie
hier aufmerksam machen möchte: Als Pharao nach Joseph sandte, holten ihn die Wärter schnell aus dem Verlies. Aber statt
schnell vor den Pharao zu eilen, ließ Joseph »sich scheren und
zog andere Kleider an«, bevor er sich vor den Pharao begab.

Joseph bereitete sich auf das Treffen mit dem König vor!
Nach all der Zeit im Gefängnis war Joseph sicher zerzaust, zerlumpt und zweifellos bärtig. Normalerweise trugen Ägypter
keinen Bart. Er muss sich gedacht haben: *Wenn ich vor den König trete, muss ich an meiner Erscheinung arbeiten. Mein Äußeres muss angemessen sein, wenn ich zum König komme.* Daher
rasierte er sich, wusch sich, wechselte die Kleider.

DIE DEUTUNG DES TRAUMES

Halten Sie einen Augenblick inne und stellen Sie sich diesen
lang herbeigesehnten Moment vor. Jahrelang hatte Joseph keinen Anteil mehr an der wirklichen Welt gehabt. Bedenken Sie
den unglaublichen Gegensatz – von einem armseligen Verließ
zum Palast des Pharaos! Und das in vollkommener Eile! Da
stand er nun, frisch rasiert, in einem sauberen Gewand – und der

Herr war noch immer mit ihm, wie wir seiner ersten Antwort auf Pharao entnehmen können.

> Da sprach der Pharao zu ihm: »Ich habe einen Traum gehabt, und es ist niemand, der ihn deuten kann. Ich habe aber von dir sagen hören, wenn du einen Traum hörst, so kannst du ihn deuten.« Joseph antwortete dem Pharao und sprach: »Das steht nicht bei mir; Gott wird jedoch dem Pharao Gutes verkünden.«
>
> Gen 41,15+16

»Wie man mir gesagt hat«, sagte der Pharao, »bist du der Mann, der alle Antworten weiß. Sag mir, was mein Traum bedeutet, und ich werde dich belohnen.«

»Das stimmt nicht ganz«, sagte Joseph. »Nicht ich weiß auf alles eine Antwort, sondern Gott.« Die New International Version (NIV) übersetzt das so: »Ich kann das nicht, aber Gott wird dem Pharao alles beantworten, was er wünscht.«

Was für eine Demut! Welche Integrität! Dies wäre Josephs Auftritt vor dem Hof gewesen, die großartige Möglichkeit zu sagen: »Bemerkst du nun, dass ich aus diesem Gefängnis schon über zwei Jahre lang heraus wäre, hätte nicht dieser Dummkopf, der hinter dir steht, mich vollkommen vergessen? Wird dir jetzt klar, dass ich dir in den vergangenen beiden Jahren jeden Traum hätte deuten können? Ich hätte dir viele Stunden unruhigen Schlafes vermeiden helfen können. Wenn du jetzt erwartest, dass ich dir helfe, wie wär's, du setztest mich an seiner statt, um mir Gerechtigkeit widerfahren zu lassen?« Aber nichts von alledem sagte er.

Stattdessen sagte Joseph: »Nein, nicht ich bin der, der auf alles eine Antwort weiß. Aber ich diene dem Gott, auf den das zutrifft. Und wir werden jetzt beide auf ihn hören und er wird uns sagen, was er uns lehren will.«

Damit sagt er eigentlich: »Pharao, es gibt einen Gott hinter jenen Sternen, die sich deine Sternkundigen immerzu ansehen, aber zu dem sie keine Beziehung haben. Ich bin hier, dir das zu sagen: Er ist der Einzige, der die Träume in der Hand hat.« Und dann sagt er wörtlich: »Gott wird dem Pharao Frieden geben.« Ist das nicht wunderbar? »Pharao, Gott wird dir Schalom bringen. Er wird dir eine befriedigende Antwort zukommen lassen. Und da sie von Gott ist, wird es genau so kommen.«

Sie wissen sicher, warum Joseph so demütig sein und doch so offen sprechen konnte? Weil sein Herz zerbrochen worden war. Weil er geläutert worden war im Feuer des Leidens. Weil er, obwohl ihm seine äußeren Umstände in jenen Jahren beinahe unerträglich erschienen waren, innerlich in reines Gold verwandelt worden war. Wir werden jetzt Zeugen der Vorteile, die es mit sich bringt, wenn man Anfechtung und schlechte Zeiten aushält, indem man seine Augen auf Gott gerichtet hält.

Bis zum Ende seines Lebens, von seinen Dreißigern bis zum 110. Jahr, in dem er starb, werden wir von Joseph nicht ein einziges Wort des Unmutes hören. Nicht ein Wort des Vorwurfes gegen seine Brüder, die ihn in die Sklaverei verkauft hatten, nicht ein Wort der Bitterkeit gegen Potifars Frau, nicht ein Wort der Anklage gegen den Mundschenk, der ihn vergessen hatte. Joseph war schließlich in der Lage, es ihnen allen heimzuzahlen. Aber er tat es nicht. Mehr darüber später. Wir wollen uns jetzt wieder dieser Szene zuwenden.

Pharao erzählte Joseph alles über seinen Traum, über die verschiedenen Kühe und die so ganz verschiedenen Ährenhalme. Dann wartete er auf eine Antwort. Ruhig und methodisch deutete Joseph ihm den Traum.

Joseph antwortete dem Pharao: »Beide Träume des Pharao bedeuten das Gleiche. Gott verkündet dem Pharao, was er vorhat. Die sieben schönen Kühe sind sieben Jahre, und die sieben guten Ähren sind dieselben sieben Jahre. Es ist ein und derselbe Traum. Die sieben mageren und hässlichen Kühe, die nach jenen aufgestiegen sind, das sind sieben Jahre, und die sieben mageren und versengten Ähren sind sieben Jahre des Hungers. Das meinte ich, wenn ich gesagt habe zum Pharao, dass Gott dem Pharao zeigt, was er vorhat. Siehe, sieben reiche Jahre werden kommen in ganz Ägyptenland. Und nach ihnen werden sieben Jahre des Hungers kommen, sodass man vergessen wird alle Fülle in Ägyptenland. Und der Hunger wird das Land verzehren, dass man nichts wissen wird von der Fülle im Lande vor der Hungersnot, die danach kommt; denn sie wird sehr schwer sein. Dass aber dem Pharao zweimal geträumt hat, bedeutet, dass Gott solches gewiss und eilends tun wird.«

Gen 41,25-32

Nachdem Joseph sich den Traum angehört hatte, sagte er: »Durch mich sagt Gott dir jetzt, was er zu tun gedenkt. Ich bin nur der Bote.« Dann fährt er fort, dem Pharao seinen Traum zu deuten. »Beide Träume bedeuten dasselbe: Ägypten wird sieben Jahre der Überfülle erleben – unglaubliche Rekordernten überall. Danach kommen sieben Jahre der Hungersnot, die so schrecklich sein wird, dass die Leute vergessen werden, dass es je diese Tage des Wohlstands gegeben hat. Gottes Plan wird nicht nur verwirklicht, sondern du kannst dich darauf verlassen: Gottes Zeitplan ist exakt.«

Gott! Gott! Gott! Überall in seiner Antwort bezieht sich Joseph auf Gott. Statt Aufmerksamkeit auf sich zu ziehen, macht er den Pharao auf Jehovah aufmerksam. Es geht nicht um *mich*, es geht um den Gott, den Herrn! Hier steht ein Mann, der sich wirklich unter die große Hand Gottes gedemütigt hat.

Joseph fügte dann einige Worte des Rates hinzu:

> Darum empfehle ich dir, einen klugen Mann zu suchen, der fähig ist, ganz Ägypten zu regieren.

Gen 41,32

Mit dieser Empfehlung gab er noch einige sehr spezifische Ratschläge, welches Verfahren der Pharao benutzen solle. Ägypten würde einen strengen, durchdachten Rationierungsvorgang brauchen. Wenn du viel hast, isst du viel. Dann verbrauchst du viel und hebst nichts auf, sparst nichts.

Daher sagte Joseph: »Du brauchst einen Mann, der die Verantwortung übernehmen kann, diese sieben Jahre der Fruchtbarkeit sinnvoll zu nutzen, einen Mann, der die Aufsicht über den Bau von Getreidelagern führen kann und sicherstellt, dass ein gewisser Anteil des Korns eingelagert wird. Wenn dann die Hungersnot kommt und das fruchtbare Land zunichte macht, werden du und dein Volk von diesen zurückgelegten Rationen leben können. Suche dir daher einen Mann mit Vorausschau und Disziplin, dem man zutrauen kann, dass er diese Aufgabe meistert. Du brauchst einen guten Manager.« Nicht mit einer Silbe sagt er: »Ich hätte diesen Job gerne. Ich habe deine Träume gedeutet; ich verdiene diese Position.«

Die Belohnung: Josephs Beförderung

Josephs Vorschlag gefiel dem Pharao und seinen Hofbeamten. »Wir finden für diese Aufgabe keinen besseren Mann als Joseph«, sagte der König, »denn in ihm wohnt der Geist Gottes!«

Gen 41,37-38

Wen beeindruckt hier nicht Josephs Selbstbeherrschung? Er weigert sich, den Augenblick zu beeinflussen oder Hinweise fallen zu lassen, er steht nur da und wartet ab. Irgendwie hat er in der Einsamkeit der vergangenen Jahre, in denen er vergessen und im Stich gelassen worden war, gelernt, dass der Herr seinen Weg zu seiner Zeit einschlägt, um seine eigenen Ziele zu erreichen! Vollkommen ohne Eigennutz und Ehrgeiz lag es Joseph fern, sich selbst in den Vordergrund zu spielen. Wie erfrischend – und wie selten!

Wie viele unter uns haben vieles probiert oder Pläne geschmiedet, um unseren Kopf durchzusetzen, aber wir erlebten, dass wir das im Ergebnis bereuen. Einer der irritierendsten Tage im Leben so manches Menschen ist der, an dem sie erhalten, was sie mit so viel List und Tücke zu erreichen gesucht haben – nur um zu erleben, dass es sich unter ihren Händen in Nichts auflöste und zerrann. Genau diese Art der Beförderung wollte Joseph nicht.

Wenn Gott seine Hand im Spiel hatte, würde Gott es schon richten. Und genau das passierte hier. Es war Gottes Wille und Gott wirkte, was er vorhatte. Der Pharao sagte zu Joseph: »Da Gott dir all dies enthüllt hat, gibt es offenkundig niemanden, der so weise wäre und so viel Erkenntnis hätte wie du. Daher setze ich dich ein, dass du über alles die Aufsicht und das letzte Wort haben sollst. Die einzige Person, der du verantwortlich sein wirst, der einzige Mensch mit mehr Vollmacht, werde ich sein. Du bist mein Vize, mein Premierminister.« Wissen Sie, was der Pharao in Joseph sah? Gold.

Das Wort, das hier für *Erkenntnis* benutzt wird, hat die Bedeutung, dass jemand einen besonders klaren Einblick in eine Lage hat und in Notzeiten konstruktiv agieren kann. Joseph war ein Mann, der beides konnte, nicht nur dies, sondern viel, viel mehr. Er wusste, wie man eine Lage einschätzt und – sogar unter Druck – den nächsten Schritt angehen kann. Er konnte es, denn genau durch diesen Druck war er zu reinem Gold geläutert worden.

Über ganz Ägypten erhoben

> Er (der Pharao) wandte sich an Joseph: »Gott hat dir dies gezeigt, darum bist du der Klügste und für die Aufgabe am besten geeignet. Meine Hofbeamten und das ganze Volk sollen auf dein Wort hören, nur ich selbst stehe noch über dir. Ich ernenne dich zu meinem Stellvertreter, der über ganz Ägypten herrscht!« Er nahm den Siegelring mit dem königlichen Wappen von seinem Finger und steckte ihn Joseph an. Dann gab er ihm kostbare Kleidung und legte eine goldene Kette um seinen Hals. Er ließ ihn den Wagen des zweiten Staatsoberhaupts besteigen. Wo immer Joseph sich sehen ließ, wurde vor ihm ausgerufen: »Werft euch vor ihm

nieder und ehrt ihn!« So setzte der Pharao ihn zu seinem
Stellvertreter über ganz Ägypten ein.

Gen 41,39-43

Der Pharao holte mit der Hand sehr weit aus, als wolle er das
ganze weite Land umfassen, und sagte: »Das ist alles dein,
Joseph.« Dann nahm er seinen Siegelring ab und steckte ihn an
Josephs Hand.

Sie wissen natürlich, was solch ein Ring bedeutete. Er war die
Platin-Scheckkarte jener Tage. Damit stempelte der König die
Rechnungen, die Gesetze, alles, was er durch sein Siegel für
richtig oder gültig erklären wollte. Nun hatte Joseph den Ring
am Finger, vom Pharao selbst angesteckt. Joseph trug die Autorität des Pharaonensiegels an sich.

Damit ging einher, dass der Pharao ihm feine Kleidung aus
Leinen gab und ihm eine goldene Amtskette um den Hals legte.
Man gab ihm sogar eine königliche Kutsche.

Im Laufe von nur wenigen Stunden war aus dem zerzausten,
zerlumpten und vergessenen Gefangenen im Verlies ein vom
König geehrter Mann geworden, der eine goldene Halskette
und das Pharaonensiegel trug und in einer fantastischen Kutsche daherkam. Und allen Leuten überall wurde befohlen, sich
niederzuwerfen.

Josephs aschenputtelartige Beförderung war unglaublich.
Aber wenn Gott beschließt, dass die Zeit reif ist, dann geht er so
vor.

> Joseph war 30 Jahre alt, als der Pharao ihn zu seinem Stell-
> vertreter machte. Er verließ den Königshof und reiste durch
> ganz Ägypten.

Gen 41,46

Dies ist eine ausgezeichnete Möglichkeit, die Szene einen Augenblick zu verlassen und sich diese ganzen Vorgänge einmal
aus der Sicht eines Menschen anzusehen, der draußen auf dem
Feld hart arbeitet und Steine transportiert für eines dieser kein
Ende nehmen wollenden Pyramiden-Projekte. Er weiß nichts

von alledem, was sich im Verlies und im Thronsaal zugetragen hat. Was er weiß, ist, dass ein junger Durchstarter, so ein Fremdling, es geschafft hat, sich einen Weg zu bahnen und die Gnade des Pharaos zu erringen. Und man sagt ihm jetzt: »Beuge die Knie vor diesem Mann!«

»O Mann, schau dir das an!«, wird der Arbeiter sagen. »Was glaubt denn der, dass er sei? Wen hat er alles bestochen, um all diese Privilegien zu bekommen? Er muss sehr gute Beziehungen haben. So wird man bei Hofe etwas.«

Wären wir in derselben Lage, dächten wir wahrscheinlich dasselbe. Damals im Vietnam-Krieg hörten wir oft die Wendung: »Traue keinem über dreißig.« Heute, wo ein großer Teil unserer Bevölkerung älter ist, hören wir mit größerer Wahrscheinlichkeit: »Traue keinem *unter* dreißig.«

Einer der Freunde Hiobs sagt ihm: »Die Betagten sind nicht die Weisesten, und die Alten verstehen nicht, was das Rechte ist. …« (Hiob 32,9) Graues Haar ist keine Garantie für Weisheit, ebenso wenig ist Jugend unbedingt ein Zeichen der Unreife oder Unwissenheit. Es kann vorkommen, dass wir der Jugend die Zügel zu spät überlassen. »Sie sollen erst ihre Pflicht tun!«, mögen wir denken. Wir neigen dazu, jeden mit äußerster Vorsicht zu beäugen, der mächtiger, reicher oder höher steht als wir – *und dabei jünger ist* als wir.

Aber was wir aus unserer begrenzten Sicht nicht sehen können, ist, was Gott im Inneren eines solchen Menschen bewirkt hat. Der Arbeiter auf dem Felde weiß nicht – er hat nicht die leiseste Ahnung davon –, was vorher in Josephs Leben vorgefallen ist, auch ist er sich seiner Jahre im Verlies nicht bewusst. Er weiß nichts von Josephs Treue, als niemand zu ihm stand, niemand da war.

Joseph ist vom allmächtigen Gott ausgesucht worden, erwählt, vorbereitet und zu reinem Gold geläutert worden. So ist es dazu gekommen, dass er diesen Ring trägt. So ist er an das Gewand gekommen, an die Kette und die Kutsche. Deshalb sagen andere über ihn: »Beugt eure Knie vor ihm!« Nicht Joseph sagt das, andere sagen das.

Ich frage mich, was Joseph wohl in diesem Augenblick dachte.

Ich denke, er sagte sich immer wieder: »Gott sei gelobt!« Ich glaube, er rechnete alle Dinge zusammen, die Gott ihm in den vergangenen dreißig Jahren beigebracht hatte, Dinge, die Gott auch uns beibringen möchte.

Zunächst: *Vertraue Gott in Wartezeiten ohne jede Panik.* Verlasse dich auf ihn, dass er die Mundschenke deines Lebens lenkt, die Leute, die dich vergessen, die, die ihre Versprechen dir gegenüber brechen. Es ist Gottes »Job«, sich mit den Mundschenken deiner Vergangenheit zu befassen. Dein »Job« ist es, der Diener zu sein, zu dem er dich bestimmt hat. Sei in den Wartezeiten deines Lebens treu. Gott wird dich nicht vergessen und dich nicht im Stich lassen.

Zweitens: Wenn die Belohnung kommt, danke Gott ohne Stolz. Nur Gott kann dich durchbringen und herausholen aus dem Verlies. Nur Gott kann dich für deine Treue belohnen. Wenn er das getan hat, sei dankbar, nicht stolz. Sicher wird es immer einige Menschen geben, die einen Grund finden, weshalb du nach ihrer Ansicht das nicht verdienst und inwiefern du dich nicht für die Belohnung oder Beförderung eignest. Aber behalte demütig im Gedächtnis, dass es Gott ist, der dich so weit gebracht hat.

G. Frederick Owen hat über Joseph das Folgende geschrieben:

> Eine versuchte Verführung, eine teuflische Verschwörung, grundlegender Undank, das Gefängnis mit all den dazugehörenden Schrecken. Und doch haben diesen jungen Mann seine unbestechliche Mannhaftigkeit, seine Treue, mit der er tat, was recht ist, seine Loyalität dem Gott seiner Väter gegenüber in den Palast gebracht – er wurde Regent des Landes der Pharaonen.[25]

Manche von Ihnen sind drauf und dran, befördert und emporgehoben zu werden und wissen es nicht einmal, weil Gott seine Vorhaben nicht im Voraus ankündigt. Was Sie in Ihrer Wartezeit tun müssen, ist, seinen Zusagen zu glauben. Während Sie im Dunkel Ihres Verlieses sitzen, vertrauen Sie ihm im Glauben, dass er das Licht einer neuen Dämmerung heraufbringen wird. Im Winter Ihrer Unzufriedenheit glauben Sie ihm, dass es wieder einen Frühling geben wird.

Der verstorbene Joe Bayly erzählt in seinem Buch *The Last Thing We Talk About* vom Verlust seiner drei Söhne Danny, John und Joe – die er in verschiedenem Alter unter verschiedenen Umständen dem Tod überlassen musste, einer von ihnen war noch nicht einmal fünf Jahre alt, als er an Leukämie starb. Bayly erinnert sich an diese schreckliche Trauer und schreibt davon, wie die Hoffnung schließlich zurückkehrte:

An einem Samstagmorgen im Januar sah ich, wie das Postauto an unserem Briefkasten oben an der Straße hielt.

Ohne länger nachzudenken, rannte ich aus dem Haus, einfach, weil ich diese Post unbedingt entgegennehmen wollte, obwohl mein Hemd nur kurze Ärmel hatte. Es war bitter kalt – die Temperatur lag unter null – und ein lebhafter Nordwind wehte und der Boden war bedeckt mit mehr als 30 cm Schnee.

Ich öffnete den Briefkasten, zog die Post heraus und war drauf und dran, wie ein Verrückter ins Haus zurückzurasen, als ich sah, was unter den Briefen lag: ein Blumen- und Samenkatalog.

Auf dem Titelbild blühten herrliche Zinnien. Ich wendete den Katalog. Auf der Rückseite waren riesige Tomaten.

Einen Augenblick merkte ich die Kälte nicht, war von ihrem Einfluss frei. Ich blätterte durch den Katalog, schmeckte Mais und Gurken, roch Rosen. Ich sah die frisch gepflügte Erde, roch sie, ließ sie durch meine Finger rieseln.

In diesen kurzen Momenten lebte ich im Frühling, im Sommer; und der Winter war vorbei.

Dann drang die Kälte mir ins Mark und ich rannte ins Haus zurück. Als sich die Tür hinter mir schloss und ich mich wieder aufgewärmt hatte, fiel mir ein, dass die Augenblicke am Briefkasten unserer Erfahrung als Christen gleichen.

Wir empfinden die Kälte, ebenso wie jene, die unsere Hoffnung nicht teilen. Den beißenden Wind bekommen sie ebenso ab wie wir…

Aber in unseren kalten Zeiten haben wir einen Blumen- und Samenkatalog. Wir öffnen ihn und riechen den verheißenen Frühling, den ewigen Frühling. Und die erste Frucht, die unsere Hoffnung begründet, ist Jesus Christus, der von den Toten erweckt worden ist und die ewige Herrlichkeit eröffnet hat.[26]

Der Gott Josephs wird während der Tage im Verlies bei uns bleiben. Er wird uns weder im Stich lassen noch uns vergessen. Er wird dort sein während der Winterstürme und uns die Zusage des Frühlings entgegenhalten. Er wird da sein, in der schwärzesten Nacht und uns still daran erinnern, dass er uns das Morgenlicht zugesagt hat.

Vor vielen langen Jahren habe ich eine sehr wichtige Entscheidung für mein Leben getroffen: Ich kämpfte mit der Frage, ob Gott der Autor der Bibel ist oder nicht, und ich kam zu der begründeten, beruhigenden Überzeugung, dass er es ist und dass dieses Buch daher mein Vertrauen wert ist. Daher entschloss ich mich, Gottes Wort rückhaltlos zu vertrauen.

Zu ungefähr derselben Zeit begann ich, die Bibel wirklich zu studieren und entdeckte etwas ganz Erstaunliches: Gott sprach über die Dinge, die ich täglich erlebte! In seinem Wort wurden Fragen angesprochen, mit denen ich persönlich rang, Probleme, die ich aus eigener Kraft durchkämpfen wollte – und er bot mir Antworten an, die funktionierten. Und wenn diese Antworten nicht sofort eintrafen, bot er mir in der Wartezeit Hoffnung an. Ich beschloss, dass sein Buch wahr war und vollkommen verlässlich, sogar, wenn ich das andere Ende des Tunnels nicht sehen konnte.

Je mehr ich die Bibel studierte, umso mehr bemerkte ich, dass sich die Wahrheiten darin in verschiedene Kategorien einteilen lassen. Beispielsweise spricht Gott in der ganzen Bibel über Rettung. Er spricht darüber, wie man ihn persönlich kennen lernen kann, wie wir in eine persönliche Beziehung zu ihm kommen. Er spricht auch über Vergebung und wie man mit Sünde umgehen muss. Er spricht viel über Charakterzüge wie Sanftheit, Geduld, Güte, Freundlichkeit und Freude. Aber unter allen Kategorien der Bibel, die ich ernst zu nehmen begann, bedeutet mir jene am meisten, die in die Kategorie der »Zusagen« fällt. Zusagen wie:

> Wie viele ihn aber aufnahmen, denen gab er Macht, Gottes Kinder zu werden, denen, die an seinen Namen glauben ...
>
> Joh 1,12

> Sorgt euch um nichts, sondern in allen Dingen lasst eure Bitten in Gebet und Flehen mit Danksagung vor Gott kundwerden! Und der Friede Gottes, der höher ist als alle Vernunft, bewahre eure Herzen und Sinne in Christus Jesus.
>
> Phil 4,6-7

Vor vielen Jahren hat jemand die Zusagen in der Bibel gezählt und ist auf insgesamt 7.474 gekommen. Ich kann diese Zahl nicht bestätigen, aber ich weiß, dass es auf den Seiten der Bibel Tausende von Zusagen gibt, die den Leser packen und zu ihm sagen: »Glaube mir! Akzeptiere mich, wie ich bin! Halt dich an mir fest!« Und all die Zusagen der Bibel, die, die uns am meisten stützen, sind jene, die für das Ende der Anfechtung Hoffnung bieten. Diese Zusagen sprechen zu uns: »Es ist die Sache wert. Geh mit mir. Bleib dran! Vertrau mir! Warte auf meine Zeit, mein Eingreifen. Ich werde dich belohnen für diese Wartezeit. Das Gold in dir wird geläutert.«

Joseph lernte die Lektion, dass ein zerbrochenes und demütiges Herz nicht am Ende ist, sondern am Anfang steht. Mit blauen Flecken und zerbrochen von den Schlägen der Enttäuschung und der Träume, die nicht Wirklichkeit geworden waren, entdeckte er, dass Gott nicht von seiner Seite gewichen war. Als die Anfechtung zu Ende war, hatte er ihn geläutert; und Joseph kam hindurch wie pures Gold. Er war zu einem Menschen geworden mit größerer Stabilität, mit größerer Qualität und tieferem Charakter.

Gottes Zusagen gelten uns genauso, wie sie Joseph galten. Seine Gnade ist noch immer am Werk. Seine einfühlsame Barmherzigkeit begleitet uns aus der Tiefe zu den höchsten Höhen.

KAPITEL FÜNF

Der Lohn der Rechtschaffenheit

K ürzlich erhielt ich einen Brief, in dem eine Untersuchung an über 95-Jährigen gemacht wurde. Man stellte ihnen offene Fragen, die sie so beantworten konnten, wie sie wollten. »Wenn Sie Ihr Leben noch einmal leben könnten, was würden Sie anders machen?« Darauf gab es vielfältige Antworten. Darunter waren die folgenden drei am häufigsten vertreten:

• Ich würde mir mehr Zeit zum Nachdenken nehmen.
• Ich würde mehr Risiken eingehen.
• Ich würde mich für Dinge einsetzen, die weiterleben, wenn ich gestorben sein werde.

Da ich so jung war (!), hatte ich nicht zur Gruppe der Befragten gehört, aber wenn ich befragt worden wäre, hätte ich nicht nur diese drei Antworten gegeben, sondern noch eine andere:

• Ich würde andere mehr bestätigen und ermutigen.

Wie ist das mit Ihnen? Wenn Sie eine Skala von eins bis zehn haben, wobei zehn die beste Wertung wäre, wie stark würden Sie sich als bestätigend, ermutigend einschätzen? Wie sehr unterstützen Sie die Erfolge anderer und das, was sie erreicht haben?

Eine ganze Reihe von Test-Antworten helfen uns, zu einer Antwort zu gelangen. Zunächst: Wie stark bestätigen und unterstützen wir andere, wenn sie angefochten sind, unfähig zu einer besonderen Leistung? Wenn sie nicht gewinnend sind oder nicht reagieren? Wenn sie krank sind, deprimiert und sich zurückgezogen haben? Wenn sie, wie im Römerbrief formuliert wird, zu denen gehören, »die weinen« (12,5)? Ermutigen Sie sie und weinen Sie mit ihnen? Bieten Sie denen Bestätigung und Unterstützung an, die von verschiedenen Formen der Anfechtung betroffen sind?

Vor sieben Jahrhunderten bemerkte ein Mann names Francesco di Pietro di Bernardone das intensive Bedürfnis nach Anerkennung und Bestätigung bei denen, denen es schlecht geht. Wir kennen diesen Mann als Franz von Assisi und ein bewegendes Gebet, das wir schätzen, wird ihm zugeschrieben:

> O Herr, mache mich zu einem Werkzeug deines Friedens. Dass ich Liebe bringe, wo man sich hasst, Vergebung, wo man sich verletzt, Glauben, wo der Zweifel wohnt, Hoffnung, wo die Verzweiflung regiert, dass ich ein Licht anzünde, wo das Dunkel herrscht und Freude bringe, wo die Trauer ist ...[27]

Wie ist es jetzt mit der Skala von eins bis zehn: Nehmen Sie sich Zeit, die Weinenden zu trösten und mit ihnen zu weinen?

Ein zweiter Test geht noch tiefer: Wie sehr unterstützen Sie jene, die vorangekommen und Erfolg gehabt haben? Wie sehr jene, die in der Sicht der Welt erfolgreich sind? Sie haben viel erreicht und werden für das Erreichte belohnt. Freuen Sie sich mit und applaudieren Sie ihnen? Oder sind Ihnen diese Menschen automatisch verdächtig, weil sie mehr haben, als Sie je haben werden?

Diese zweite Frage bringt interessante Dinge ans Licht, nicht wahr? Ich habe festgestellt, dass die meisten Menschen viel eher in der Lage sind, mit den Weinenden zu weinen als sich mit denen zu freuen, die sich freuen. Das trifft ganz besonders auf dem Gebiet des finanziellen Wohlstandes zu und bei der Anhäufung materieller Annehmlichkeiten. Ich habe beobachtet, dass viele Leute sich unwohl fühlen in der Gegenwart von Menschen, die wirtschaftlich viel besser gestellt sind, sogar, wenn sie keinerlei Grund haben, deren Integrität zu bezweifeln oder die Quelle ihres Wohlstandes infrage zu stellen. Die hässliche Seite der menschlichen Natur schlägt zu, angestachelt durch Neid oder Eifersucht, und dann lässt man der Kritiksucht freien Lauf.

In Philipper 4 liegt eine Wahrheit versteckt, die diese Tatsache direkt anspricht. Paulus redet hier zur Gemeinde des ersten Jahrhunderts in Philippi, und während er über seine schwierigen Tage schreibt, erwähnt er die beiden Extreme seines Lebens: Zeiten, in denen er ganz unten war, und Zeiten, wo er ganz obenauf war. Er empfiehlt den Menschen in der Gemeinde, mitfühlend und unterstützend zu sein, und zwar in beiden Extremfällen.

> Ich bin aber hoch erfreut in dem Herrn, dass ihr wieder eifrig geworden seid, für mich zu sorgen; ihr wart zwar immer darauf bedacht, aber die Zeit hat's nicht zugelassen. Ich sage das nicht, weil ich Mangel leide; denn ich habe gelernt, mir genügen zu lassen, wie's mir auch geht. Ich kann niedrig sein und kann hoch sein; mir ist alles und jedes vertraut: beides, satt sein und hungern, beides, Überfluss haben und Mangel leiden; ich vermag alles durch den, der mich mächtig macht. Doch ihr habt wohl daran getan, dass ihr euch meiner Bedrängnis angenommen habt.
>
> Phil 4,10-14

Sehen Sie sich die Extreme an! »Ob ich nun wenig oder viel habe, beides ist mir durchaus vertraut«, räumt Paulus ein. Wir haben wenig Schwierigkeiten damit, uns Paulus unter Umständen vorzustellen, wo er nur bescheidene Mittel hatte: als er sich seinen eigenen Lebensunterhalt verdiente, indem er Zelte machte, während er sich gleichzeitig der Evangelisation und der Lehre widmete, wobei er vermutlich an der zerklüfteten Küste Pamphyliens an Malaria-Attacken litt und vom Fieber geschüttelt wurde, schlaflose Nächte durchlitt, weil er hungrig war und oft nichts zu essen oder zu trinken hatte, gefangen in einem römischen Kerker, um seines Glaubens willen. Es fällt uns viel schwerer, uns Paulus im Wohlstand vorzustellen, jedenfalls gemessen an unseren Maßstäben heute. Warum das so ist? Ich will da ganz offen sein. Die Zeiten, in denen man verletzt wird, weint, hungrig ist, scheinen geistlich wertvoller zu sein als die erfolgreichen, in denen es einem gut geht. Und doch sagt Paulus: »Ich habe das Geheimnis gelernt, damit umzugehen, genug und übergenug zu haben.« Er hatte beides kennen gelernt und mit beidem umzugehen gelernt. Es gab Gelegenheiten, wo dieser Mann Gottes »im Überfluss hatte«.

Ich kann an einer Hand abzählen (und werde nicht einmal alle Finger brauchen), wie viele Botschaften ich gehört habe, in denen Wohlergehen, irdische Belohnung oder gottgegebener Wohlstand verteidigt werden. Dagegen füllen die Bücher, in denen Überfluss und Reichtum angegriffen werden, ganze Regale. Und doch, was täten wir ohne die Gaben des Überflusses? Haben Sie eine Ahnung, unter welchen Umständen manche Gemeinde, mancher kirchliche Dienst, viele Ausbildungsstätten, Bibelschulen und Missionswerke arbeiten würden, gäbe es nicht die selbstlosen Männer und Frauen, die von ihrem Wohlstand großzügig abgeben? Und wenn ich jetzt schon mal dabei bin, möchte ich auch jene in der Bibel erwähnen, die Gott mit großem finanziellen Wohlstand segnete – und sie zu seiner Ehre einsetzte. Diese Menschen wurden genauso belohnt und waren genauso wichtig wie die, die unter großen Entbehrungen gelitten haben.

Nun, zugegeben, der Test des Wohlstandes kann so entmutigend sein wie kaum eine andere Schwierigkeit, der wir in unserem Leben ausgesetzt sein könnten. J. Oswald Sanders hat geschrieben: »Nicht jeder kann einen vollen Becher (er)tragen. Plötzliche öffentliche Anerkennung führt oft zu Stolz und einem Sturz. Der härteste Test von allen ist, ob jemand Wohlstand durchsteht.«[28]

Aber wie steht es mit den Menschen, die das durchstehen und den Herrn mit ihrem Reichtum ehren? Wie verhalten sich die evangelikalen Gemeinden heute solchen Männern und Frauen gegenüber? Gibt es Raum in den Kirchenbänken für jemanden, der offenbar gesegnet ist mit weltlichen Gütern? Oder ist dieser Mensch nicht willkommen aus Neid, Eifersucht oder Ärger? Damit stehen wir wieder vor der Frage, die ich Ihnen zu Anfang gestellt hatte: Wie sehr unterstützen, bestätigen oder erkennen wir andere an?

Diese Fragen zu überlegen und zu durchdenken ist wichtig, wenn wir uns die nächste Phase in Josephs Leben ansehen.

EINE KURZE ANALYSE – DAMALS UND HEUTE

Wir können uns Joseph vorstellen, wie er den eleganten ägyptischen Kopfputz aufhatte, den er vermutlich trug. Wir können uns ein Bild davon machen, wie er einen ägyptischen Lebensstil verwirklichte, was vermutlich der Fall war. Wir können ihn uns vorstellen am Hof des Pharaos, wo er der Zweite Mann war. Aber ich möchte, dass Sie ihn sich heute in einer durchschnittlichen evangelikalen Gemeinde vorstellen.

Malen Sie es sich aus, wie das wohl wäre, wenn Joseph angegriffen wäre von Leid, von der Familie abgelehnt, verkauft in die Sklaverei und zu Unrecht eingesperrt. Ich garantiere Ihnen, sein Name wäre auf unserer Fürbitte-Liste. Wir kümmern uns um die, die aus ihrem Heim rausgeworfen werden. Wir kümmern uns um die, die misshandelt werden und sich in schweren Schmerzen winden. Wir beschäftigen uns mit ihnen. Wir beten für sie. Wir machen öfter eine Anstrengung, ihnen zu helfen. Ja, Josephs Name hätte die Fürbitte-Liste angeführt.

Ein rehabilitierter Mensch

Dann wurde Joseph, nachdem er zu Unrecht angeklagt, einge-kerkert und noch mal zwei Jahre lang vergessen worden war, durch eine Kette interessanter Umstände vor den König des Lan-des gebracht. Dort deutete er einen Traum richtig, beeindruckte den Pharao und wurde plötzlich mächtig und reich. Sehen Sie sich nur einmal an, was ihm alles zufloss.

Die meisten Gelehrten des Alten Testamentes, die über diese Ära schreiben, sagen, dass man Ägypten mit keinem anderen Land des Alten Orients vergleichen könne, außer vielleicht mit Babylon, das in all seiner Pracht erst Jahrhunderte später aufkam. Ägypten war ein Land mit beachtlichem Einfluss, beneidenswert fortschrittlichem Schulbildungssystem, militärischer Schlagkraft und grenzenlosem Reichtum. Und der Pharao dieses Landes sagt zu Joseph:

> »Du sollst über mein Haus sein, und deinem Wort soll all mein Volk gehorsam sein; allein um den königlichen Thron will ich höher sein als du!«
>
> Gen 41,41

Eine neue Machtstellung

Beachten Sie bitte die Pronomina: »*Ich* ernenne *dich.*« Wie wir im letzten Kapitel gesehen haben, hatte Joseph das nicht manipu-liert. Er hatte es nicht einmal erwartet. So geht es oft im Leben er-folgreicher Menschen. Das Letzte, was er oder sie erwartet, ist, von Gott so reich gesegnet zu werden. Persönlicher Reichtum war normalerweise nichts, worum er oder sie sich besonders ge-kümmert hätte.

Pharao sagte: »Joseph, ich ernenne dich und setze dich über das Land Ägypten.« Dies bedeutet, dass Joseph finanzielle Ent-scheidungsgewalt bekam, direkt unter dem Pharao. Erinnern Sie sich an die Szene, die im Buch Genesis so lebendig berichtet wird?

Und weiter sprach der Pharao zu Joseph: Siehe, ich habe dich über ganz Ägyptenland gesetzt. Und er tat seinen Ring von seiner Hand und gab ihn Joseph an seine Hand und kleidete ihn mit kostbarer Leinwand und legte ihm eine goldene Kette um seinen Hals und ließ ihn auf seinem zweiten Wagen fahren und ließ vor ihm her ausrufen: Der ist des Landes Vater! Und setzte ihn über ganz Ägyptenland.

Gen 41,42-43

Die Originalformulierung im Hebräischen, die hier mit »Siegelring« übersetzt wird, bedeutet »einsenken«, »hineindrücken«. Dieser Ring wurde dazu benutzt, ein Emblem in weichen Ton zu drücken. Wenn also Joseph Rechnungen vorgelegt wurden, »stempelte« er sie, indem er einfach das Siegel der Pharaonen mit dem Ring an seinem Finger aufdrückte. Er wurde der Führer, an den andere sich wandten.

Zu alledem hatte der Pharao Joseph in Gewänder aus feinstem Leinen kleiden lassen, ihm eine goldene Amtskette umgelegt und angeordnet, dass er in der Kutsche fahren sollte, die seiner eigenen unmittelbar folgte. Wenn sie durch die Straßen fuhren, riefen die Vorausläufer des Pharaos: »Beugt die Knie vor Joseph!«

Der Sohn Jakobs besaß nun Reichtum, Autorität und Macht – und er sah danach aus. Er war in königliche Gewänder gekleidet, hatte eine funkelnde goldene Kette um den Hals, trug den Ring des Königs und fuhr in seiner eigenen Staatskarosse. Die Leute verneigten sich, wenn er vorüberfuhr. Die Sicherheitsbeamten um ihn herum, die in Bronze gehüllten Soldaten Ägyptens, schossen den Befehl nur so hinaus: »Auf die Knie! Bezeugt diesem Mann Achtung! Dies ist Joseph, unser Premier!«

Lassen Sie uns noch mal in unsere Welt heute schauen. Was würden wir denken, wenn er ein Mann aus unserer Gemeinde wäre und ihm dies alles widerfahren wäre? Würde es uns schwer fallen, diese Art des Aufstieges anzuerkennen? Würden wir ihn missgünstig aus den Augenwinkeln ansehen und uns fragen: »Wie ist er so weit gekommen? Was hat er wohl unternehmen müssen, um zu solchem Einfluss und zu solcher Macht zu gelangen? Was glaubt er eigentlich, wer er ist, dass er erwartet, dass wir uns vor ihm verbeugen?«

Ja, die Bibel sagt an keiner Stelle, dass Joseph erwartet habe, dass sich die Leute vor ihm verbeugen. Ich glaube, dass Joseph in Wirklichkeit manchmal ziemlich verlegen war wegen all des Pomps, der mit seiner Funktion einherging. Er, ein Mann, der noch die Narben der Sklaverei trug, fuhr jetzt mit dem Pharao durch die Straßen der Stadt und sah Leute vor sich knien. Mit den Worten des Paulus musste er nun »das Geheimnis lernen, genug zu haben, im Überfluss zu leben«.

Ein neuer Name und eine Frau aus Ägypten

> Und er nannte ihn Zafenat-Paneach (»Gott lebt, und er redet«) und gab ihm zur Frau Asenat, die Tochter Potiferas, des Priesters zu On.
>
> Gen 41,45

Mit seiner neuen Stellung erhielt Joseph einen neuen Namen. Wieder war es nicht er selbst, der das in die Wege leitete. Er suchte sich auch nicht den neuen Namen aus, Pharao war es, der ihm den Namen Zafenat-Paneach gab.

Dieser Name hatte Bedeutung. In seinem Zentrum ist die Silbe »nath«, die zwar heute nichts mehr bedeutet, aber damals sehr viel bedeutete. Neith war eine der Göttinnen Ägyptens. So bedeutete Josephs neuer Name: »Die Göttin lebt und redet«. Joseph erhielt also einen neuen ägyptischen Namen, aber da er sich auf einen heidnischen Gott bezog, hätte er selbst sich diesen Namen nicht ausgesucht.

Er erhielt auch eine Frau, die er sich vermutlich auch nicht ausgesucht hätte. Ihr Name war Asanat; beachten Sie auch hier die Silbe »nath«. Der Name seiner Frau bedeutete: »Neith gehörend«, und sie war die Tochter eines ägyptischen Priesters.

Plötzlich war Joseph in den Schlagzeilen. Plötzlich wurde er von allen beachtet. Alles, was Joseph sagte oder tat, wurde im ganzen Land bemerkt und verzeichnet.

Plutarch, der im ersten Jahrhundert lebte und den Missbrauch der Macht bei so vielen der Römer beobachtete, die im Überfluss lebten, schrieb: »Macht und Stellung erweisen und versuchen den Charakter der Menschen, indem sie jegliches Mitgefühl und die Fähigkeit beseitigen, Schwäche zu erkennen … Kein Tier ist so abscheulich ungezähmt wie der Mensch, der im Griff der Macht ist.« Er sagte nicht, dass jeder Mensch, der Macht hat, ein Tier sei oder ein Wilder. Er sagte, dass Macht diese große Versuchung in sich trägt. Nach all den seither vergangenen Jahrhunderten wissen wir, dass das zutrifft. Wir sehen es die Geschichte durchziehen und wir sehen es heute auf der ganzen Welt. Weil das so ist, ist es uns zur zweiten Natur geworden, denen zu misstrauen, die Macht innehaben. Und doch verdienen nicht alle, dass man ihnen misstraut. Durch Gottes Gnade wird es immer wieder irgendwo einen Joseph geben oder mehrere. Durch Gottes Gnade kann es sogar sein, dass Sie solch ein Joseph sind. Es wird immer jene geben, die harte, bedrängende, schmerzvolle, verlustreiche Jahre treu durchstehen und danach mit enormem finanziellen Gewinn und öffentlicher Anerkennung wieder ans Tageslicht treten. Aber was für einen Preis haben sie unterwegs bezahlt! Ich schätze die Worte Victor Hamiltons hoch, der zu Joseph gesagt hat: »Zwischen dem Augenblick, als man ihn verkaufte, und seiner Beförderung sind 13 Jahre vergangen – 13 Jahre des Alptraums, der Not, der Frustration und des Rückschlages.«[29]

Menschen an der Macht oder im Überfluss stehen nicht nur einer Versuchung gegenüber. Oft ist es für sie von Nachteil, eine Figur im Rampenlicht zu sein, und wenn man einmal eine bekannte Persönlichkeit ist, kann man fast nur verlieren! Man bezahlt einen hohen Preis, um so weit zu kommen – und manchmal einen noch höheren, um dort zu bleiben.

Ich erinnere mich an eine klassische Zeile von Johnny Carson aus der Zeit, als Präsident Reagan noch an der Macht war und Carson noch das Zepter in einer Mitternachts-Show des Fernsehens schwang. Johnny machte eine witzige Anmerkung: »Ronald Reagan hielt heute den ganzen Tag lang seinen Mund. Morgen wird er uns erklären, was er damit sagen wollte.« Wenn Menschen sprechen, die aller Welt bekannt sind, können sie einer beliebigen Zahl von Tretminen ausgeliefert sein. Aber sogar wenn sie sich ruhig verhalten, werden die Leute sich fragen, was sie zu verbergen versuchen und weshalb sie nicht sprechen.

Denken Sie an den zu Recht so beliebten Evangelisten Billy Graham, einen Mann, den eigentlich jeder achtet und verehrt. Dieser Mann muss ungeheuer sorgsam in der Wortwahl sein, wenn er über Menschen aus der Politik spricht; diese Lektion beherzigt er genau, manchmal so treu, dass es schmerzvoll war in all den Jahren, die er selbst im Rampenlicht gestanden hat. Er brauchte ja nur die Waagschalen auf einer Seite auch nur ein bisschen zu berühren, es genügte ja, wenn das unabsichtlich geschah, und schon war er in den Schlagzeilen und auf den Titelseiten. Das Ergebnis war, dass er schon oft beißender Kritik ausgesetzt gewesen ist. Weshalb das? Nun, so scheint es zu gehen, wenn die Hand Gottes und sein Segen auf einem Menschen ruhen. Und Sie werden mich niemals überzeugen, dass Joseph so etwas nicht auch erlebt hat.

Was für eine Verantwortung, welche Last, besonders für einen Mann, der erst 30 Jahre alt war!

Tatsächlich ist die Bibel voll mit jungen Leuten in leitenden, einflussreichen Stellungen. David war noch nicht einmal 20, als er von Samuel die Salbung zum König erhielt, und erst 30, als er zum König gekrönt wurde. Als Daniel von König Nebukadnezar ausgesucht wurde, einer der höchsten Beamten seines Hofes zu werden, war er erst ein Teenager. Josia war acht Jahre alt, als er seine Regentschaft als König begann (Das ist nun wieder ein Furcht erregender Gedanke!), und die Jungfrau Maria war ein Teenager, als sie mit Jesus schwanger war und ihn zur Welt brachte.

Nicht ganz so lange her ist es, dass Charles Haddon Spurgeon mit 20 Jahren die Kanzel in der New-Park-Street-Chapel-Gemeinde erstieg. Sie bauten das London Tabernacle, um die Mengen beherbergen zu können, die kamen, um seinen Predigten zuzuhören. Dieses Gebäude war randvoll, bevor er 30 war. Die Londoner standen im Schnee vor der Kirche und warteten darauf, dass die Tore geöffnet würden. Der ausgezeichnete Ausleger G. Campbell war erst 13, als er seine erste Predigt hielt, und als er 23 war, nannten manchen ihn »den Bibellehrer Britanniens«.

Verglichen mit ihnen war Joseph ein alter Mann. *Er ist dreißig!* Und er steht ganz an der Spitze mit seinem Siegelring, der goldenen Amtskette und den Leinengewändern, mit seiner Staatskarosse und genießt das Leben mit seiner neuen Frau. Er ist aus der Grube in den Palast aufgestiegen, aus dem Kerker in den Thronsaal. Und – Gott sei Dank! – er handhabte diese Veränderung mit Demut.

Trotz allem sind es natürlich nicht die Äußerlichkeiten, die zählen. Bedeutung hat das Innenleben eines Menschen. Wir achten einen Mann oder eine Frau nicht wegen ihrer Kleidung, ihrer Juwelen, die sie besitzen oder des Autos, das sie fahren, auch nicht wegen des großartigen Ergebnisses, das sie bei einer öffentlichen Abstimmung erzielen – jedenfalls sollten wir es nicht tun –, sondern wegen der Persönlichkeit, die sie innerlich sind. Integrität hat die Eigenart, dass sie die Kritik verstummen lässt.

Zwei Söhne und ein gutes Gewissen

Gott leitete den Schreiber von Genesis dazu an, die Wahrheit über beinahe das gesamte farbenreiche Leben Josephs zu enthüllen. Er ermöglicht uns zu erkennen, wer dieser Mann wirklich war, sogar, was er dachte. Wir können es in einem Satz zusammenfassen: Sein Herz war demütig vor Gott. Woher wir das wissen? Bedenken Sie das Folgende:

> Und Joseph wurden zwei Söhne geboren, bevor die Hungerzeit kam; die gebar ihm Asenat, die Tochter Potiferas, des Priesters zu On. Und er nannte den ersten Manasse; denn »Gott«, sprach er, »hat mich vergessen lassen all mein Unglück und mein ganzes Vaterhaus.« Den andern nannte er Ephraim; denn »Gott«, sprach er, »hat mich wachsen lassen in dem Lande meines Elends«.
>
> Gen 41,50-52

Warum schreibt uns der Genesis-Schreiber all diese Einzelheiten? Zunächst denke ich, möchte er uns wissen lassen, dass Joseph monogam war. Er ging nicht in die Falle der Polygamie, wie so viele um ihn her – sogar in seiner eigenen Familie. Er hatte nur eine Frau; und sie gebar ihm zwei Söhne. Zweitens, und das erscheint mir noch wichtiger, möchte der Schreiber, dass wir die Bedeutung bemerken, die in den Namen der Söhne Josephs liegt. Beide Namen sind Wortspiele. Die New International Version stellt in einer Fußnote fest, dass »Manasse« herkommen könnte von dem hebräischen Wort für »vergessen«, während »Ephraim« wie das Hebräische »doppelt fruchtbar« klingt.

Indem Joseph seine Söhne so nannte, verkündete er öffentlich, dass Gott ihn all seine Schwierigkeiten hatte vergessen lassen, sogar die in seines Vaters Haus. Darüber hinaus – und das war noch wichtiger – hatte Gott ihn in einem Land und unter Umständen fruchtbar werden lassen, die ihm erst einmal nichts außer Problemen gebracht hatten. Wie demütig von Joseph, das anzuerkennen!

Der erste Name, Manasse, stammt von der hebräischen Wurzel »*nashah*«, was »vergessen« bedeutet. Indem er seinen ersten Sohn Manasse nannte, sagte Joseph »Gott hat mich vergessen gemacht«. Wie entzückt muss er gewesen sein, als sein Ältester geboren wurde! Vielleicht lächelte er, als er neben Asenat stand und ihre Hand ergriff und in die winzigen Augen seines Sohnes sah und sagte: »Gott hat mit dir den Stachel aus meiner Erinnerung genommen.«

Indem er seinen zweiten Sohn Ephraim nannte, was die Bedeutung »doppelt fruchtbar« hat, sagte Joseph: »Gott hat mich geephraimt. Er hat mir zwei Söhne gegeben. Er hat mich über alle Maßen gesegnet an einem Ort, der mir ursprünglich ausschließlich Leid zu bringen schien.«

Joseph gab seinen Kindern Namen, die seine demütige Haltung vor seinem Gott zeigten, und brachte so Schilder an diesen Kindern an, die sie an Gottes Handeln in seinem Leben erinnern würden. »*Gott* hat getan« stand darauf und »*Gott* hat gegeben«. Joseph räumte es ein, dass alles Gottes Handeln war.

Wir alle wissen, dass es in unserem Gehirn Stellen gibt, in denen Erinnerungen dauerhaft eingeätzt sind. Wir vergessen nichts. Manchmal können wir es uns nicht ins Gedächtnis rufen, aber es ist trotzdem da, irgendwo gelagert. Und doch sagte Joseph: »Gott hat mich vergessen gemacht.«

Aha, das ist der springende Punkt! Die Erinnerungen waren noch da und lebten noch tief unterhalb seines Schädels, aber als die Erleichterung endlich kam, die Befreiung, machte Gott ihn den Schmerz und die Angst, was kommen würde, vergessen. Wir wissen, dass die Erinnerungen noch immer da waren, denn später spricht er zu seinen Brüdern darüber, wie wir sehen werden. Aber Gott ließ ihn über jenes hinauswachsen, was wir »den Stachel« in unserer Erinnerung nennen könnten. Daher sagte Joseph: »Ich habe diesen Jungen Manasse genannt, weil er die Beseitigung ›des Stachels‹ von gestern bedeutet.« All dies ist den Worten des alten Propheten Joel nicht ganz unähnlich, der über die Fähigkeit des Herrn geschrieben hatte: »Ich will euch die Jahre erstatten, deren Ertrag die Heuschrecken, Käfer, Geschmeiß und Raupen gefressen haben, mein großes Heer, das ich unter euch schickte.« (Joel 2,25)

Hier gibt es ein Warnsignal für uns alle. Es ist eine große Versuchung, weil so nahe liegend, sich an den Rubens und Judas, den Dans und Frau Potiphars zu rächen, die in unserer Vergangenheit eine Rolle gespielt haben. Denen eins auszuwischen, die uns verletzt haben, die uns nackt ausgezogen haben und an uns genagt haben mit bösen Taten und hässlichen Worten. Stattdessen müssen wir einen Manasse gebären. Könnte es sein, dass es Zeit ist, den Herrn, unseren Gott zu bitten, die Stacheln aus unserer Erinnerung zu entfernen? Nur er kann das tun. Dann wird es Zeit, einen Schritt weiterzugehen und einen Ephraim zur Welt zu bringen und sich zu erinnern, dass Gott uns überreich gesegnet hat. Was für ein positiver, anerkennender Name: »Gott hat mich fruchtbar gemacht«! Aber die Geschichte geht ja weiter. Mit einem Plural am Ende übermittelt das Wort die Bedeutung eines Doppelvorteils – vielfacher Segnungen. Das würden wir vielleicht Über-Überfluss nennen. Und genau das hatte Gott getan.

Das erinnert mich an die wunderbaren Zeilen aus dem Brief des Paulus an die Römer: »...Wo aber die Sünde mächtig geworden ist, da ist doch die Gnade noch viel mächtiger geworden.« (Röm 5,20) Ich liebe die Wiedergabe dieses Bibelabschnittes durch Eugen Peterson. Er formuliert ihn so: »Aber Sünde ... hat keine Chance im Vergleich mit der aggressiven Vergebung, die wir Gnade nennen. Wo Sünde gegen Gnade steht, gewinnt die Gnade um Längen.«[31]

Ich habe noch nie jemanden getroffen, der zum einen wirklich Gnade verstanden und voll aufgenommen hat und gleichzeitig immer weiter jemand anderem böse sein oder etwas nachtragen kann. Diese »aggressive Vergebung« beseitigt die Stacheln und ersetzt sie durch immer neue Wellen der Dankbarkeit gegenüber Gott. So ging es auch Joseph mit der Geburt seiner beiden Söhne.

Und was tat Joseph mit all diesem Überfluss?

Nahrung in Hungerszeit

> Als nun die sieben reichen Jahre um waren im Lande Ägypten, da fingen an die sieben Hungerjahre zu kommen, wie Joseph gesagt hatte. Und es ward eine Hungersnot in allen Landen, aber in ganz Ägyptenland war Brot. Als nun ganz Ägyptenland auch Hunger litt, schrie das Volk zum Pharao um Brot. Aber der Pharao sprach zu allen Ägyptern: »Geht hin zu Joseph; was der euch sagt, das tut.« Als nun im ganzen Lande Hungersnot war, tat Joseph alle Kornhäuser auf und verkaufte den Ägyptern; denn der Hunger ward je länger je größer im Lande. Und alle Welt kam nach Ägypten, um bei Joseph zu kaufen; denn der Hunger war groß in allen Landen.
>
> Gen 41,53-57

Wie wir gesehen haben, hatte man Joseph mit Autorität betraut. Er hält die Schlüssel in der Hand, die riesige Vorräte an Nahrung eröffnen. Er ist der Herr des Überflusses inmitten des Hungers. Wenn wir das genau lesen, merken wir, dass es sich um eine Hungersnot handelte, die so weite Kreise zog, wie sie die Welt noch nie zuvor gesehen hatte, denn es heißt: »... der Hunger war groß in allen Landen.«

Unter diesen Umständen tat Joseph was? Er behielt nicht die Speicher voll des Überflusses für sich und seine Familie oder den königlichen Haushalt, nicht einmal allein für Ägypten. Er öffnete diese großen Hallen und ließ den Inhalt heraus, für jeden, der Nahrung brauchte. »Die Leute aus anderen Ländern« kamen, um Getreide von Joseph zu kaufen. Er war ein Mensch, der weder seine Vorrechte noch seine Autorität noch seinen finanziellen Überfluss je missbrauchte.

Mit Gottes Hilfe hatte Joseph vorausgesehen, was geschehen würde, aber er hatte niemals persönlichen Gewinn aus diesem Wissen geschlagen. Während dieser sieben Jahre hatte er sich als treu erwiesen. Mit stiller und ausgezeichneter Tüchtigkeit hatte er genügend Nahrung angehäuft, um die Jahre der Hungersnot zu überstehen, die sicher eintreffen würden. So konnte der Pharao nach sieben Jahren noch immer sagen: »Geht zu Joseph. Er hat sich als meines Vertrauens würdig erwiesen. Geht zu ihm. Er wird euch sagen, was zu tun ist. Wenn ihr weise seid, tut ihr, was immer er euch sagt.« (V. 55)

Der Autor und Pastor Gene Getz hat Josephs Fähigkeiten als Manager großartig zusammengefasst und formuliert:

Mit 30 Jahren hätte Joseph diese Riesenaufgabe niemals bewältigen können, hätte er nicht einen intensiven und erfahrungsorientierten Kurs in Management durchlaufen. Er begann in Potiphars Haus, wo er all dessen Angelegenheiten verwaltete. Es ging im Gefängnis weiter, wo er schließlich für alle Gefangenen zuständig war. Und 13 Jahre später wurde er ... »zum Stellvertreter (des Pharao), der über ganz Ägypten herrscht« (Gen 41,41).

Gott hatte einen Plan für Joseph und die Zeit war gekommen. Seine Vorbereitung war maßgeschneidert für die Aufgabe, die Gott für ihn bereithielt. Und weil Joseph all seine Tests und Prüfungen bestand, weil er aus jeder Erfahrung gelernt hatte und weil er gelernt hatte, Gott immer mehr zu vertrauen, war er bereit, als Gott die Tür zu der Gelegenheit öffnete. Er handhabe Prestige und Macht, ohne sich dem Stolz zu ergeben. Er hielt durch mit Geduld und übte seine Pflichten treu und erfolgreich aus. Er war sehr gut vorbereitet.[31]

Bewertung und Anwendung

Nun, wo stehen Sie auf der Skala von eins bis zehn? Stellen Sie sich Joseph als Manager vor. Setzen Sie ihn in eine einflussreiche Karriereposition. Kleiden Sie ihn in teure Anzüge und lassen Sie ihn in einer riesigen, wunderbaren Villa wohnen. Geben Sie ihm ein grenzenloses Budget und beinahe unbegrenzte Macht, eine luxuriöse Geschäftslimousine, eine hinreißende Frau und zwei gesunde Söhne, große Aktienanteile in der Nahrungsmittelindustrie. Würden Sie ihn bestätigen und anerkennen? Würden Sie immer noch hinter ihm stehen?

Vergessen Sie nicht, dass er jetzt immer noch demütig vor seinem Herrn wandelt. Er hat irdische Macht, aber seine Integrität ist noch immer intakt und er teilt seinen Überfluss freigebig mit anderen, die in Not sind. Das hilft uns bei der Bewertung, nicht wahr? Wir können solche Menschen nur bewundern, die die Belohnung der Rechtschaffenheit ernten, weil Gott ihnen zu Reichtum verhilft, da sie im Gegenzug anderen in Not helfen.

Ich möchte hier festhalten, dass ich persönlich glaube, dass manche der ausgesuchtesten Heiligen in der Familie Gottes unter jenen zu finden sind, die integer geblieben sind, auch als Gott sie in seiner Gnade mit Reichtum gesegnet hat, und die diesen Überfluss zu seinem Ruhm eingesetzt haben. Die Dienste und Werke, denen ich angehört habe, haben nicht nur von jenen Spendern gelebt, die wenige Güter dieser Welt hatten, sondern sind auch von den Josephs dieser und der vorangegangenen Generationen großzügig beschenkt worden. Ich danke Gott jedes Mal, wenn ich an die Menschen in beiden Kategorien erinnert werde, die ich kennen gelernt habe.

Wenn wir so zurückschauen über die vorangegangenen schmerzhaften Jahre in Josephs Leben, wenn wir dann anerkennen, welche Belohnung Gott ihm in den Schoß schüttete, dann finde ich hilfreiche Prinzipien, die sich auch auf unsere Verhältnisse heute anwenden lassen. Drei treten ganz leicht zutage:

Zunächst dieser Grundsatz: *Lang anhaltende Anfechtungen brauchen uns nicht zu entmutigen.* Erinnern Sie sich: Joseph war 17 Jahre alt, als er in den Brunnen geworfen wurde und seine lange Reise durch die Anfechtungen begann. Wie wir beobachtet haben, schien nichts in diesen langen Jahren der Heuschrecken-Schwärme fair zu sein oder fruchtbar zu werden. Er war 30 Jahre alt, bevor er vor dem Pharao stand und die Dinge in seinem Leben sich aufwärts entwickelten. Halten Sie inne und überlegen Sie – von 17 bis 30 Jahren – sind 13 *sehr lange* Jahre. 13 Jahre, seitdem seinem Leben die Grundlage entzogen worden war. 13 Jahre, bevor sich die Dinge zum Guten wandten. 13 Jahre mit Höhen und Tiefen, aber zumeist in der Abwärtsbewegung, vom Schlechten zum Übleren sich entwickelnd. 13 Jahre, die aus einem Rückschlag nach dem anderen bestanden.

Und nun lesen Sie jene Abschnitte aus dem Bericht von Genesis noch einmal und versuchen Sie, bei Joseph das leiseste Anzeichen von Entmutigung zu finden. Ich habe es getan. Ich habe es laut gelesen. Ich habe es in verschiedenen Übersetzungen gelesen. Ich habe es in der Originalsprache, Hebräisch, gelesen – und ich kann kein Zeichen der Entmutigung finden, nicht eines. Der einzig mögliche *Hinweis* auf so etwas könnte sein, als Joseph seinen Mitgefangenen seine Geschichte erzählt, seine Unschuld erwähnt und den Mundschenk bittet, sich seiner zu erinnern. Sogar dann scheint dies nur eine faire Bitte, gemessen an der Lage.

Joseph war ein Mensch, der sich nicht von der Verzweiflung herunterziehen ließ. Er lebte weit oberhalb der Umstände. Die lange Zeit der Anfechtung entmutigte ihn nicht.

Zweitens: *Erinnerungen an Schlechtes brauchen uns nicht zu besiegen.* Nun weiß ich, dass es zwei Paar Stiefel sind, dies zu sagen oder es zu leben. Persönlich gesprochen kann ich sagen, dass ich manche Erinnerungen an schlechte Ereignisse in meinem Leben habe. Wenn ich mich dazu entschlösse, könnte ich ein Buch allein über die schlechten schwierigen Menschen schreiben, die ich getroffen habe, die Hass-Zuschriften, die ich erhalten habe, und die hässlichen Gerüchte, denen ich ausgesetzt war. Aber wozu sollte ich das tun? Gott hat mich ge-Manasse-t und ge-Ephraim-t. Warum sollte man sich in den schleimigen, sumpfigen Gewässern dieser Erinnerungen aufhalten? Ich habe mich entschlossen, all diesen Heuschrecken nicht zu erlauben, mich zu beißen oder zu besiegen. Wenn ich lernen kann, wie man das macht, können Sie das auch. Wir wollen all diese negativen Dinge loslassen!

Sie und ich können entscheiden, wer uns als Geisel nehmen und festhalten darf. Wir treffen eine Entscheidung darüber, wer uns unterjochen kann. Wir können oft entscheiden, wer und was uns deprimieren darf. Nicht eine einzige Person, die dieses Buch liest, hat nicht einige Erinnerungen an einen ganzen Haufen schlechter Ereignisse, die uns vollkommen besiegen könnten. Aber das muss nicht so kommen und so sein. Es kann sein, dass Sie Hilfe dabei brauchen, die Wunde zu einer Narbe werden zu lassen, die nicht mehr schmerzt. Es kann sein, dass Sie dazu einen Freund oder eine Freundin brauchen, einen Gatten oder einen professionellen Seelsorger und Berater, der Ihnen zur Seite steht und Ihnen dabei hilft, den Vorgang zu durchleben, bei dem man diese Stacheln los wird. Lernen Sie mit mir diese wunderbare Lektion: Wir brauchen uns durch Erinnerungen an schlechte Ereignisse nicht besiegen zu lassen.

Drittens: *Große Segnungen müssen uns nicht für den Dienst untauglich machen.* Zu lange hat ein Schatten des Misstrauens über jenen gelegen, die Gott reich zu machen erwählt hat. Statt einer dankbaren Antwort wie: »Preis sei Gott! Hier ist ein Mensch, der von Gott zu seiner Ehre erhoben worden ist, damit er ihn an Orten einsetzen kann, die ich nie erreichen werde! Möge sein Reichtum überborden und möge seine selbstlose Großzügigkeit weiter zunehmen! Möge sein Ohr niemals verschlossen sein gegenüber dem, dem es schlecht geht und der zutiefst verletzt ist.« Die Josephs von heute werden genau so dringend gebraucht wie der Original-Joseph im alten Ägypten.

Ich liebe es, alte Klassiker zu lesen. Einer meiner Lieblingsautoren ist ein schottischer Prediger und Schreiber namens Alexander Whyte, der bemerkenswerte 47 Jahre lang in derselben Gemeinde in Edinburgh lebte und arbeitete. In seinem beachtlichen Buch *Bible Characters* schreibt er über Joseph:

> Joseph war nun eingetaucht in die korrupteste Gesellschaft, die in jener Zeit auf der Welt vor sich hinfaulte. Und wäre er in diese Verdorbenheit nicht direkt aus dem siebenfach überheizten Schmelzofen der heiligenden Leiden hineingekommen, dann hätte man nie mehr wieder etwas von Joseph gehört. Die Lüsternheit der Ägypter hätte ihn bald verschlungen. Aber der Gott seines Vater war mit Joseph. Der Herr war bei Joseph, um ihn zu beschützen, zu leiten, ihm den Sieg zu verleihen. Der Herr war mit ihm, um ihn immer weiter … zu erheben, immer mehr zu ehren, ihm Stellung und Macht zu geben, bis die Welt niemand Besseren hatte, den sie hätte berufen können als Joseph. Und durch all dieses war Joseph ein immer besserer Mensch geworden, immerzu. Ein edlerer und immer edlerer Mann. Ein stets verlässlicher Mensch, dem immer mehr Menschen vertrauten, den immer mehr Menschen zurate zogen. Immer loyaler gegenüber der Wahrheit und der Pflicht. Immer reiner, ausgeglichener, geduldiger, durchhaltender, vergebender; ein Mensch mit einem reichen Gemüt und einem reichen Herzen und so ausgestattet mit einfacher und aufrichtiger Frömmigkeit und Dank gegenüber Gott, wie es nie jemanden sonst gegeben haben kann. Schließlich wurde er zum Sprichwort sowohl für die glänzenden Dienste, die er leistete, wie für die glänzenden Belohnungen, die er dafür erhielt.[32]

Den Josephs, die Gott sich in dieser und der nächsten Generation heranzieht und zu Ehren bringt: Mögt ihr weiter mit Gott gehen! Mögt ihr euren Überfluss und eure Autorität weiter zu seinem Ruhm einsetzen, euren Einfluss und euren Erfolg, um sein Wort und seine Wahrheit bekannt zu machen! Der Christ ist nicht immer angefochten, nicht immer Hass und Verfolgung ausgesetzt. Manche werden durch die Gnade Gottes in Stellungen gesetzt, wo man ihnen Ehre erweist und sie mit der Leiterschaft betraut. Wie dringend wir solche Leiter brauchen!

Merken Sie sich jedoch, dass die Botschaft von Jesus Christus alle Ebenen von Status und Erfolg durchschneidet und durchdringt. Es ist vollkommen unwichtig, wie hoch Ihr Gehalt ist oder welchen Lebensstil Sie haben, welches Auto Sie fahren, wo Sie leben oder arbeiten. All diese Faktoren haben viel damit zu tun, wie Sie von den Menschen angesehen werden, aber sie haben nichts damit zu tun, wie Sie vor Gott dastehen. Und ich finde es traurig genug, wie oft ich im größten Überfluss die größte Armut gefunden habe, selbst in den vollsten Koffern herrscht oft eine große Leere, das größte geistliche Vakuum. Nicht immer – aber viel zu oft.

Gott kann unsere Autorität und unseren Überfluss und unsere Karriere genauso gebrauchen wie die von Joseph. Aber bevor er das tun kann, müssen wir uns unter die große Hand Gottes demütigen und sagen: »Jesus Christus, ich brauche dich. Ich muss für alles geradestehen und ich kann nichts davon mit mir nehmen. Bitte setze mich ein, wie du es für richtig hältst.« Mit Autorität geht die Notwendigkeit der Verantwortung einher. Mit der Bekannt- und Beliebtheit die Notwendigkeit zur Demut. Mit dem Reichtum die Notwendigkeit zur Integrität. Joseph schaffte diese drei Tests mit fliegenden Fahnen.

Jene, die die gleiche Charaktertiefe und -stärke anderen vorleben, gepaart mit Weisheit, verdienen unseren Respekt und unsere Anerkennung.

KAPITEL SECHS

Ein verhärtetes Gewissen aktivieren

Ich denke an ein Paar Zeilen aus der komischen Oper »Mikado« von Gilbert und Sullivan. Am Anfang einer ihrer typischen Lieder stehen Verse, die immer spontanes Gelächter hervorrufen, weil einer der Schauspieler eine Liste von Gesetzesübertretern erwähnt – die Sorte Menschen, auf die man gut verzichten könnte und die kein Mensch vermissen würde! Komisch, nicht wahr? Jeder im Publikum reagiert sofort, denn jeder unter den Zuhörern hat eine kleine Liste von Leuten, durch die er verletzt worden ist und die eine Strafe verdienen würden.

Es ist Zeit für ein paar tiefer gehende Fragen, die nur Sie beantworten können: Gehören Sie zu den Menschen, die so eine »kleine Liste« führen? Erinnern Sie sich an Dinge, die Sie eigentlich vergessen sollten? Wenn Ihnen jemand Unrecht getan hat, erlauben Sie dann dem Geist Gottes, dieses Vergehen auszuradieren? Oder halten Sie sich an Ihrem Groll fest, fügen heimlich den Namen dieses Menschen an Ihre Liste an und warten auf den geeignetsten Augenblick um zurückzuschlagen?

Diesen Fragen stand Joseph gegenüber – und er beantwortete sie richtig.

Wenn wir jetzt die Geschichte von Joseph wieder aufnehmen, sollten Sie sich an die damalige Situation erinnern. Eine weltweite Hungersnot war ausgebrochen. Die Lage war äußerst ernst und die Menschen verhungerten.

Das einzige Land, das über Nahrung verfügte, war Ägypten. Weil Gott mit Joseph war, waren die Ägypter vorgewarnt gewesen, sodass sie sich auf die mageren Jahre hatten vorbereiten können – alles unter Josephs Leitung. Nun zogen hungernde Menschen aus anderen Ländern nach Ägypten, um sich dort mit Nahrung zu versorgen.

Währenddessen richtet sich der Blick auf ein Dorf im hebräischen Hinterland Kanaans – auf einen Ort, in dem Joseph seine Kindheit verbracht und den er 20 Jahre zuvor hatte verlassen müssen.

> Als aber Jakob sah, dass Getreide in Ägypten zu haben war, sprach er zu seinen Söhnen: »Was seht ihr euch lange an? Siehe, ich höre, es sei in Ägypten Getreide zu haben; zieht hinab und kauft uns Getreide, dass wir leben und nicht sterben.«
>
> Gen 42,1-2

Josephs Vater und seine Brüder lebten noch, aber es ging ihnen nicht gut; ihre Heimat war duch die Hungersnot vernichtet. In dieser Phase hörte der alte Patriarch Jakob, dass es in Ägypten Korn zu kaufen gab.

»Warum sitzt ihr herum und schaut einander an?«, fragte er seine Söhne. »Warum hockt ihr hier und dreht Däumchen? Wir brauchen etwas zu essen. Wir hungern. Die Brunnen sind trocken und die Zisternen leer. Unsere Ernte ist verdorrt. Das Land trägt nichts. Wir haben monatelang keinen Regen gehabt und haben Not gelitten. Wir brauchen Hilfe. Ich weiß, dass es in Ägypten Nahrung gibt; daher möchte ich, dass ihr dorthin geht und etwas von dort holt. Wenn ihr das nicht tut, werden wir alle zusammen sterben.«

Jakob sandte all seine Söhne nach Ägypten – bis auf den Jüngsten, Benjamin, das einzig übrige Kind seiner schon so lange verstorbenen Rahel. Jakob behielt ihn zu Hause.

Sie erinnern sich, dass Jakob damals in Kanaan dachte, Joseph sei tot. Und seine Brüder wussten inzwischen nicht mehr, wo er geblieben war. »Wen kümmert's? Aus den Augen, aus dem Sinn«, beschreibt ihre Haltung am besten.

> »... Die Söhne waren inzwischen Männer mittleren Alters und hatten eigene Familien. Sie haben wahrscheinlich das Vorgehen gegen ihren Bruder nie mehr untereinander erwähnt. Sie taten ihr Möglichstes, den Gedanken daran aus ihrer Erinnerung zu verbannen. Manchmal mag ihnen in ihren Träumen kurz das junge Gesicht in seiner Angst erschienen sein oder sie hörten das Flehen seiner geängsteten Seele. Aber sie versuchten solche schmerzhaften Erinnerungen zu ersäufen, indem sie große Schlucke nahmen aus dem Lethe-Strom des Vergessens. Ihr Gewissen schlief.«[33]

Sie wussten sicher nicht, dass ihr Bruder, den sie vor über 20 Jahren in die Sklaverei verkauft hatten, jetzt nach dem König der erste Mann in Ägypten war. Alles, was sie wussten, war, dass sie ihrem alternden Vater gehorchen und Nahrung besorgen mussten.

Inzwischen wusste auch Joseph nichts über seine Familie auf dem Lande. Sicher fragte er sich in unbeobachteten Momenten, wenn er mit seinen Gedanken allein war, wie es ihnen gehen mochte. Ob sein geliebter Vater wohl noch lebte? Ob all seine Brüder am Leben waren und wie es ihnen ergehen mochte? Ob die Hungersnot ihren Tribut auch bei ihnen gefordert hatte? Während er sein geschäftiges Leben in Ägypten lebte, seine Verantwortung als führender Mann des Staates ausübte, wanderten seine Gedanken sicher zu den viel einfacheren Tagen der längst vergangenen Zeit zurück. Seine Hauptbeschäftigung war zu jener Zeit, darauf zu achten, dass die Leute zu essen hatten, und die Verteilung der Nahrung zu überwachen, die aus den Vorräten an so viele herausgegeben wurde, die von außerhalb kamen, in der Hoffnung auf Hilfe und Erleichterung der drückenden Not.

Diese Ereignisse bilden den Hintergrund für eine der bemerkenswertesten und dramatischsten Szenen in der Geschichte. Wo immer diese Szene im Film oder im Theater aufgeführt wird, erzeugt sie heftige Gefühle.

BEGEGNUNG IN ÄGYPTEN

So kamen die Söhne Israels, Getreide zu kaufen, samt andern, die mit ihnen zogen; denn es war auch im Lande Kanaan Hungersnot. Aber Joseph war der Regent im Lande und verkaufte Getreide allem Volk im Lande. Als nun seine Brüder kamen, fielen sie vor ihm nieder zur Erde auf ihr Antlitz. Und er sah sie an und erkannte sie, aber er stellte sich fremd gegen sie und redete hart mit ihnen und sprach zu ihnen: »Woher kommt ihr?« Sie sprachen: »Aus dem Lande Kanaan, Getreide zu kaufen.«

Gen 42,5-7

Stellen Sie sich das bitte genau vor! All die zehn älteren Söhne Jakobs, Ruben, Simeon, Levi, Juda, Issaschar, Sebulon, Gad, Asser, Dan und Naphtali, werden vor den ersten Minister Ägyptens gebracht. Die Umgebung muss für diese Männer vom Lande Kanaan beeindruckend genug gewesen sein, als sie so vor dem Premier standen, einem Mann mit großer Autorität und ungeheurem Reichtum, der dadurch, dass er die Versorgung der Welt in der Hand hatte, Macht über Leben und Tod besaß. Wir können erkennen, wie überwältigt sie waren, weil die erste Reaktion der Söhne eine tiefe Verbeugung war: Sie »fielen vor ihm nieder zur Erde auf ihr Antlitz«. Behalten Sie im Auge, dass sie keine Ahnung hatten, dass dieser Ägypter, der so königlich gekleidet war, ihr lang verloren geglaubter Bruder war.

Sehen Sie sich dasselbe noch einmal aus Josephs Perspektive an! In diesem Augenblick mag er erschöpft gewesen sein. Zunächst war da der ganze Druck gewesen, die riesigen Speicher zu bauen, dann der Stress der Planung und Rationierung während der Jahre des Überflusses, und jetzt die Last der Verantwortung, die gespeicherten Kornvorräte Ägyptens klug, gleichmäßig und weise zu verteilen. Jeden Tag trat sein eigenes Volk vor ihn und dazu viele Menschen aus fernen Ländern, darunter auch dieser Haufen weit gereister Hebräer. Da er sie sofort erkannte und feststellte, dass sie ihn nicht erkannten, genoss er diese hervorragende Lage, die nur wenigen gegönnt ist, die so viel Macht haben wie er, wenn man an seine erbärmliche Vergangenheit denkt. Was für ein Augenblick! Nun immerhin verbeugten sie sich voll Hochachtung vor ihm. Dann, als sie sich aufrichteten und er ihnen in die Gesichter sehen konnte, beobachtete er sie genau.

Sie waren bärtig, ganz anders als die normalerweise rasierten Ägypter. Sie trugen die Kleidung Kanaans und sprachen die Sprache seines Volkes, der Hebräer. Joseph muss sie durchdringend angesehen haben, sie mit seinen Augen genau betrachtet haben, zugehört, wenn sie redeten, wobei er vielleicht versuchte herauszubekommen, wer wer war. Es gab keinen Zweifel: Diese Männer waren seine Brüder! *(Ich liebe solche Szenen!)*

Ich frage mich, ob nicht Joseph schon die ganze Zeit nach ihnen Ausschau gehalten haben mag. Da Leute aus anderen Ländern nach Ägypten hereindrängten, um sich Nahrung zu besorgen, mag er sich gefragt haben, ob nicht eines Tages seine eigene Familie vor ihm auftauchen werde.

Endlich standen sie nun da – und der Bericht sagt uns, Joseph »sah sie an und erkannte sie, aber er stellte sich fremd gegen sie« (er erkannte sie, aber er verbarg sich vor ihnen). Im Hebräischen ist das hier ein Wortspiel: Sie wurden *erkannt*, aber er machte sich *unkenntlich* (verbarg sich vor ihnen). Er ging darüber hinaus, denn es heißt, dass er sogar »hart mit ihnen redete« (er fuhr sie an).

»Woher seid ihr?«, rief der ägyptische Premier scharf aus.

Es gab natürlich keinen Anhaltspunkt für sie, an dem sie ihn hätten erkennen können. Zu viele Jahre waren vergangen. Er war glatt rasiert. Er trug den ägyptischen Kopfputz. Er sprach ägyptisch mit ihnen, durch Dolmetscher. In den Augen der zehn Söhne Jakobs war er nur ein einschüchternder, Furcht erregender, mächtiger Beamter.

Da Joseph sie erkannt und bemerkt hatte, dass sie ihn nicht erkannten, musste er schnell schalten. Das Fehlen jeder Bitterkeit machte seinen Kopf frei für spielerische Gedanken. Und was ein interessanter Austausch hätte werden können, wurde überaus wichtig.

> Und er sah sie an und erkannte sie, aber er stellte sich fremd gegen sie und redete hart mit ihnen und sprach zu ihnen: »Woher kommt ihr?« Sie sprachen: »Aus dem Lande Kanaan, Getreide zu kaufen.« Aber wiewohl er sie erkannte, erkannten sie ihn doch nicht. Und Joseph dachte an die Träume, die er von ihnen geträumt hatte, und sprach zu ihnen: »Ihr seid Kundschafter und seid gekommen zu sehen, wo das Land offen ist.«
>
> Gen 42,7-9

»Weshalb seid ihr gekommen?«, fragte er sie.

»Wir sind gekommen, um Nahrung zu kaufen«, antworteten sie. »Wir sind aus dem Land Kanaan und dort hungern wir.«

Plötzlich erlebte Joseph ein göttliches »Déjà vu«. Während er dastand und mit seinen Brüdern sprach, wurde der Staub von 20 Jahren von seinem Gedächtnis geblasen und er erinnerte sich an seine Träume, die er vor so langer Zeit gehabt hatte.

Es erschienen ihm wieder die Ähren seiner Brüder, die sich vor seiner Ähre verbeugten, und die Sonne, der Mond, die elf Sterne, die sich vor ihm neigten. Was für eine Anfechtung muss das gewesen sein, sich in diesem Augenblick zu erkennen zu geben und sie an jene Träume zu erinnern! Diese Träume, wegen der sie ihn gehänselt und verspottet hatten, wegen der sie ihn gehasst hatten! Wie befriedigend wäre es für sein Selbst gewesen, wenn er zu ihnen gesagt hätte: »Habe ich es euch nicht vorhergesagt!« Stattdessen entschied sich Joseph, ein bisschen Zeit zu schinden.

»Ihr seid nur gekommen, uns auszuspionieren!«, klagte er sie an. »Ihr seid gekommen, um die Gegenden ausfindig zu machen, in denen unser Land nicht so gut verteidigt werden kann, um es anzugreifen und unsere Essensvorräte zu stehlen!«

»Nein!« »Nein!« »Nein!«, protestierten seine Brüder. »Wir leiden großen Hunger. Wir sind ausschließlich gekommen, um Nahrung zu kaufen.«

Jetzt passen Sie genau auf und sehen Sie, wie sich dieser ungewöhnliche Dialog entwickelt:

> »Wir sind alle eines Mannes Söhne; wir sind redlich und deine Knechte sind nie Kundschafter gewesen.« Er sprach zu ihnen: »Nein, sondern ihr seid gekommen zu sehen, wo das Land offen ist.« Sie antworteten ihm: »Wir, deine Knechte, sind zwölf Brüder, eines Mannes Söhne im Lande Kanaan und der jüngste ist noch bei unserm Vater, aber der eine ist nicht mehr vorhanden.« Joseph sprach zu ihnen: »Es ist, wie ich euch gesagt habe: Kundschafter seid ihr. Daran will ich euch prüfen: So wahr der Pharao lebt: Ihr sollt nicht von hier wegkommen, es komme denn her euer jüngster Bruder.«
>
> Gen 42,11-15

Versetzen Sie sich einmal in Josephs Lage! Wie muss er sich gefühlt haben, als er ihre Worte hörte? Seine Brüder gingen davon aus, dass es ihn gar nicht mehr gab! Aus den Augen, aus dem Sinn, für immer dahin.

Dreimal beschuldigte Joseph sie der Spionage. Dann gaben sie ihm in ihrer Antwort, ohne es zu bemerken, auch die Information, auf die er aus gewesen war: Sie sagten ihm, dass sein Vater und Benjamin noch lebten! Indem sie ihn erwähnten, spielten Josephs Brüder ihm einen weiteren Trumpf zu.

»Es gibt eine Möglichkeit, eure Unschuld zu beweisen, einen Beweis dafür, dass ihr die Wahrheit sagt«, erklärte Joseph ihnen. »Ihr bringt mir euren jüngsten Bruder. Aber da ich euch noch immer nicht ganz traue, kann nur einer von euch nach Hause gehen, um ihn zu holen. Der Rest wird mir zum Pfand als Gefangene hier bleiben.«

Nachdem Joseph ihnen diesen Ausweg vorgelegt hatte, ließ er sie alle drei Tage lang ins Gefängnis werfen. Wir erhalten keinen Bericht darüber, was sich in diesen drei Tagen abgespielt haben mag. Das wird unserer Fantasie überlassen. Jedenfalls änderte er am dritten Tag den Plan, indem er ihnen anbot, nur einen zurückzubehalten. Die anderen könnten nach Kanaan zurückkehren, um ihm ihren jüngeren Bruder Benjamin zu bringen.

> Am dritten Tage aber sprach er zu ihnen: »Wollt ihr leben, so tut nun dies, denn ich fürchte Gott: Seid ihr redlich, so lasst einen eurer Brüder gebunden liegen in eurem Gefängnis; ihr aber zieht hin und bringt heim, was ihr gekauft habt für den Hunger. Und bringt euren jüngsten Bruder zu mir, so will ich euren Worten glauben, sodass ihr nicht sterben müsst.« Und sie gingen darauf ein.
>
> Gen 42,18-20

Wir wissen nicht, warum Joseph seinen Plan änderte oder was er durch dies alles erreichen wollte, aber wir können uns vorstellen, dass ihm durch den Kopf ging: »Ich frage mich, ob Benjamin gesund und stark ist? Ist er zu alt, um sich zu erinnern? O wie sehr es mich verlangt, meine ganze Familie zu sehen! Wie sehr ich versucht bin, ihnen zu sagen, wer ich bin – sie werden schockiert sein! Was mich wirklich interessiert, ist, wie es in ihren Herzen aussieht ...«

Joseph suchte Simeon als Pfand aus und ließ ihm in Gegenwart der anderen Brüder Handschellen anlegen. Warum sich Joseph wohl Simeon aussuchte? Man sollte doch denken, dass er sich den Erstgeborenen Ruben ausgesucht haben würde, den, der versucht hatte, Josephs Leben zu retten, als alle anderen gegen Joseph waren. Vielleicht erinnerte sich Joseph an Rubens Versuch, zu seinen Gunsten einzuschreiten, und wählte daher den zweitältesten Bruder Simeon als den, der zurückbleiben sollte.

Bevor er das jedoch tat, hörte er sich ein Gespräch zwischen seinen Brüdern an, die, da sie untereinander hebräisch sprachen, glaubten, niemand könne sie verstehen. Joseph hatte ja als Teil seiner Taktik, sich nicht zu erkennen zu geben, durch Dolmetscher ägyptisch mit ihnen gesprochen. Aber er verstand jedes Wort, das sie sprachen.

In diesem Gespräch können wir beobachten, wie ein verhärtetes Gewissen aktiviert und wieder belebt werden kann.

> Sie sprachen aber untereinander: »Das haben wir an unserem Bruder verschuldet! Denn wir sahen die Angst seiner Seele, als er uns anflehte, und wir wollten ihn nicht erhören; darum kommt nun diese Trübsal über uns.« Ruben antwortete ihnen und sprach: »Sagte ich's euch nicht, als ich sprach: ›Versündigt euch nicht an dem Knaben, doch ihr wolltet nicht hören? Nun wird sein Blut gefordert.‹« Sie wussten aber nicht, dass es Joseph verstand; denn er redete mit ihnen durch einen Dolmetscher. Und er wandte sich von ihnen und weinte. Als er sich nun wieder zu ihnen wandte und mit ihnen redete, nahm er aus ihrer Mitte Simeon und ließ ihn binden vor ihren Augen.
>
> Gen 42,21-24

In der Originalsprache ist das »wir« in diesem Gespräch betont: »*Wir* sind schuldig ...«, »*Wir* sahen seine Angst ...«, »*Wir* wollten nicht auf ihn hören ...«

Der erste Schritt zur Aktivierung eines verhärteten Gewissens ist, die Verantwortung für die persönliche Schuld auf sich zu nehmen. Die Brüder klagten nicht ihren Vater der Passivität an. Sie schoben es nicht Joseph in die Schuhe, dass er stolz und arrogant oder ihnen vorgezogen worden war. Sie verkleinerten das Übel nicht dadurch, dass sie etwa gesagt hätten: »Wir waren zu jung und wussten es nicht besser.« Sie benutzten das richtige Personalpronomen, als sie einstimmig sagten: »*Wir* sind verantwortlich. Wir können es niemandem anders anlasten; wir sind allein schuld!«

> Was immer sie auch im Gefängnis miteinander besprochen haben mögen, jetzt sprechen sie jedenfalls darüber, dass sie Schuld tragen an der Sache mit Joseph. Ihr Gewissen ist in diesen drei Tagen hellwach geworden. Sie fühlen, dass sie ei-

ner Strafe unterworfen werden, und offenkundig sind sie sich in dieser Sache einig. Sie geben ihre Schuld zu; das »einzige Mal im Buch Genesis, dass Schuld eingeräumt wird«.[34]

Beachten Sie auch, dass sie von der Übertragung der Angst sprechen: »Wir haben die Angst seiner Seele gesehen, als er uns anflehte und wir ihn in den Brunnen warfen und ihn in die Sklaverei verkauften. Wir können noch immer diese Augen vor uns sehen. Sein Gesicht taucht vor uns auf und verfolgt uns.« Das Stammwort des orginal hebräischen Wortes für »Angst« bedeutet hier: »binden«, »beschränken«, »einengen«, »zusammenbinden«. Es geht also nicht um die Art des Bindens wie man Simeon Handschellen angelegt hatte, sondern um eine Bindung der Gefühle.

Wenn Sie jemandem Unrecht getan und nicht den notwendigen Prozess durchlaufen haben, um die Sache mit dem anderen und mit Gott ins Reine zu bringen – wenn Sie sich Ihrer Übertretung nicht vollkommen gestellt haben –, werden Sie zum Opfer derselben Angst, die Sie jenem Menschen verursacht haben. »Wir fühlen dieselbe Angst, die wir ihm verursachten und die wir auf seinem Gesicht sahen.«

Kennen Sie Edgar Allan Poes Kurzgeschichte »The Telltale Heart« (»Das verräterische Herz«)? Darin ging es um einen Mörder, der nicht schlafen konnte, weil er das klopfende Herz seines Opfers dort unten im Keller immer noch schlagen hörte. Er hörte natürlich nicht das Herz des Opfers; was er hörte, war sein eigenes Herz, das in seiner Brust schlug und alles erzittern ließ, sogar seinen Schädel. Seine eigene Schuld weckte ihn und schließlich endet die Geschichte mit der Enthüllung, dass er der Mörder war.

Das Verbrechen der Brüder lag nun mehr als zwei Jahrzehnte zurück, aber sie fühlten noch immer die Angst von damals. Zeit lässt Angst nicht verschwinden. Wir haben dafür in unserem Leben genug Beweise. Wir kennen aus Erfahrung die unentrinnbaren Mahnungen unserer Schuld. Die Verstrickungen der Gefühle, in die wir durch die Folgen unserer Sünde geraten, können so furchtbar sein, dass wir körperlich krank werden – und das war ja auch genau das, was David widerfuhr, nachdem er mit Batseba Ehebruch begangen und dafür gesorgt hatte, dass ihr Mann Uria gemäß einem mörderischen Plan umgebracht wurde. Erinnern Sie sich, wie er einräumt, von Herzen krank geworden zu sein?

> Denn als ich es wollte verschweigen, verschmachteten meine Gebeine durch mein tägliches Klagen. Denn deine Hand lag Tag und Nacht schwer auf mir, dass mein Saft vertrocknete, wie es im Sommer dürre wird.
>
> Ps 32,3-4

Eugene Peterson formuliert das so: »Der Druck hat zu keiner Zeit nachgelassen; all meine Lebenssäfte sind vertrocknet.«[36]

Ich frage mich, was Joseph empfunden haben mag, als er seine Brüder so miteinander reden und sie ihre Schuld eingestehen hörte!? Uns wird berichtet, dass er den Raum verlassen musste, um ungesehen weinen zu können. Was müssen das für Tränen der Freude und der Erleichterung gewesen sein! Er verstand einen der Gründe, weshalb die Herzen seiner Brüder weich wurden, genau: Sie waren drei Tage im Kerker gewesen. Er kannte das nur zu genau, denn er hatte Jahre im Verlies zugebracht. Er wusste, was man da mitmachte, wie man sich dabei fühlte und wie es einen veränderte. Er wusste auch, dass Gott, wenn er herzutritt, um gebeugte Schultern zu berühren oder um ein schuldiges Herz zu zerbrechen, es nicht immer bei einer sanften Mahnung oder einer milden Zurechtweisung bewenden lässt.

Die Heilige Anna von Österreich, eine Heilige des 16. Jahrhunderts, hat einmal geschrieben: »Gott bezahlt nicht am Ende jeden Tages, sondern am Ende der Tage.«

Die Rechnung mit den Brüdern, die so lange offen gestanden hatte, wurde jetzt fällig. Und während ihre Schuld vor ihren Augen immer weiter wuchs, bekannten sie: »Wir sind schuldig!«

· Vor vielen Jahren hat ein begabter Prediger namens William E. Sanger eine Predigt über Joseph mit einer wahren Geschichte geschlossen:

Es war bei uns zu Hause in der Weihnachtszeit. Einer meiner Gäste war einige Tage früher angereist und beobachtete, wie ich meine letzten Weihnachtskarten wegschickte. Er sah einen Namen und eine Adresse und war vollkommen überrascht: »Dem Menschen schreibst du doch sicher keinen Gruß?«, erkundigte er sich.

»Warum denn nicht?«, fragte ich.

»Aber erinnerst du dich denn nicht?«, begann der Gast zu erklären, »vor 18 Monaten hat …«

Da erinnerte ich mich daran, was dieser Mann öffentlich über mich gesagt hatte, aber ich erinnerte mich auch, dass ich beschlossen hatte, mit Gottes Hilfe mich daran zu erinnern, es zu vergessen. Und Gott hatte mich »vergessen gemacht«.

So schickte ich die Karte ab.[37]

William Sanger führte nicht Buch, ebenso wenig wie Joseph. Wir wissen einen Teil des Grundes dafür durch den Namen, den er seinem Erstgeborenen gab: Manasse, was bedeutet: »Gott hat mich vergessen gemacht«. Wann immer Joseph seinen Buben herbeirief, war das eine Erinnerung an die Vereinbarung, die er mit Gott geschlossen hatte. Diese beinhaltete, dass er das, was seine Brüder ihm angetan hatten, vergessen wollte.

Nun standen genau diese Brüder vor ihm und er merkte, dass ihre Herzen weich wurden. »Wir sind schuldig«, sagten sie zueinander. »Was wir getan haben, war falsch, und die Ängste, die wir bei unserem Bruder ausgelöst haben, haben jetzt uns ergriffen.«

In Übereinstimmung mit dem Zeitplan Gottes gab sich Joseph ihnen nicht zu erkennen, sondern behielt Simeon als Pfand da. Währenddessen sollten die anderen nach Kanaan ziehen, um ihm Benjamin zu bringen.

Und doch veranlasste Joseph vor ihrer Abreise einen Gnadenakt:

Und Joseph gab Befehl, ihre Säcke mit Getreide zu füllen und ihnen ihr Geld wiederzugeben, einem jeden in seinen Sack, dazu auch Zehrung auf den Weg; und so tat man ihnen.

Und sie luden ihre Ware auf ihre Esel und zogen von dannen. Als aber einer seinen Sack auftat, dass er seinem Esel Futter gäbe in der Herberge, sah er sein Geld, das oben im Sack lag, und sprach zu seinen Brüdern: »Mein Geld ist wieder da, siehe, in meinem Sack ist es!« Da entfiel ihnen ihr Herz, und sie blickten einander erschrocken an und sprachen: »Warum hat Gott uns das angetan?«

Gen 42,25-28

Josephs Brüder wollten so schnell wie möglich Ägypten verlassen. Alles man die Kornsäcke, die sie gekauft hatten, auf ihre Esel geladen hatte, brachen sie unmittelbar danach zu ihrer Reise nach Kanaan auf. Aber als sie in der ersten Nacht Rast machten, um den Tieren zu fressen und zu trinken zu geben, geschah etwas. Als einer der Brüder seinen Sack mit dem Getreide öffnete, um seinem Tier zu fressen zu geben, sah er darin das Geld, das er dem Premierminister Ägyptens gegeben hatte.

»Ich kann's nicht glauben!«, rief er aus. »Schaut her! Mein Geld ist mir zurückgegeben worden. Es steckt hier im Sack!«

Auch die anderen Brüder öffneten schnell ihre Säcke und entdeckten, dass auch ihnen ihr Geld zurückgegeben worden war.

Statt über diese Überraschung froh zu sein, waren sie jedoch verängstigt. »Da entfiel ihnen das Herz, und sie blickten einander erschrocken an ...« Das ursprüngliche Wort, das mit »erschrocken« übersetzt worden ist, ist dasselbe Wort, das in 1. Sam 14,15 benutzt wird, um ein riesiges Erdbeben zu beschreiben. Es wird auch in Gen 27,33 verwendet, um zu beschreiben, wie sehr Isaak zitterte, als er begriff, dass sein Sohn Jakob das Erstgeburtsrecht Esaus gestohlen hatte. Tatsächlich lesen wir dort, dass Isaak »*heftig* zitterte«. Es schüttelte ihn buchstäblich! Und das begann jetzt auch bei Josephs Brüdern. Sie fingen an zu zittern, es schüttelte sie. »Was will Gott uns damit antun?«

Ich liebe diese Feststellung. Sie fühlen jetzt nicht nur die ganze Macht ihrer eigenen Schuld, sie bemerken auch, dass Gott seine Hand im Spiel hat. »Was tut Gott?«

Wenn Gott ein verhärtetes Gewissen aufweicht, *ändert sich langsam unsere Perspektive.* Manchmal werden wir zum Opfer genau jenes Verhaltens, das wir anderen gegenüber an den Tag gelegt haben. Wenn der Schmerz, der Schaden, die Verletzung, die wir jemand anderem zugefügt haben, auf uns zurückfällt, fängt etwas in uns an, sich zu ändern. Gott beginnt durch unsere harte Schale zu brechen und unsere Herzen weich zu machen, die verhärtet worden waren.

Diese Brüder hatten keine Ahnung, dass Joseph noch am Leben war. Das Einzige, was sie wussten, war, dass sie große Ängste durchlitten und dass diese Ängste sie sofort, ja, ich meine sofort, an jene Ängste erinnerten, die sie ihrem Bruder 20 Jahre zuvor zugefügt hatten.

Noch mal: Zeit radiert nicht die Schuld aus einem Gewissen. Der Schmerz bleibt und lauert irgendwo …

- sogar, nachdem alle Familienmitglieder erwachsen geworden sind;
- sogar, nachdem die Verhandlung über das Verbrechen vom Gericht abgewiesen worden ist;
- sogar, nachdem die Scheidung rechtskräftig geworden ist und sie auseinander gegangen sind … ohne eine biblische Rechtfertigung dafür zu haben;
- sogar, wenn Dinge heimlich getan worden sind und kein Mensch darauf käme, an so etwas zu denken;
- sogar, nachdem jahrzehntelang verschmutztes Wasser unter der Brücke der Erinnerung durchgerauscht ist.

Da ist die Angst. Da ist das »verräterische Herz«, das in Ihrer Brust heftig pocht. Der Wille beginnt zu zerbrechen und das einst so verhärtete Gewissen wird weich.

Gott aktiviert auch ein verhärtetes Gewissen, *indem er uns zu Empfängern von unverdienter Gnade macht.* Josephs Brüder hatten nicht verdient, Korn zu erhalten. Sie hatten nicht verdient, ihr Geld zurückzuerhalten. Sie hatten Strafe verdient, vielleicht sogar Gefängnis, für das, was sie ihrem Bruder angetan hatten. Stattdessen fanden sie sich als freie Männer wieder, mit Säcken voll Korn und all ihrem Geld obendrein.

Sie hätten verdient, auf Josephs Liste zu stehen, aber Joseph führte keine solche Liste, führte nicht Buch. Erinnern Sie sich an den Mundschenk? Joseph war wenigstens noch mal zwei Jahre im Gefängnis, weil, menschlich gesprochen, der königliche Mundschenk ihn vergessen hatte. Der Mann, dem er geholfen und den er ermutigt hatte, hatte ihn im nächsten Augenblick vergessen. Dann wurde Joseph plötzlich freigelassen und er wurde schließlich zum einflussreichsten Mann im Lande Ägypten, direkt nach dem Pharao. Was für eine Gelegenheit, sich am Mundschenk des Pharaonenhofes zu rächen! Aber er ließ es bleiben. Tatsächlich stellen wir fest, dass Joseph kein einziges Wort der Bitterkeit oder des Vorwurfes gegenüber dem Mundschenk äußert.

Warum? Weil Joseph mit Gott wandelte. Er weigerte sich, seine Tage damit zuzubringen zu fragen: »Warum hattest du mich vergessen?« Er betete im Endeffekt: »Gott, hilf mir durch diesen Vorgang hindurch: Regele du alles. Ich werde mich auf dich ausrichten. Ich werde es akzeptieren, dass man mich vergessen hat. Bewahre und halte mein Herz auf dem richtigen Kurs. Und wenn der Augenblick kommt, gib, dass meine Worte dir zum Ruhm gereichen. Wenn du je mich noch mal zu deinem Werkzeug erwählen solltest, schenke, dass ich mich an deiner Gnade erfreue und alle Gefühle der Bitterkeit, des Vorwurfes und der Rache lassen kann.«

Nun haben wir ihn gesehen, jedenfalls bis hierher, wie er ebenso auch mit seinen Brüdern verfährt. Aber ihnen gegenüber übte er nicht nur keine Rache, sondern er erwies ihnen Gnade, indem er sie mit reicher Barmherzigkeit überschüttete.

EINE LETZTE ERINNERUNG

Führen Sie noch immer Buch, eine Sünder-Kartei? Vielleicht ist das teilweise darin begründet, dass Sie noch immer denken, dass Gott Sie noch nicht in vergleichbare Umstände gebracht hat. Vielleicht haben Sie noch nicht erkannt, wie überreich seine Gnade Ihr Leben neu gemacht und wieder hergestellt hat.

In all den Jahren habe ich bemerkt, dass Menschen, die Buch führen, die Neigung haben, Gott gegenüber unempfindsam zu sein; sie erlauben sich eine Herzenshärte, eine Herzlosigkeit, die immer weiter zunimmt. Welch schreckliche Art zu leben – und zu sterben!

Wenn Ihnen das zugestoßen ist, möchte ich Sie einladen, zum Kreuz Jesu Christi zu kommen, der unsere Namen ein für alle Mal von der Liste derer, denen nicht vergeben werden kann, genommen hat. Obwohl wir diesen Gnadenerweis nicht verdient haben, obwohl wir den Tod verdient hätten, hat er uns das Leben geschenkt.

Wie dankbar sollten wir sein, dass das so genannte »verräterische Herz« noch immer am Werk ist. Es ist Gottes Werk, uns zu überführen, uns zu Reue und Buße zu führen. Sein Geist hört nicht auf, in uns zu arbeiten, selbst wenn wir aufhören sollten, uns für ihn zu interessieren. Das ist die zentrale Stelle unseres Lebens, wenn er uns zurückführt in die Harmonie mit ihm selbst. Ihre Antwort – Ihre Entscheidung, seinem Wort zu gehorchen – wird den Rest Ihres Lebens umkrempeln.

Mit einigen einsichtsreichen Worten von C. S. Lewis möchte ich dieses Kapitel schließen:

> Jedes Mal, wenn Sie eine Entscheidung treffen, verwandeln Sie den zentralen Teil von sich, den Teil, der bewertet und wählt, in etwas, was von dem ein bisschen abweicht, was es vorher war. Und wenn Sie Ihr Leben als Ganzes anschauen, mit all den unzählbaren Entscheidungen, dann haben Sie in Ihrem Leben dieses zentrale Ding entweder in eine himmlische oder höllische Kreatur verwandelt: entweder in ein Geschöpf, das sich mit Gott in Harmonie befindet, mit anderen Geschöpfen und mit sich selbst, oder in ein Geschöpf, das sich in einer Form des Krieges mit Gott befindet und das Gott hasst, das diesen Krieg auch gegen die Mitgeschöpfe und sich selbst führt. Zu der einen Sorte der Geschöpfe zu gehören bedeutet ... Freude und Frieden, Wissen und Macht. Zur anderen Sorte zu gehören, bedeutet Verrücktheit, Horror, Dummheit, Wut, Unfruchtbarkeit und ewige Einsam-

keit. Jeder von uns bewegt sich in jedem Augenblick entweder in Richtung des einen oder des anderen.[37]

KAPITEL SIEBEN

Das Seufzen eines bekümmerten Vaters

Das Murphy-Gesetz besagt: »Wenn irgendetwas schief gehen kann, dann tut es das auch.« Wenn Sie am Samstagmorgen Ihr Auto waschen, regnet es bestimmt am Samstagnachmittag. Wenn du es mal schaffst, früh zu Bett zu gehen, dann klingelt dich bestimmt das Telefon raus. Wenn dir eine Scheibe Brot runterfällt, die du gerade dick mit Erdnussbutter und Marmelade bestrichen hast, dann fällt sie sicher auf die Seite mit der Erdnussbutter und der Marmelade. Wenn du dein Auto zum Mechaniker bringst, weil es immer wieder Schwierigkeiten macht, dann funktioniert es sicher blendend, sobald du dort bist.

Wenn Dinge gut gehen, wird irgendetwas sicher schief gehen – warten Sie es nur ab! Wenn die Dinge so liegen, dass es eigentlich nicht mehr schlimmer kommen kann, wird es trotzdem noch schlimmer. Sobald Sie meinen, dass sich die Dinge bessern, dann liegt das nur daran, das Sie irgendetwas übersehen haben. Unabhängig davon, wo Sie gerade Rad fahren, es geht fast immer bergauf und gegen den Wind. Wenn Sie sich lange genug um eine Sache bemüht haben, bricht sie bestimmt entzwei. Die andere Spur in der Autoschlange ist immer schneller als die eigene, bis man sie wechselt.

NATÜRLICHE TENDENZEN IN UNS ALLEN

Weil das Leben nicht immer so richtig zu funktionieren scheint – was unsere Interpretation ist und bedeutet, dass es nicht so läuft, wie wir uns das vorstellen –, haben wir drei grundlegende und sehr natürliche Tendenzen entwickelt:

Zunächst tendieren wir dazu, eher negativ als positiv zu reagieren. Wenn sich die Umstände gegen uns zu wenden beginnen oder wenn das Leben selbst zu einer größeren Herausforderung wird, als wir zu meistern uns vorstellen können, dann ist unsere unmittelbare Reaktion oder Antwort meist negativ statt positiv. Das trifft besonders dann zu, wenn wir unerwarteten Änderungen gegenüberstehen. Falls Sie nicht ganz anders sind als die meisten Menschen, ist auch Ihre erste Reaktion *Nein!*

Zweitens tendieren wir dazu, Probleme horizontal anzuschauen, nicht vertikal. Damit meine ich, dass wir die Dinge aus einer ausschließlich menschlichen Sicht sehen. Wir neigen dazu, Gott auszublenden, bis wir mit dem Rücken gegen die Wand stehen, in einer absolut unmöglichen Lage. Erst dann bringen wir die Sicht von oben ins Spiel. Und manchmal nicht einmal dann.

Drittens tendieren wir dazu, allem Neuen Widerstand zu leisten, besonders, wenn es zu schön scheint, um wahr zu sein. Wir widerstreben den Dingen lieber, als sie erst einmal anzunehmen – besonders, wenn es etwas ist, das aufregend zu sein scheint oder voller neuer Möglichkeiten. Halten Sie inne und überlegen Sie. Wann zuletzt haben Sie der Möglichkeit, etwas zu ändern, widerstanden? Sie können sich nicht erinnern? Das können die wenigsten unter uns. Wir konzentrieren uns auf das, was »nicht passieren kann«, statt darauf, was passieren könnte. Wir denken lieber ein paar Mal nach, bevor wir das Bekannte verlassen und uns in eine unbekannte Lage begeben, wobei wir das Risiko auf uns nehmen, enttäuscht zu werden. Ich bin mir der Notwendigkeit weiser Abwägung und umsichtiger Planung durchaus bewusst, aber ist es nicht interessant, dass unsere erste Antwort auf etwas Neues normalerweise Widerstand ist? Ich weiß es, denn an diesem Punkt habe ich schon einige Male in meinem Leben als Erwachsener gestanden.

Diese drei Tendenzen scheinen sich zu verstärken, wenn wir älter werden. Statt dass es uns besser ginge, werden wir immer zerbrechlicher. Es gibt mehr Angst vor Gefahren, ein ängstliches Zögern eher statt einer Offenheit, das Christenleben positiv auszuleben. Mit »positiv« meine ich nicht, in einer Traumwelt zu leben, leichtgläubig und ohne Urteil zu sein, sondern mit weit offenen Augen leben. Ich meine nicht, das Falsche richtig zu nennen, ich meine, Gott realistisch in den Schwierigkeiten und im Durcheinander des Lebens zu erkennen. Das ist nicht nur möglich, das ist besser als alles andere. Ich bemerke endlich, dass das DIE Lebensart ist, die uns ansteht. Und ich liebe es, genau wie auch meine Frau, die sogar noch mehr Risiken auf sich nimmt und noch mutiger ist als ich! Wir sind das Paar, das Harley fährt, erinnern Sie sich?

JAKOBS WIDERSTAND
UND SEINE ABNEIGUNG

Josephs Vater lebte nicht so. Er war ein Mann, der wirklich Schwierigkeiten hatte, im Glauben zu leben, obwohl er doch den Herrn sehr gut kennen gelernt hatte in seinen über 100 Jahren. Jakob hatte immerzu zu kämpfen mit abergläubischem Negativismus, einem rein horizontalen Blick und einem verschlossenen, widerstrebenden Gemüt. Wir werden dem bald wieder begegnen.

Die Wiederkehr und der Bericht

Wir nehmen die Geschichte dort wieder auf, wo Jakobs Söhne endlich ihren Rückweg nach Kanaan hinter sich haben. Sie haben ihm ihre Erlebnisse in Ägypten erzählt und ihm von ihrer Begegnung mit dem Premierminister erzählt. Und natürlich erwähnten sie die Tatsache, dass ihr Bruder Simeon dort behalten worden ist gleich einer Geisel, bis sie mit dem jüngsten Bruder Benjamin zurückkämen. Das wäre doch eine herrliche Möglichkeit für den Patriarchen gewesen, das Augenmerk aller auf Jehova zu lenken. Konnte nicht er hinter all dem stecken? Hatte er etwa einen Plan – irgendeine großartige, unerwartete Möglichkeit – die er ihnen vorlegen wollte? Dann sollten sie nur ihm vertrauen!

Aber leider, leider verlief es nicht so! Beachten Sie Jakobs Reaktion:

> Da sprach Jakob, ihr Vater, zu ihnen: »Ihr beraubt mich meiner Kinder! Joseph ist nicht mehr da, Simeon ist nicht mehr da, Benjamin wollt ihr auch wegnehmen; es geht alles über mich.« Ruben antwortete seinem Vater und sprach: »Wenn ich ihn dir nicht wiederbringe, so töte meine zwei Söhne. Gib ihn nur in meine Hand, ich will ihn dir wiederbringen.« Er sprach: »Mein Sohn soll nicht mit euch hinabziehen; denn sein Bruder ist tot, und er ist allein übrig geblieben. Wenn ihm ein Unfall auf dem Wege begegnete, den ihr reiset, würdet ihr meine grauen Haare mit Herzeleid hinunter zu den Toten bringen.«
>
> Gen 42,36-38

Die Diskussion und Debatte

Als Jakob erfuhr, was geschehen war, zuckte der alte Herr vor Angst zusammen. Statt zu sagen: »Gott sei Dank! Er ist am Werk. Männer, er liebt uns und wacht über uns. In seiner Obhut sind wir alle sicher«, antwortete er negativ und aus horizontaler Sicht.

Seine Söhne waren nicht nur mit Korn zurückgekehrt, das sie brauchten, sondern auch mit all ihrem Geld. Man hatte ihnen in Ägypten Korn umsonst mitgegeben! Alles, was der Premier forderte, war, dass sie beweisen sollten, dass sie keine Spione seien, indem sie mit Benjamin zurückkämen, und dann sollten sie Simeon wiedererhalten, der als Pfand zurückgeblieben war. Doch

Jakob erkannte nichts von alledem als Gottes Vorsehung und Plan. Er erstarrte vor Angst und konzentrierte sich auf die schlimmste Möglichkeit, die denkbar war. Seine Antwort war negativ und aus horizontaler Sicht.

Seine Söhne hatten dieselbe Tendenz. Sie erinnern sich, dass sie »erschrocken waren«, als sie das Geld in ihren Säcken fanden? Das ist dasselbe Wort, das in Gen 3,10 gebraucht wird, um Adams Reaktion zu beschreiben, als er sich nach dem Sündenfall vor Gott verbirgt. »Und er [Adam] sprach: ›Ich hörte dich im Garten und *fürchtete* mich; denn ich bin nackt, darum versteckte ich mich.‹«

Manchmal brauchen wir Angst, besonders, wenn wir falsch gelegen oder Unrecht getan haben. Ich las vor ein paar Jahren eine wahre Geschichte von einem Mann und einer Frau, die an einem Schnellrestaurant anhielten, um sich ein Abendbrot zu besorgen. Sie bestellten und bezahlten zwei Hühnchen und nahmen sie mit zum Picknickplatz. Aber als sie die Tüte aufmachten, fanden sie darin weit mehr. In der Tüte waren bündelweise Banknoten!

Der Mann war ehrlich und fuhr wieder zum Restaurant und gab das Geld zurück. Der Manager war begeistert, als der Mann erklärte, was passiert war. Er selbst hatte im Hintergrund gearbeitet und alle Einnahmen des Tages in eine der Tüten gesteckt, in denen die Hühnchen ausgegeben wurden, weil er drauf und dran war, zur Bank zu gehen. Als die Frau, die am Tresen arbeitete, die Hand ausstreckte, um die bestellten Essen entgegenzunehmen, hatte man aus Versehen die falsche Tüte erwischt.

Der Manager war so beeindruckt von der Ehrlichkeit des Mannes, dass er sagte: »Ich werde jetzt die Lokalzeitung anrufen und sie herüberkommen heißen, damit sie ein Foto von euch schießen. Die Menschen müssen erfahren, dass es noch immer ehrliche Leute gibt.«

»Nein, tun Sie das nicht«, sagte der Mann. Er zog den Manager beiseite und flüsterte ihm zu: »Ich bin verheiratet und die Frau, die ich bei mir habe, ist nicht meine Frau.«

Manchmal sollten die Leute es mit der Angst bekommen,

wenn sie Geld finden! Aber dieses hier verhielt sich anders. Jakob hätte dankbar sein sollen, dass seine Söhne noch am Leben waren. Man hatte sie angeklagt, Spione zu sein, und man hätte sie auf der Stelle umbringen können. Nicht nur hatte man ihr Leben verschont, man hatte ihnen die Nahrung, die sie brauchten, gegeben und ihr Geld obendrein wieder mitgegeben. Sie brauchten nur zurückzukehren und dem Premierminister von Ägypten zu zeigen, dass sie wirklich einen jüngeren Bruder hatten, dass sie also die Wahrheit gesagt hatten.

Aber Jakob reagierte nicht nur negativ und aus horizontaler Sicht, er überreagierte auch noch. Sobald er hörte, dass sie ihren Bruder in Ägypten gelassen hatten, zog er den völlig übereilten Schluss, Simeon sei tot. »Joseph ist tot. Simeon ist tot. Alles steht gegen mich!«, beklagte er sich. Er schien verwirrt zu werden und sich selbst zu bemitleiden. »Alle Dinge richten sich gegen mich!«

Mein letztes Nachsehen hat ergeben, Jakob hätte der Patriarch des Clans sein sollen, sein geistlicher Leiter. Und doch, wenn wir einen raschen Blick hinter die Kulissen werfen, sehen wir Jakob, wie er wirklich ist. Er ist ein negativ und horizontal denkender Mann, der sich vor Angst die Haare rauft: »Wo ist Gott in all diesem?«, jammert er. »Alles ist gegen mich!«

In diesem Augenblick greift wieder Ruben ein und sagt: »Du, ich mache dir einen Vorschlag, Vater. Du darfst meine beiden Söhne umbringen, wenn ich dir Benjamin nicht zurückbringe.«

Aber Jakob sagte: »Nein, ich lasse dich meinen Sohn nicht nach Ägypten mitnehmen. Sein Bruder Joseph ist tot und er ist der Einzige, der mir geblieben ist. Wenn ihm irgendetwas zustieße, brächte mich das um.«

Es ist erstaunlich, aber es ist, als ob für Jakob die anderen Söhne gar nicht existierten. Als ob er die beiden Jüngsten, Joseph und Benjamin, gar nicht als zu den anderen zehn gehörend betrachtete. Als ob die anderen eine Einheit für sich bildeten und ihm nicht annähernd so kostbar wären. »Diese beiden Brüder, meine Söhne«, nennt er sie. Er nennt sie nicht »eure Brüder«. Das klingt mir, als säe der Vater wieder die Saat der Bevorzugung. Wie müssen sich Ruben und die anderen gefühlt haben, als ihr Vater sagte: »Mir ist nur *dieser eine* Sohn geblieben«?

»Wenn ihr ihn hinunter nach Ägypten bringt und es stößt ihm etwas zu, würde mir das das Herz brechen«, sagt Jakob. Fatalismus herrschte vor im Herzen des alten Mannes. Wie tragisch!

Es kann sein, dass wir gemütlich dasitzen, dieses Buch in der Hand halten und die Geschichte lesen, wobei wir wissen, wie die Sache ausgeht, und dann sagen: »Ich sage euch: Ich hätte das sicher nicht getan. Ich hätte Gott vertraut, wenn ich in dieser Lage gewesen wäre.« Aber hätten Sie das wirklich getan? Nun, warum haben Sie ihm dann letzte Woche nicht vertraut? Was war es, was Sie davon abgehalten hat, die Hand Gottes in jener Sache zu erkennen, die Sie nicht meistern konnten? Erinnern Sie sich an die am kürzesten zurückliegende schwere Prüfung. Konnten Sie wirklich in Gott ganz ruhig bleiben? Oder haben Sie aus Angst den Panik-Knopf gedrückt?

Negatives Denken. Ein horizontaler Blick. Ein Gemüt, das verschlossen gegenüber Dingen bleibt, die neu oder unerwartet sind. Deshalb neigen wir zur Panik. Weil wir, menschlich gesprochen, programmiert sind auf Niederlagen. Wir haben uns Reaktionen angewöhnt, die Gott ausklammern. Wir wollen es nicht in diesen Worten ausdrücken, wir wollen es mit schönen Formulierungen anders erklären, anders benennen. Und sind wir nicht erleichtert, dass Gott nicht unsere Biografie hat drucken lassen?

Doch der Geist Gottes verbirgt nichts. Er zeigt uns die Seite an Jakob, die hässlich ist – jene unschöne Seite, die wir alle haben.

Eine andere Art, die Einflüsse auf die Reaktion eines Menschen zu analysieren, ist die, festzustellen, dass Jakob zu jener Zeit Großvater war, vermutlich Urgroßvater, vielleicht auch schon Ur-Ur-Großvater. Er war ein *Patriarch*, der zu seinen Söhnen hätte sagen sollen: »Jungs, die Dinge mögen schlecht aussehen, aber jetzt ist es Zeit, den überlegenen Zusagen Gottes zu vertrauen. Wir müssen uns einige davon ins Gedächtnis rufen. Er wird uns versorgen. Benjamin, lass uns auf die Knie gehen und lass uns um sicheres Geleit bitten und dann wollen wir sehen, was Gott tut. Es gibt einen Grund, warum er euch das Geld in eure Säcke hat stecken lassen. Es gibt einen Grund, weshalb er möchte, dass du nach Ägypten kommst. Wir wissen es nicht, warum, aber wir werden ihm vertrauen, dass er uns antwortet und die Lösung zeigt.«

Stattdessen reagierte Jakob mit Angst, Aberglaube, Wahnvorstellungen, Negativismus und Stolz. »Nein«, sagte er, »auf keinen Fall! Benjamin geht nicht mit.«

Klingt das nicht vertraut? Wir sammeln gerade so viele Informationen, dass wir den Eindruck bekommen, es könnte gefährlich werden, und dann fällen wir eine Hals-über-Kopf-Entscheidung. Wir finden uns wieder, ganz weit außen auf einem Alten Testament sitzend, während unser Stolz einen schwachen Glaubenszweig nach dem anderen absägt. Wir können nicht zugeben, dass wir einen Fehler gemacht haben, fehlerhaft geurteilt haben. Und um die Sache noch zu verschlimmern, verbreiten wir Angst-Bakterien in unserer Familie oder bei denen, die uns umgeben, oder in unserer Gemeinde. Und dann beharren wir auf unserem Widerstand, in sturer Entschlossenheit.

»Nie!«, sagte Jakob. Sein Stolz stand auf dem Spiel. Jetzt nachzugeben hätte ihn weich und schwach wirken lassen. Es gibt keine Möglichkeit mehr für ihn nachzugeben, auf die anderen einzugehen; er hat seine Seele ausgeliefert und den Fehdehandschuh hingeworfen. Er sagte außerdem: »Auf gar keinen Fall!« Er hatte keine Ahnung, dass er diese Worte schon ziemlich bald bereuen würde.

Da Bekennen gut ist für die Seele, ist es jetzt Zeit für mich, aus dem Versteck zu kommen und Ihnen zu erzählen, dass ich mich vielfach mit Jakobs ursprünglicher horizontaler Reaktion identifizieren kann. Auch ich musste meine eigenen Worte später bitter bereuen. Meine Gedanken führen mich zurück zu einem Anruf, den ich vor über fünf Jahren erhielt. Ich war zu jener Zeit Pastor und viele hätten mich damals um meinen Dienst beneidet. Über 20 Jahre lang hatte der Herr seinen Segen über uns ausgeschüttet. Alles lief – großartiges Personal, wunderbare Laien als

Kirchengemeinderäte, herrliche Musik, die unsere Band machte, viele und großartige Gruppen, die Unterstützung aller Art anboten, eine Jugendarbeit, die viele zu kopieren suchten, Vertrautheit mit den mich umgebenden Umständen und Menschen, Beliebtheit bei den Leuten und ein Dutzend anderer Vorzüge mehr, die ich aufführen könnte. Gottes Gnade, das kann ich Ihnen versichern, war überreich bei uns.

Dieser Telefonanruf enthielt eine Einladung an mich, den Ort meines Dienstes zu verlassen – und die Vertrautheit, die Freunde und die Familie, die wir länger als zwei Jahrzehnte aufgebaut und gepflegt hatten – und eine vollkommen neue Rolle an einem von Grund auf anderen Ort mit einer völlig anders gearteten Gruppe von Leuten zu übernehmen. Weg von der Gemeinde hin zu einer Lehrstätte. Weg von der Pastorenrolle, die ich mehr als 30 Jahre kultiviert hatte – der Hirte einer Herde zu sein –, hin zur Präsidentenrolle, von der ich nie geträumt hatte. Vom Bekannten zum Unbekannten. Von Kalifornien nach Texas. Von dem Zuhause, in dem wir die ganze Zeit gelebt hatten, in ein Appartment, das in eine Garage eingebaut war, das ich bewohnen würde, bis wir – erst Jahre später – uns niederlassen sollten. Nein danke! Ich konnte es nicht schnell genug sagen. Tatsächlich sagte ich: »Auf keinen Fall!«

Ich empfand das so nachdrücklich, dass ich zur Antwort auf das Telefonat einen zwei Seiten langen Brief schrieb, in dem ich in ganz und gar nicht unklaren Begriffen all meine Gründe darlegte. Es war eine wasserdichte, umsichtig und gekonnt geschriebene Verteidigung, die keinen Raum für Fragen ließ. Wenn ich mir so die Zukunft anschaute, sah ich nicht den leisesten Grund, eine solche Veränderung auch nur zu erwägen. Zumal nicht in meinem Alter oder meiner Lebenslage. Waren diese Leute durchgedreht? Mein Brief wurde abgeschickt – und damit hatte es sich.

Es gab da nur ein Problem: *Ich lag falsch*. Um ganz offen zu sein: Ich widerstand dem Vorschlag mehr, als dass ich offen dafür gewesen wäre. Um es zuzuspitzen: Alles in mir wollte sich an das Vertraute klammern, die Dinge einfach und unkompliziert erhalten, dort bleiben, wo ich war, alles gut zu Ende bringen und auf unserer röhrenden Maschine in den Sonnenuntergang hineinfahren, mit einem breiten Lachen im Gesicht und Cynthia hinter mir auf dem Motorrad. Aber Gott hatte eine andere Anordnung vor und die Veränderungen waren sogar drastischer, als ich erwartet hatte. Aber jetzt sind wir *genau* dort, wo Gott uns haben will, und tun *genau* das, was er für uns geplant hat, erreichen *genau* das, was er sich vorgenommen hatte, als ich noch über diese Vorstellung lachte und »Keinesfalls!« sagte. Und wir verbringen die wunderbarste Zeit unseres Lebens.

Verstehe ich Jakobs anfängliche Reaktion? *Unbedingt!*

JAKOB GIBT AM ENDE NACH

Interessanterweise geht es nach Gottes Plan. Er erreicht das immer, aber es tut weit mehr weh, wenn wir ihn bekämpfen und seiner Führung widerstehen, weil wir negativ denken, aus einem horizontalen Blickwinkel das Ganze betrachten und Veränderungen Widerstand leisten.

Zunächst lehnte Jakob ab und verzögerte alles.

> Die Hungersnot aber drückte das Land. Und als verzehrt war, was sie an Getreide aus Ägypten gebracht hatten, sprach ihr Vater zu ihnen: »Zieht wieder hin und kauft uns ein wenig Getreide!« Da antwortete ihm Juda und sprach: »Der Mann schärfte uns das hart ein und sprach: ›Ihr sollt mein Angesicht nicht sehen, es sei denn euer Bruder mit euch.‹ Willst du nun unsern Bruder mit uns senden, so wollen wir hinabziehen und dir zu essen kaufen. Willst du ihn aber nicht senden, so ziehen wir nicht hinab. Denn der Mann hat zu uns gesagt: ›Ihr sollt mein Angesicht nicht sehen, euer Bruder sei denn mit euch.‹«
>
> Gen 43,1-5

Gott war am Werk und das Ergebnis war, dass die Hungersnot nicht nachließ. Monate nach der Rückkehr seiner Söhne mit Korn aus Ägypten waren sie wieder in ernsten Problemen.

»Das war's. Das ist alles Korn, das wir haben. Der letzte Sack wird bald aufgebraucht sein, Vater.« (Ich muss lächeln, weil ich beobachte, wie Gott die Daumenschrauben fester anzieht, um sich durchzusetzen. Jakob hatte ja keine Ahnung, wie gering sein Widerstand war. Ich habe an derselben Stelle denselben Fehler gemacht.)

»Ja«, sagte Jakob. »Geht nach Ägypten und kauft uns noch einmal Getreide.«

»Wir können nicht dorthin gehen, wenn wir Benjamin nicht dabeihaben«, antwortete Juda. »Der führende Mann hat uns davor gewarnt, ohne ihn wiederzukommen.« Aber Jakob verharrte noch immer in der Verneinung, der Leugnung, war noch immer nicht bereit, sich den Tatsachen zu stellen. Er hatte es schon beim ersten Mal abgelehnt, sich das anzuhören, als seine Söhne aus Ägypten zurückkehrten. Er war nicht bereit, auch nur den kleinen Finger krumm zu machen, um seinem Sohn Simeon die Rückkehr zu ermöglichen. Lieber sagte er sich ganz fatalistisch, dass er Simeon ebenso abschreiben müsse wie er Jakob verloren hatte. So verzögerte er jede Reaktion.

Als Juda endlich versuchte, seinen Vater aus dieser Haltung der Leugnung und Verzögerung herauszuholen, antwortete Jakob in seinem zweiten Schritt mit *Beschuldigung und Betrug*.

> Israel sprach: »Warum habt ihr so übel an mir getan, dass ihr dem Mann sagtet, dass ihr noch einen Bruder habt?«
>
> Gen 43,6

Jakob ebnet seinen ärgerlichen Vorwurf ein und wendet jetzt wieder alles gegen sich selbst: »Warum musstet ihr mir das antun? Warum habt ihr dieses Problem über mich gebracht? Warum habt ihr diesem Mann überhaupt erzählt, dass ihr noch einen Bruder habt?«

Sie erinnern sich, Jakobs Name bedeutet »der Betrüger«; das entsprach auch seiner Eigenart. Daher sollte es uns nicht verwundern, dass hier dasselbe Muster wieder zutage tritt: »Warum habt ihr nicht einfach gelogen? Warum habt ihr ihm überhaupt die Wahrheit erzählt?«

Sprüche 12,22 sagt uns: »Der HERR hasst Lügner, aber er freut sich über ehrliche Menschen.«

Jakobs Reaktion, wenn er sich in die Enge getrieben fand, war die Lüge. Selbst wenn er mit dem Rücken zur Wand stand, war er noch immer zum Betrug bereit. Ist es ein Wunder, dass seine Söhne die Dinge taten, die sie taten? Ihr Vater hatte ihnen durch sein »Vorbild« beigebracht, dass es Zeiten gebe, in denen es am schlauesten sei, die Wahrheit ein wenig zu verdrehen. »Wen kümmert es, dass eine Lüge dem HERRN ein Gräuel ist? Warum habt ihr dem Mann je erzählt, dass ihr noch einen Bruder habt?«

Aber etwas geschah, wenn auch noch so unbemerkt, an dem verhärteten Gewissen seiner Söhne. Jetzt versuchten manche, Jakob dahin zu bringen, dass er ihnen zuhörte und sie verstünde. Wenn er nicht täte, was ihnen als richtig erschien, dann hätten sie entschieden, mit ihrem Vater gleichzuziehen.

»Hör zu, Vater«, sagten sie.

> Sie antworteten: »Der Mann forschte so genau nach uns und unserer Verwandtschaft und sprach: ›Lebt euer Vater noch? Habt ihr auch noch einen Bruder?‹ Da antworteten wir ihm, wie er uns fragte. Wie konnten wir wissen, dass er sagen würde: ›Bringt euren Bruder mit herab!‹?«
>
> Gen 43,7

Ihr Eltern, bitte hört hier genau zu! Manchmal befinden sich Ihre Kinder in einer sehr schwierigen Lage und versuchen, Ihnen ihre Sorgen und Ängste zu vermitteln. Aber Sie sind zu ärgerlich oder stolz und hören ihnen nicht zu. Stattdessen fangen Sie an, das Problem aus der Eltern-Perspektive zu lösen. Sie beginnen, Schuld zuzuweisen und Moral zu versprühen, noch bevor Sie sich alle Fakten angehört haben.

Ich bin nicht stolz auf meine rebellischen Jahre. Gott sei es gedankt, dass es nicht viele Jahre waren und dass sie nicht so intensiv verliefen, aber ich erinnere mich sehr genau daran. Ich erinnere mich auch, wann sie begannen – nämlich als ich merkte, dass meine Eltern mir nicht mehr zuhörten. Ich war kein Rebell von Grund auf, aber tief drunten in mir knirschten Dinge herum, über die ich mich wirklich *gern* mit meinen Eltern unterhalten hätte. Aber wann immer ich das versuchte, empfand ich, dass der eine oder andere oder beide mir das Wort abschnitt(en), bevor ich ausgeredet hatte. Ich musste meine Sätze im Stillen zu Ende sprechen und meine Kämpfe wurden als Rebellion ausgelegt. In meinem Fall war es dann so, dass ich einfach den Rückzug antrat. Die Entfernung wuchs und es dauerte Jahre, bevor ich diese Nähe wieder empfand – erst nachdem ich selbst Vater geworden war und dann meine eigenen Kinder aufzog.

Jakobs Söhne versuchten einfach nur, die Fakten sauber auf den Tisch zu legen, damit ihr Vater die Wahrheit erkennen konnte. »Vater, wir standen vor dem Mann, der des Pharaos rechte Hand ist, und er fragte uns gezielt danach, ob unser Vater noch lebe und ob wir noch einen Bruder hätten. Da haben wir ihm die Wahrheit gesagt. ›Ja‹, haben wir geantwortet. Wir hatten ja keine Ahnung, warum er danach fragte.«

Dann unterbreitete Juda sein Angebot. Sie erinnern sich, dass die Hungersnot noch nicht nachgelassen hatte. Sie mussten viele satt machen.

> Da sprach Juda zu Israel, seinem Vater: »Lass den Knaben mit mir ziehen, dass wir uns aufmachen und reisen und leben und nicht sterben, wir und du und unsere Kinder.«
>
> Gen 43,8

Juda brachte es auf den Punkt. »Wir können nicht ewig zögern und die Lage leugnen. Ich werde die Verantwortung für Benjamins Leben übernehmen. Wenn ihm irgendetwas zustoßen sollte, werde ich die Folgen mein Leben lang tragen. Los, Vater, lass uns zusammenarbeiten. Wenn wir nicht alles so lange hinausgezögert hätten, könnten wir schon zweimal dort unten gewesen und mit Nahrung zurückgekommen sein.«

Juda bot sich an, die Verantwortung zu übernehmen, die

Schuld auf sich zu nehmen, auch wenn jemandem die Schuld zuzuschieben ein unnützer Vorgang ist. Wenn man die Dunkelheit angiftet, macht das die Umgebung kein Fünkchen heller. Aber wir lieben es, Schuld zuzuschieben. »Vater«, sagte Juda, »wenn du jemanden brauchst, den du beschuldigen kannst, dann nimm mich. Aber lass Benjamin mitgehen. Mann, wir sterben sonst alle.«

Und so gab Jakob widerwillig nach. Seine Reaktion würde ich *Toleranz und Unsicherheit* nennen. Zunächst verzögerte er und leugnete er alles. Dann kamen Beschuldigung und Betrug. Und nun schließlich endete er mit Toleranz und Unsicherheit. Er war schon eine harte Nuss!

> Da sprach Israel, ihr Vater, zu ihnen: »Wenn es denn so ist, wohlan so tut's und nehmt von des Landes besten Früchten in eure Säcke und bringt dem Manne Geschenke hinab: ein wenig Balsam und Honig, Harz und Myrrhe, Nüsse und Mandeln. Nehmt auch anderes Geld mit euch, und das Geld, das ihr obenauf in euren Säcken wiederbekommen habt, bringt auch wieder hin. Vielleicht ist ein Irrtum da geschehen.«
>
> Gen 43,11-12

Vielleicht kann man seine Reaktion so lesen: »Nun, in Ordnung. Wenn ihr das durchziehen zu müssen glaubt, dann gebe ich euch die Regeln vor, nach denen ihr vorgehen sollt!« Kennen Sie diese Haltung? Und dann wandte er wieder ein altes Muster an. Er befahl ihnen, Geschenke mitzunehmen, Dinge, die aus Kanaan stammten und für das Land typisch waren. Wenn er in den Tagen Salomos gelebt hätte, hätte er Sprüche 21,14 zitiert: »Wenn jemand wütend auf dich ist, kannst du ihn besänftigen, indem du ihm heimlich ein Geschenk zusteckst.«

Jahre zuvor war er mit seinem Bruder Esau so umgegangen und es hatte funktioniert. Es könnte ja auch mit dem ägyptischen Premier funktionieren.

Jakob konnte alle Arten von Plänen sehen, aber er weigerte sich noch immer, Gottes Hand am Werk zu erkennen. Er konnte nicht sagen: »Seht her, Jungs, wir wissen nicht, was alles das bedeutet, aber wir wissen, dass wir verwirrt sind und Gottes Hilfe brauchen. Lasst uns uns Gott anvertrauen, damit er uns Schutz gewährt und Einblick in dieser Sache. Lasst uns ihn bitten, uns Weisung zu geben, wie wir verfahren sollen.«

Dies ist ein geeigneter Augenblick für mich, allen Eltern nahe zu legen, die Familie zum Gebet zusammenzurufen: »Hey, Kinder, lasst uns über dieser Sache beten, bevor wir vom Frühstück aufstehen.« Oder: »Wir wollen eine gewisse Zeit, sagen wir, den Samstagmorgen, damit verbringen, Gott in dieser Lage um Weisung zu bitten. Wir wissen nicht, wie es weitergehen soll und was zu tun ist.« Vielleicht ist einer Ihrer Söhne oder eine Ihrer Töchter drauf und dran, zur Rebellion überzugehen. Hören Sie Ihren Kindern zu. Hören Sie ihnen länger zu als üblich. Geben Sie sich alle Mühe, nicht dazwischenzufahren. Geben Sie zu, wenn Sie unsicher sind, wie Sie reagieren sollen. Dann setzen Sie sich hin, beten Sie zusammen und bitten Sie Gott um Führung und Weisung.

Jakob hat das nie getan. Sogar in seinen besten Augenblicken hat er bisher gesagt: »Vielleicht war es ein Versehen und wir können durch Geschenke erreichen, dass er uns geneigt ist.«

Das Nagen seines Hungers mag ihn bewogen haben, nicht länger zu widerstehen:

> Dazu nehmt euren Bruder, macht euch auf und geht wieder zu dem Manne. Aber der allmächtige Gott gebe euch Barmherzigkeit vor dem Manne, dass er mit euch ziehen lasse euren andern Bruder und Benjamin. Ich aber muss sein wie einer, der seiner Kinder ganz und gar beraubt ist.«

Gen 43,13-14

Wenn Sie eben noch gedacht haben sollten: *Na also, da zeigt sich doch der Patriarch in Aktion, unser Vorbild!* – gerade dann sagt Jakob: »Nehmt Benjamin und geht und möge El Shaddai mit euch gehen und dieser Ägypter Mitgefühl mit euch haben, damit er Simeon und Benjamin am Leben lässt. Aber was mich betrifft – ich armer Mensch – wenn keiner von euch zurückkommt, muss ich eben damit leben.« Da haben wir's – das Seufzen eines bekümmerten Vaters.

Jakob redete zu viel. Wenn er doch nur seine Abschiedsrede beendet hätte mit »... am Leben lässt«. Ohne Selbstmitleid. Ohne Jammern. Dann wären seine Söhne losgezogen mit dem Nachklang von »El Shaddai« im Ohr. Und mit dem Gedanken *Gott der Allmächtige wird uns Mitgefühl erweisen. Gott der Allmächtige wird Vorsorge treffen, genau so, wie uns unser Vater ins Gedächtnis gerufen hat.* Aber nein, Jakob nahm wieder einmal den unteren Weg. Wie jemand es einmal ausgedrückt hat: »Es handelt sich (bei Jakobs Anweisung an seine Söhne) um eine Feststellung der Resignation, um eine Bereitschaft, das negativste Ergebnis anzunehmen.«[38]

> Da nahmen sie diese Geschenke und das doppelte Geld mit sich, dazu Benjamin, machten sich auf, zogen nach Ägypten und traten vor Joseph.
>
> Gen 43,15

Ich frage mich, worüber diese zehn Männer, diese erwachsenen Söhne Jakobs, auf dieser Reise von Kanaan nach Ägypten gesprochen haben mögen. Ich stelle mir vor, dass sie dieselben Themen behandelten, die sie schon auf der Rückreise von Ägypten besprochen haben, und was wir besprochen hätten, wenn wir damals in ihrer Haut gesteckt hätten. Ich gehe auch davon aus, dass diese Männer am Zerbrechen waren. Vielleicht sprachen sie darüber, wie sehr sie ihren Bruder Joseph vermissten. Jetzt, wo Benjamin bei ihnen war, könnte es sein, dass sie es für den angemessenen Zeitpunkt hielten, ihm gegenüber ihre Reue über die Handlungen der Vergangenheit auszudrücken. Sie mögen gemeinsam ernsthaft El Shaddais Kraft und Schutz erbeten haben. Ich möchte so sehr gerne glauben, dass Gott begann, ihre Herzen vor ihm zum Schmelzen zu bringen. Darin liegt tatsächlich die Schönheit in der Entwicklung dieser Geschichte.

DIE RÜCKKEHR ZU DEN
URSPRÜNGLICHEN AXIOMEN ...
UND EIN PAAR KURSKORREKTUREN

Wenn wir auf der Reise von Kanaan nach Ägypten sind, neigen wir eher dazu, negativ gestimmt zu sein als positiv. Wir neigen dazu, unser Leben aus der Horizontalen zu betrachten, statt aus der Vertikalen. Wir neigen dazu, Neuem und Unerwartetem gegenüber eher Widerstand zu leisten als offen zu sein. Im Ergebnis sind wir häufiger abweisend, misstrauisch, verschlossen. Wenn uns das Unerwartete bedroht, bringen wir unsere Abwehr in Position. Oder wir hissen das Banner des Verfolgungswahns: »Alle sind gegen mich. Niemand versteht mich.« Wir müssen einige Techniken der Kurskorrektur lernen, um diese Gewohnheiten zu durchbrechen!

Ich weiß von mindestens dreien, die bei mir funktioniert haben:

1. *Erkennen Sie Ihre negative Haltung und gestehen Sie sie sich ein!* Ein großer Teil der Therapie liegt in diesem Bekenntnis. Unmittelbare Korrektur beginnt mit einem aufrichtigen Eingeständnis. Erkennen Sie an, stellen Sie fest, gestehen Sie sich ein, dass Sie eine negative Mentalität entwickelt haben. Verstecken Sie sie nicht mehr. Hören Sie auf, sie zu leugnen. Das wird Ihnen helfen und ich sage einfach: »Ich habe mir angewöhnt negativ zu denken.«

2. *Zwingen Sie sich zu einer vertikalen Betrachtung der Dinge, bis sie Ihnen von allein zufällt.* Ich habe nie erlebt, dass eine Angewohnheit einfach von alleine verschwindet. Wir müssen uns bewusst Mühe geben, wenn wir lang eingeschliffene Gewohnheiten durchbrechen wollen. Wenn Sie heute eine negative Art zu denken haben, dann werden Sie morgen früh mit hoher Wahrscheinlichkeit beim Aufwachen immer noch so negativ denken. Tatsächlich werden Sie morgen früh darin sogar noch besser sein, weil Sie es einen Tag länger geduldet haben. Daher müssen Sie sich zu einer vertikalen Blickrichtung

zwingen. Zunächst bedeutet es, dass Sie um Kraft beten müssen. Dann antworten Sie bewusst mit Kraft: »Könnte es sein, dass Gott hinter all dem steckt? Versucht Gott vielleicht, durch all dieses zu mir durchzudringen?« Oder: »Wie möchtest du, Herr, dass ich jetzt auf die Dinge reagiere?« Oder: »Herr, mache mich doch sicher in meiner Einschätzung, was jetzt zu tun ist. Ich räume meine Neigung ein, dich auf Abstand zu halten. Das ist die Reaktion meines Fleisches. Ich lade dich ein, in mein Leben zu treten und mir zu helfen, mit diesem Denken umzugehen. Gib mir eine deutliche Wegweisung, wie ich so reagieren kann, dass es dir gefällt, oder gib mir die Stärke durchzuhalten.« So kann man sich zu einer vertikalen Blickrichtung zwingen.

3. *Bleiben Sie gegenüber einer neuen Idee wenigstens fünf Minuten lang offen.* Versuchen Sie nicht, es gleich einen ganzen Tag durchzuhalten, sonst werden Sie fast in Panik geraten. Versuchen Sie es täglich nur fünf Minuten lang. Wenn Ihnen plötzlich etwas Neues, Unerwartetes gegenübersteht, reagieren Sie nicht sofort mit einem absoluten »Nein! Niemals!« Warten Sie fünf Minuten ab. Schieben Sie Ihre Reaktion auf. Ertragen Sie die Möglichkeit fünf Minuten lang. Sie werden überrascht sein, welche Vorteile es mit sich bringt, wenn Sie diese 300 Sekunden lang offen sind.

Ich habe keine Ahnung, wo Sie heute stehen und wie das alles auf Sie wirkt. Aber eines weiß ich: Das Leben ist voll von Änderungen und Herausforderungen, die anzugehen uns Schwierigkeiten machen können. Es mag sogar schwer sein sie anzugehen, obwohl Sie eine positive, vertikale Mentalität haben. Statt Ihnen eine weitere Geschichte zu erzählen, die die Vorteile darlegt, die solch eine Reaktion mit sich bringt, oder statt Ihnen eine Seite voller Bibelverse zu zitieren, die bezeugen, wie wertvoll und gut es ist, Gott zu vertrauen, statt jeder Änderung zu widerstreben, möchte ich hier innehalten und beten. Es sind zwar meine eigenen Worte, aber ich möchte, dass Sie sich darin wieder finden.

Herr unser Gott,
ich kann nicht wissen, wer heute meine Worte liest oder was er oder sie gerade durchmacht. Aber eines weiß ich: Du bist immer noch El Shaddai, der Gott unbegrenzter Macht, grenzenloser Kraft, überwältigender Stärke. Kein Hindernis, das gegen dich aufgebaut sein mag, kann dich aufhalten. Niemand könnte dich beeindrucken oder gar erschrecken. Nichts ist dir zu schwer. Außerdem kennst du das Ende der Geschichte – der Geschichte Josephs, aber auch unserer – und so hast du die Fähigkeit, alles zu einem guten Ende zu bringen. Daher brauchen wir uns nicht zu sorgen oder zu fürchten.

Aber wir sind nur Menschen. Das heißt, wir neigen dazu, negativ zu denken, einen horizontalen Blickpunkt einzunehmen und neuen Gedanken gegenüber zu widerstreben. Und doch sind wir in unserem Leben an eine Stelle geraten, wo wir diese Neigungen leid sind, sie über haben. Wir brauchen dich, El Shaddai, deine Stärke, damit wir diese unsere Gewohnheiten aufbrechen können, und wir brauchen deine Kraft, El Shaddai, um der Zukunft mutig ins Auge zu schauen.

Mit deiner Hilfe wollen wir heute neu anfangen. Gib uns neue Hoffnung, damit wir positiv zu denken beginnen, damit wir deinem überlegenen Einfluss vertrauen, was uns auch begegnet. Schenke uns ansteckende Begeisterung, wenn wir diesen neuen Weg des Denkens und Lebens beschreiten. Richte unseren Blick auf, rücke unsere Ausrichtung zurecht, von der Horizontalen in die Vertikale. Hilf uns, in Würde alt zu werden und zu sagen: »Ja, das Leben ist voller Herausforderungen«, und: »Ich bin offen für die Veränderungen, die das Leben noch bringt.«

Dies alles bitte ich dich im Namen Jesu Christi.

Amen.

KAPITEL ACHT

Angst durch Gnade austreiben

Als nach dem Zweiten Weltkrieg der Eiserne Vorhang quer durch Europa gezogen wurde, fühlten sich ganze Völker gefangen. Man hörte die unglaublichsten Geschichten, wie Leute den kommunistischen Regimen entkamen und wie sie dann zu ihren Verwandten im Westen gelangten. Gelegentlich brachten die Abendnachrichten so eine schlagende Geschichte mit Bildern vom gefühlsgeladenen Augenblick des Wiedersehens, wenn Verwandte sich nach Jahren der erzwungenen Trennung wiedersahen. Jedes Mal war das Einander-in-die-Arme-Schließen unbeschreiblich und ein Bild sagte mehr als tausend Worte es gekonnt hätten: Dieser Anblick von weit geöffneten Armen, das Aufeinander-zu-Rennen, die Umarmung, die nicht aufhören wollte, das Tanzen, Schreien und Weinen der Freude.

Ähnlich erging es wohl allen Amerikanern, die die Szene sahen, als im Jahr 1973 aus einem Flugzeug 143 mutige Männer wankten – manche gebeugt, andere verkrüppelt, aber alle waren Kriegsgefangene gewesen, die man nun aus den Gefängnissen von Nordvietnam entlassen hatte. Der ranghöchste Soldat an Bord dieses ersten Flugzeuges, der 48-jährige Kapitän zur See, Jeremiah Denton, der fast acht Jahre lang gefangen gewesen war, stand vor dem Mikrofon und sagte mit zitternder Stimme: »Wir fühlen uns geehrt, dass wir die Möglichkeit hatten, unserem Land unter schwierigen Umständen zu dienen. Wir danken unserem höchsten Befehlshaber und unserer Nation von ganzem Herzen für diesen Tag.« Und nach einer Pause war er in der Lage hinzuzufügen: »Gott segne Amerika!« Dann fielen er und die anderen, die man in die Freiheit ausgeflogen hatte, in die Arme ihrer wartenden Familien.

Worte können die Gefühle, die bei solchen Szenen entstehen, nicht wiedergeben. Sie sich bloß vorzustellen treibt einem die Tränen in die Augen. Ich meine das ganz wörtlich, wenn ich sage, dass solche Szenen beinahe zu gefühlsgeladen sind, als dass man sie objektiv analysieren könnte – zu heilig, als dass man sie beobachten sollte. Da stehen Familienmitglieder, die von der Erinnerung gelebt haben und qualvolle Stunden zugebracht haben, in denen sie sich gefragt haben mögen, ob sie einander je wieder sehen würden. Und als das Leben einfach weiterging und sie weiterhin getrennt waren, verging nicht ein Tag, an dem sie nicht aneinander gedacht hätten. Und dann waren sie plötzlich wieder beieinander – und versuchten mühsam, diese Jahre der Trennung in Worte zu fassen. Die Liederdichterin Fanny Crosby hat es einmal so gesagt: »Verbindungsseile, die gerissen waren, … schwingen wieder.«

Eine Szene, die diesen nicht unähnlich ist, wird sich gleich in der Geschichte Josephs abspielen. Wieder ist es äußerst schwierig, die Gefühle, die sie umgeben, in Worte zu fassen – wenn die Brüder einer Familie, die länger als zwei Jahrzehnte getrennt waren, demnächst wieder vereint sein werden.

UNTERWEGS VON KANAAN NACH ÄGYPTEN – WIEDER EINMAL

Während wir uns diesem Abschnitt der Josephs-Geschichte nähern, ist Simeon noch immer als Pfand in Ägypten und Jakobs andere Söhne gehen mit ihrem jüngsten Bruder erneut in dieses Land. Sie haben einen vierfachen Auftrag: Sie müssen ihre Glaubwürdigkeit beweisen, müssen nachweisen, dass sie keine Spione sind, sie müssen Simeon auslösen und noch einmal Korn kaufen. Sie wollen auch das Geld zurückgeben, das man ihnen am Ende der ersten Reise in ihre Säcke gesteckt hatte, tatsächlich haben sie nun doppelt so viel Geld mitgebracht, wie Sie sich sicher erinnern. Schließlich kommen sie an – voller Fragen und Sorgen. *Wird der ägyptische Premier Simeon freilassen? Wird er uns gnädig aufnehmen, wenn wir das Geld zurückgeben oder wird er uns alle einsperren wie unseren Bruder? Wird er uns heimkehren lassen?*

Die Männer zitterten. Sie wussten nicht, was sie in Ägypten erwarten würde. Sie wussten nicht, ob sie Simeon je wieder sehen würden, ob er überhaupt noch am Leben war. Sie hatten keine Ahnung, was geschehen würde, wenn sie wieder vor dem königlichen Herrscher stehen würden.

> Da nahmen sie diese Geschenke und das doppelte Geld mit sich, dazu Benjamin, machten sich auf, zogen nach Ägypten und traten vor Joseph. Als Joseph sie sah mit Benjamin, sprach er zu seinem Haushalter: »Führe diese Männer ins Haus und schlachte und richte zu, denn sie sollen zu Mittag mit mir essen.« Und der Mann tat, wie ihm Joseph gesagt hatte, und führte die Männer in Josephs Haus.
>
> Gen 43,15-17

Schuld plagte die Söhne Jakobs. Sie lastete schwer auf ihren Schultern und flüsterte ihnen ins Ohr. Bei mehr als einer Gelegenheit hatten sie durchlebt, was sie ihrem jüngeren Bruder Joseph vor mehr als 20 Jahren angetan hatten. All die Erlebnisse auf ihren Reisen von und nach Ägypten hatten ihr Gewissen angerührt. Sie erinnerten sich, aber noch hatten sie ihre schlimmen Taten nicht vollends bereut. Das sollte noch kommen – oh ja!

ÄNGSTLICHE BRÜDER BEI JOSEPHS DIENER

Unsere Geschichte verschiebt den Schwerpunkt schnell von den unruhigen Brüdern zu dem aufgeregten Joseph, der ihre Ankunft kaum erwarten kann. Ohne dass sie etwas davon wissen, sieht Joseph seine Brüder mit den Augen der Erinnerung – aber aus der Entfernung. Endlich erlebt er die Erleichterung, sie nach Ägypten zurückkehren zu sehen! Er hatte vermutlich gewartet und Ausschau gehalten und sich gefragt, ob sie seine Herausforderung annehmen würden oder Simeon seinem Schicksal überlassen würden, wie sie es mit ihm vor so vielen Jahren getan hatten. Joseph zwang sich, ruhig zu bleiben.

Bankett-Pläne

Er zählte sie durch und merkte, dass Benjamin bei ihnen war. *Das ist also Benjamin*, dachte er, als er seinen jüngsten Bruder anstarrte. Wie muss Joseph das Herz im Halse geschlagen haben, als er diesen Mann sah, der damals noch ein Junge war, als Joseph von seiner Familie fortgerissen wurde. *Es ist an der Zeit, dass wir dieses Fest feiern*, sagte er zu sich, dann befahl er seinen Dienern, das Mahl zu bereiten und die Männer aus Kanaan in sein Heim zu bringen.

Ich habe mich oft gefragt, was sich Josephs Diener bei all dem gedacht haben mögen. Es muss ihnen doch zumindest befremdlich erschienen sein: Warum sollte der Premier diese Männer einladen, diesen staubigen, dreckigen Stamm hebräischer Nomaden – und dann zu einem Festessen? Aber der Verwalter gehorchte seinem Herrn. Er ließ das Bankett vorbereiten, wie befohlen, und brachte die Israeliten in Josephs Haus.

Eine beunruhigende Erklärung

Sie fürchteten sich aber, weil sie in Josephs Haus geführt wurden, und sprachen: »Wir sind hereingeführt um des Geldes willen, das wir in unsern Säcken das vorige Mal wieder gefunden haben; man will auf uns eindringen und über uns herfallen und uns zu Sklaven machen und uns die Esel nehmen.« Darum traten sie zu Josephs Haushalter und redeten mit ihm vor der Haustür und sprachen: »Mein Herr, wir sind das vorige Mal herabgezogen, Getreide zu kaufen, und als wir in die Herberge kamen und unsere Säcke auftaten, siehe, da war eines jeden Geld oben in seinem Sack mit vollem Gewicht. Darum haben wir's wieder mit uns gebracht, haben auch anderes Geld mit uns herabgebracht, Getreide zu kaufen. Wir wissen aber nicht, wer uns unser Geld in unsere Säcke gesteckt hat.«

Gen 43,18-22

Inzwischen sind all diese erwachsenen Männer beinahe außer sich vor Angst. Was ging hier vor? Ihre eigene Schuld ließ ihre Angst noch weiter wachsen. Immer ist es so, dass ungelöste Schuld die Angst vergrößert. *Es muss sich um das Geld drehen*, dachten sie. Und daher überschlugen sie sich beinahe, um dem zweisprachigen Diener des Premiers die Sache zu erklären.

William Shakespeare hat in »König Heinrich VI« geschrieben: » Misstrauen verfolgt das schuldige Gewissen immer.«[40] Wenn Sie sich schuldig fühlen wegen eines Unrechtes, das Sie begangen haben, dann spielt alles, was geschieht, irgendwie dort hinein und führt dazu, dass Ihre Wahrnehmung und Ihr Misstrauen pulsieren: *Man wird es aufdecken.*

Beachten Sie, was Josephs Brüder fürchteten: »Er mag versuchen, einen Anlass zu finden, den er uns entgegenhalten könnte und dessentwegen er über uns kommen und uns zu Sklaven machen könnte.« Sie hatten ihren eigenen Bruder in die Sklaverei verkauft, und jetzt war es genau das, was sie als ihr eigenes Schicksal befürchteten. Durch Schuld gelähmt, fürchteten sie das *Schlimmste*, während Joseph, von Gnade beseelt, das *Beste* für sie vorbereitete.

Schuld führt dazu, dass wir zu unpassenden Zeiten befremdliche Sachen sagen. Ich erinnere mich, über einen Brief gelesen zu haben, der wirklich an die Steuerbehörde geschrieben worden sein soll: »Sehr geehrte Damen und Herren«, hieß es da, »seit letztem Jahr kann ich kaum schlafen, weil ich bei meiner Einkommenssteuer-Erklärung mein Einkommen falsch angegeben habe. Ich füge einen Scheck über 150 $ bei.« Dann kam als Schlusszeile: »Wenn ich dann immer noch nicht schlafen kann, schicke ich Ihnen den Rest.« Das ist eine Reaktion auf ungelöste Schuld.

Dr. Paul Tournier, ein Mediziner, der sich in Dingen des Glaubens auskennt, hat ein ganzes Buch über Schuld und Gnade geschrieben. Darin hat er die folgenden einsichtsvollen Gedanken über Schuldgefühle geschrieben:

> Die Öffentlichkeit ist sich im Allgemeinen nicht bewusst, wie viele Qualen die meisten Ärzte durchleiden, auch nicht wie viele Ängste sie wegen manchen Falles ausstehen; sie sind dauernd in einem Zustand der äußersten Wachsamkeit: Habe ich einen wichtigen Punkt bei meiner Untersuchung übersehen? Habe ich etwas falsch diagnostiziert? Gibt es eine wirksame Behandlungsmethode, die ich nicht kenne oder an die ich nicht gedacht habe? Sie brüten darüber, manchmal bis zur Besessenheit.
>
> Ähnlich geht es Eltern eines Kindes, das einem Unfall zum Opfer gefallen ist. Fragen bedrängen ihr Gemüt. Sie wägen die Umstände des Dramas ab, das möglicherweise durch eine Winzigkeit hätte vermieden werden können. Sie erinnern sich an eine Nebensächlichkeit, die sie zur Vorbeugung hätten unternehmen oder bewirken können, aber die ihnen zu unwichtig erschienen war.
>
> Es mag brutal sein, es so zu formulieren, aber es gibt kein Grab, neben dem nicht eine Flut von Schuldgefühlen das Gemüt überfällt.[40]

Jeder, der mit dem Sterben so viel zu tun hat wie ein Pastor, wird zugeben, dass Tournier hier richtig liegt. Neben dem Grab sieht man oft Schuld auf den Gesichtern der Trauernden. *Hätte ich mehr tun können? Habe ich zu wenig unternommen? Wenn ich etwas anders gemacht hätte, hätte er dann länger gelebt? Weniger erlitten?*

Diese Männer hier hatten zwar nicht mit der Schuld an einem Grab zu kämpfen, aber doch mit ganz ähnlichen Anstrengungen.

Die Schuld kommt auf jeden von uns zu. Sicher jedenfalls auf Josephs Brüder. Obwohl sie nun vor einem namenlosen Diener Ägyptens standen, der freundlich mit ihnen redete, den sie nie in ihrem Leben getroffen hatten, machten sie ihm ein Geständnis.

»Wir wissen nicht, wie das Geld bei der ersten Reise in unsere Säcke geraten ist, aber hier ist es. Wir haben auch zusätzliches Geld mitgebracht, um noch einmal Korn zu kaufen. Deshalb sind wir hier ...«

Eine beruhigende Antwort

> Er aber sprach: »Seid guten Mutes, fürchtet euch nicht! Euer Gott und eures Vaters Gott hat euch einen Schatz gegeben in eure Säcke. Euer Geld habe ich erhalten.« Und er führte Simeon zu ihnen heraus.
>
> Gen 43,23

Ich liebe die Antwort des Verwalters. »Seid beruhigt«, sagte er zu ihnen. Die hebräische Bibel hat hier nur die Formulierung »Schalom«. Der Verwalter, der ihre Sprache, die bekannt war, verstand, benutzte ihr Wort für »Frieden«. Er sagte also im Endeffekt: »Schalom, euch Männern – Friede sei mit euch. Seid beruhigt. Bleibt gelassen. Habt keine Angst.« Und dann sprach dieser Ägypter zu ihnen über ihren Gott. »Euer eigener Gott ist es, der euch den Schatz in die Säcke gesteckt hat. Niemand denkt, dass ihr ihn gestohlen hättet. Ich weiß, was geschehen ist: Ich habe das Geld selbst hineingesteckt; ich hatte euer Geld in der Hand. Es war ein Schatz von Elohim, dem Gott eures Vaters.«

Die Männer hatten das Schlimmste befürchtet und sich gefragt, wann sie der nächste Schlag treffen würde. Stattdessen sagte der Verwalter zu ihnen: »Schalom! Elohim hat es getan – wieder mal!« Welch ein Vorwurf! Und übrigens ist es eine interessante Überraschung, dass dieser ägyptische Verwalter so viel tiefer etwas von Theologie verstand. Zweifellos ist das der jahrelange Einfluss Josephs gewesen. Er personifiziert, was wir im vorhergehenden Kapitel betrachtet haben – die vertikale Perspektive.

Josephs Brüder hatten nicht im Traum daran gedacht, die Rückgabe ihres Geldes mit dem Überfluss der Gnade Gottes in Verbindung zu bringen. Weshalb nicht? Weil ihre *Schuld* sie davon abhielt, in ihrem Leben die Hand Gottes am Werk zu sehen. (Das tut sie immer!) Doch die unverdiente Gunst Gottes war im Überfluss zu ihnen gekommen: Korn in Fülle, Geld in Fülle. Und nun wurde ihnen auch ihr Bruder Simeon zugesellt, gesund und heil. Gnade im Überfluss.

DANKBARE BRÜDER BEI JOSEPH

… und brachte sie in Josephs Haus, gab ihnen Wasser, dass sie ihre Füße wuschen, und gab ihren Eseln Futter. Sie aber richteten das Geschenk zu, bis Joseph mittags käme; denn sie hatten gehört, dass sie dort essen sollten.

Gen 43,24-25

Diese Lage hatte die Söhne Jakobs total verwirrt. Sie waren gekommen, beladen mit Geld und Gaben, in der Hoffnung, die Gunst des ägyptischen Premiers zu erwerben. Und was noch wichtiger war, sie hatten Benjamin mitgebracht, wie der Mann verlangt hatte. Statt nach ihm befragt zu werden, hatte man sie in das Haus des Premierministers zu einem Festessen eingeladen, wo sie sich vorher erfrischen, ein bisschen Theologie von einem ägyptischen Verwalter lernen und mit Simeon wiedervereint werden konnten.

Die Vollendung der Wiedervereinigung

Als Joseph eintrat, überreichten sie ihm die Geschenke und warfen sich vor ihm nieder. Er erkundigte sich, wie es ihnen ging. »Was macht euer alter Vater, von dem ihr mir erzählt habt?«, fragte er. »Lebt er noch?« »Ja«, antworteten sie, »und es geht ihm gut.« Dann warfen sie sich erneut vor ihm nieder.

Gen 43,26-28

Plötzlich tritt der Premier auf. Sie beeilen sich, ihm ihre Geschenke zu überreichen. Aber er war weder ärgerlich noch hart zu ihnen. Er marschierte nicht auf und ab, stieß keine Drohungen aus und verlangte nicht, Benjamin zu sehen. Er erschien überglücklich, sie wieder zu sehen. Beinahe sofort fragte er sie nach ihrem Vater aus. War der alte Mann noch am Leben? Ging es ihm auch gut?

»Ja, ja, er lebt noch«, antworteten sie. »Er ist über 100 Jahre alt, aber er erfreut sich noch bester Gesundheit.«

Trotz der guten Laune des Beamten, trotz seines aufrichtigen Interesses, trotz seiner Besorgtheit um ihren Vater blieben sie doch unter Spannung und in Ängsten, wussten noch immer nicht, was sie von diesem mächtigen Mann zu erwarten hatten.

Dann kam einer dieser seltenen Augenblicke, die ich am Anfang dieses Kapitels erwähnt habe und die sich jeder Beschreibung entziehen:

> Und er hob seine Augen auf und sah seinen Bruder Benjamin, seiner Mutter Sohn, und sprach: »Ist das euer jüngster Bruder, von dem ihr mir sagtet?« Und sprach weiter: »Gott sei dir gnädig, mein Sohn!«
>
> Gen 43,29

Den Gefühlen freien Lauf gelassen

Hier haben wir einen der beredtesten Sätze der Bibel: »Er hob seine Augen auf und sah seinen Bruder Benjamin.«

Joseph sah auf und sah seinen leiblichen Bruder das erste Mal seit über 20 Jahren. »Er sah Benjamin, den Sohn seiner eigenen Mutter.« Der einzige Bruder, mit dem er beide Elternteile gemeinsam hatte – derselbe Vater, dieselbe Mutter. Die anderen Männer waren seine Halbbrüder, aber Benjamin war dem Blute nach ganz sein Bruder, seine einzige direkte Verbindung mit seiner Mutter Rahel.

Da stand Joseph nun, Tränen drohten in seinen schwarzen Augen aufzusteigen, als er in dieses geliebte Gesicht sah. »Ist dies der jüngste Bruder, von dem ihr mir erzählt habt?«, fragte er und rang um Fassung.

»Ja, das ist Benjamin.«

Und Joseph sagte sanft: »Möge Gott dir gnädig sein, mein Sohn.«

Plötzlich brach dieser große Mann mit dem starken Willen und der hohen Leistungsfähigkeit, dieser Premier einer mächtigen Nation innerlich zusammen. Wie wir andern auch erleben große Männer und Frauen Zeiten im Leben, in denen sie ihre Gefühle nicht mehr unter Kontrolle halten können. Sie verlieren die Fassung und die Gefühle übernehmen das Regiment. Genau das passierte Joseph in diesem so lange herbeigesehnten Augenblick. Oft müssen wir uns zurückziehen, allein sein, um unsere Fassung wiederzuerlangen. Das tat Joseph auch.

> Und Joseph eilte hinaus; denn sein Herz entbrannte ihm gegen seinen Bruder, und er suchte, wo er weinen könnte, und ging in seine Kammer und weinte daselbst.
>
> Gen 43,30

Können Sie sich die Szene vorstellen? Plötzlich eilt dieser gut aussehende Führer von Millionen Ägyptern hinaus in sein Schlafgemach und bricht dort in Tränen und Schluchzen aus. All diese Jahre rasen im Rückblick an ihm vorbei. Alle Einsamkeit. Aller Verlust. All die Jahreszeiten, die Geburtstage und sonstigen besonderen Anlässe in der Familie. Es war zu viel, als dass er es hätte zurückhalten können. Wie ein Fluss, der sich in den See ergießt und über den Damm steigt. Seine Tränen liefen und abgrundtiefe Schluchzer schüttelten ihn. Plötzlich war er wieder ein kleiner Junge, der seinen Vater vermisste.

Meine Gedanken eilen zu anderen großen Männern in der Bibel, die manchmal von ihren Gefühlen überwältigt wurden.

David trauerte, als er seinen geliebten Sohn Absalom verlor, und rief aus: »Mein Sohn Absalom! Mein Sohn, mein Sohn Absalom! Wollte Gott, ich wäre für dich gestorben! O Absalom, mein Sohn, mein Sohn!« (2. Sam 18,35)

Hiob hatte alles verloren, auch seine zehn Kinder und seine Gesundheit. Da schrie er zum Herrn: »Ausgelöscht sei der Tag, an dem ich geboren bin, und die Nacht, da man sprach: ›Ein Knabe kam zur Welt!‹ ... Warum bin ich nicht gestorben bei meiner Geburt? Warum bin ich nicht umgekommen, als ich aus dem Mutterleib kam?« (Hiob 3,3 + 11)

Elia erhielt nach Gottes großem Sieg über die Propheten Baals auf dem Berg Karmel die Drohung Isebels, dass er innerhalb 24 Stunden umgebracht sein würde. »Er aber ging in die Wüste eine Tagereise weit und kam und setzte sich unter einen Wacholder und wünschte sich zu sterben und sprach: ›Es ist genug, so nimm nun, HERR, meine Seele; ich bin nicht besser als meine Väter.‹« (1. Kön 19,4)

Sogar die Glaubensriesen hatten Zeiten, in denen sie einfach vor Gott explodierten.

Bedenken Sie mal genauer unseren großen geistlichen Vorfahren Moses. Er war viele lange Kilometer durch die unfruchtbare Wüste gewandert, hatte die Hebräer zu dem verheißenen Land gebracht. Obwohl Gott sie auf wundersame Weise und sicher aus Ägypten herausgebracht hatte, begannen die Leute sich zu beklagen, sobald sie durchs Rote Meer gekommen waren. Sie waren die Hitze leid. Sie waren das Essen leid. Es schmeckte immer gleich. Sie waren das Wasser leid, es schmeckte brackig. Sie waren Sand und Geröll leid und die endlose Wüste. Sie wollten Ägypten zurückhaben mit all seinen Vorteilen. Klagen, Klagen, Klagen. Murren, Murren, Murren. Stöhnen. Seufzen. Jammer. Geheul.

Plötzlich sagt Moses in einem Gefühlsausbruch: »Genug! Ich habe genug!«

»Und Mose sprach zu dem HERRN: ›Warum bekümmerst du deinen Knecht? Und warum finde ich keine Gnade vor deinen Augen, dass du die Last dieses ganzen Volkes auf mich legst? Hab ich denn all das Volk empfangen oder geboren, dass du zu mir sagen könntest: Trag es in deinen Armen, wie eine Amme ein Kind trägt, in das Land, das du ihren Vätern zugeschworen hast? Woher soll ich Fleisch nehmen, um es all diesem Volk zu geben? Sie weinen vor mir und sprechen: Gib uns Fleisch zu essen. Ich vermag all das Volk nicht allein zu tragen, denn es ist mir zu schwer. Willst du aber doch so mit mir tun, so töte mich lieber, wenn anders ich Gnade vor deinen Augen gefunden habe, damit ich nicht mein Unglück sehen muss.‹«

Num 11,11-15

Wenn Sie die volle Wirkung dieses Zusammenbruchs von Mose nachempfinden wollen, dann lesen Sie diesen Abschnitt noch einmal laut, mit Gefühl. Stellen Sie sich das einmal vor! Er spricht zum Herrgott hier, dem Allmächtigen, zu El Shaddai selbst.

»Habe ich all diese Leute geboren? Warum muss ich den Babysitter für sie machen? Woher soll ich Fleisch für sie alle nehmen? Sie weinen mir die Ohren voll, dass sie Fleisch wollen. Ich habe einfach genug! Bring mich um, Herr. Lass mich hier raus … hole mich aus diesem Elend!«

Ist das eine Art, mit Gott zu sprechen? Man sollte doch meinen, dass der Herr ihn einfach mit einem Sinai-Blitz-und-Donner ausgelöscht hätte. Hat er aber nicht.

Ich habe einen Freund, der einen Sohn verloren hat. Sie fanden den Jungen ertrunken auf dem Boden des Schwimmbades eines Nachbarn. Mein Freund und seine Frau haben seitdem getrauert, nach dem Ende der öffentlichen Trauer in ihren Herzen. »Bis heute«, erinnere ich mich ihn sagen zu hören, »gibt es Zeiten, wo ich die Gefühle mit aller Macht ersticken muss.«

»Kurz nachdem er ertrunken war«, sagte er, »nahm ich mein Auto und fuhr auf der Los-Angeles-Autobahn einige Kilometer weit. Während der Fahrt schlug ich zu mit Worten, die ich außerhalb des Autos niemals sagen würde. Niemand sonst war da und ich ließ allen Gefühlen freie Bahn, der Trauer und der Wut, der Reue und der Verwirrung, ich lud alle ab, ließ sie frei sausen. Nach über zwei Stunden, in denen ich mich so beschäftigte, fuhr ich das Auto zurück, bog in die Auffahrt ein, stellte den Motor ab, während meine Augen und Wangen noch feucht waren von den Tränen. Ich legte den Kopf auf das Steuerrad, vollkommen erschöpft. Dann plötzlich überraschte mich der Gedanke: »*Gott bekommt das alles in den Griff.*«

Wissen Sie, was das Beste daran ist? Gott wird es niemandem weitererzählen. Ist das nicht wunderbar? Ist es nicht eine Erleichterung zu wissen, dass der Herrgott niemals in der Gemeinde aufstehen und sagen wird: »Ich stehe hier um kundzutun, was sie mir letzten Donnerstagmorgen erzählt hat.«

Es hat Zeiten in meinem eigenen Leben gegeben, als ich Zweifel hatte, als ich über große Sprünge stolperte, die sich in meinem Leben auftaten. Ich hatte solche Zeiten, in denen ich dann in mein Bett ging und weinte, zum Herrn schrie, wie Sie auch. So ist das Leben, besonders, wenn Sie sich entschieden haben, lieber echt zu sein, als eine Art Ich-habe-alles-fest-im-Griff vorzutäuschen und dieses Image zu schützen. Es ist so beruhigend und tröstlich zu wissen, dass wir in solchen Zeiten in guter Gesellschaft sind, oder etwa nicht?

Joseph war ein großer und mächtiger Mann, zugegeben, aber er war auch ein echter Mensch, mit richtigen menschlichen Gefühlen, der aus dem Gebäude der Macht heraustreten konnte und die Stärke hatte, seinen Gefühlen freien Lauf zu lassen und aus vollem Herzen zu weinen.

Und so wurde der robuste, fähige Premierminister Ägyptens übermannt von Gefühlen, als er das erste Mal nach so vielen Jahren seinen jüngeren Bruder wieder sah. Der Bericht stellt fest: »Und Joseph eilte hinaus; denn sein Herz entbrannte ihm gegen seinen Bruder, und er suchte, wo er weinen könnte ...« (V. 30) Noch einmal, es handelt sich um eine Szene, die so intim ist, dass sie sich der Beschreibung entzieht.

Und dann wird beinahe nebensächlich berichtet, dass er »sein Angesicht wusch«, die Fassung wiedererlangte, sich seinen Brüdern wieder zugesellte und den Dienern befahl: »Legt die Speisen auf!« Ich liebe die nun folgende Szene.

Gemeinschaft wieder hergestellt

Und man trug ihm besonders auf und jenen auch besonders und den Ägyptern, die mit ihm aßen, auch besonders. Denn die Ägypter dürfen nicht essen mit den Hebräern; denn es ist ein Gräuel für sie.

Gen 43,32

Nach diesem zutiefst gefühlsbetonten Augenblick kommt hier beinahe so etwas wie Humor auf, ein kleiner komischer Schnörkel in dieser Szene. Joseph aß allein, die Brüder aßen für sich und die anderen Ägypter aßen auch für sich. All diese Leute hatten sich im selben Raum hingesetzt zum Essen, und doch aßen sie an verschiedenen Tischen.

Die Ägypter konnten es nicht ertragen mit den Hebräern zusammen an einem Tisch zu sitzen. Die Neue Internationale Version der Bibel sagt in ihren erläuternden Fußnoten: »Das Tabu basierte vermutlich auf rituellen oder religiösen Gründen« und bezieht sich auf Ex 8,26, wo Moses zum Pharao sagt: »Die Opfergaben, die wir dem Herrn, unserem Gott, opfern, wären für die Ägypter verabscheuungswürdig.« Das hilft zu erklären, warum sie an verschiedenen Tischen saßen.

> Und man setzte sie ihm gegenüber, den Erstgeborenen nach seiner Erstgeburt und den Jüngsten nach seiner Jugend. Darüber verwunderten sie sich untereinander. Und man trug ihnen Essen auf von seinem Tisch, aber Benjamin bekam fünfmal mehr als die andern. Und sie tranken und wurden fröhlich mit ihm.

Gen 43,33-34

Der Autor und Gelehrte Henry Morris erklärt den Grund für ihr Erstaunen:

> Nachdem man ihnen ihre Plätze bei Tisch zugewiesen hatte, merkten die elf Brüder etwas Auffälliges: Man hatte sie nach ihrem Alter gesetzt, vom Ältesten hinab zum Jüngsten. Wenn dies ein purer Zufall war, dann war es wirklich wundersam. Man kann leicht nachweisen ..., dass es nicht weniger als 39.917.000 verschiedene Möglichkeiten gibt, wie man elf Leute setzen kann ... Offenbar wusste dieser Mann sehr

viel mehr über ihre Familie als ihnen bisher bewusst gewesen war, oder er musste übernatürliche Fähigkeiten besitzen. Sie konnten sich keinen Reim darauf machen, sie konnten sich nur darüber wundern.[41]

Josephs Brüder waren erstaunt über die Art, wie man sie behandelte. Sie hatten alles Mögliche erwartet, was ihnen hätte passieren können, Tod und Sklaverei eingeschlossen, aber sicher nicht dieses. Nun saßen sie hier, nach ihrem Alter geordnet, bei einem Festmahl mit dem Premier. Und was für ein Fest das war! Man servierte ihnen frischen Gartensalat, Maisbrot, dicke T-Bone-Steaks, Bohnen mit schwarzen Flecken, gebratene Okras, bis zum Überfließen gefüllte gebackene Kartoffeln und große Gläser Eistee (falls Ägypten Texas auch nur halbwegs ähnelt). Obendrein ließ der Premier immer weiter Essen von seinem eigenen Tisch zu ihnen hinüberbringen.

Benjamin erhielt interessanterweise immer fünfmal so große Portionen wie die anderen Männer. Diese hungrigen Hebräer müssen gedacht haben, sie seien gestorben und im Himmel gelandet. Benjamin selbst mag gedacht haben: *Ich weiß, dass ich dünn bin, aber dies ist doch lächerlich. Was geht hier vor?*

Aber Joseph merkte das alles gar nicht mehr. *Dies ist Benjamin! Mein echter Bruder!* Er war so ekstatisch, lief über vor Freude, dass er einfach immer weiter Essen aufhäufen ließ. Das war doch so, als würde das ein Bruder für den anderen tun, weil er ihn jahrelang nicht gesehen hat, oder? Besonders, wenn der Ältere überfließt vor Vergebung und Gnade!

Ist es nicht erstaunlich, wie Josephs Gnade jeden um ihn herum befreite? Am Anfang gab es Gefühle der Angst und Besorgnis, so lange die Schuld sie gefangen hielt. Ihre Angst kannte keine Grenzen, als sie wieder in Ägypten waren und sich fragten, was ihnen wohl zustoßen würde.

Innerhalb kurzer Zeit fanden sie sich freundlich behandelt und um einen festlichen Tisch gesetzt, der mit Essen überladen war, und obendrein konnten sie sich in der Gegenwart dieses königlichen Beamten entspannen. Welch eine Erleichterung! Noch

171

besser, welche Gnade! Sie waren die Empfänger von Gunst, die sie nicht verdient hatten, und Freundlichkeit, die sie niemals würden zurückgeben können. Wundert es noch irgendjemanden, dass sie nur noch erstaunt waren und nicht mehr verängstigt? Ihre Angst war nun durch Gnade vertrieben worden. Weshalb? Es gab einen Grund dafür – Joseph. Dieser große Mann, von dem sie immer noch nicht wussten, dass er ihr Bruder war, hatte sich entschlossen, ihnen ihre Misshandlung zu vergeben und erwies ihnen stattdessen Gnade. Statt sie an ihre Untaten zu erinnern und sie zu zwingen, für ihre Grausamkeit und Ungerechtigkeit zu bezahlen, die sie vor Jahrzehnten begangen hatten, erwies er ihnen Gunst im höchsten Maße. Diese Wiedervereinigung war tatsächlich ein Bankett der Gnade – in ihrer vollsten Ausprägung – dank Joseph, einem Mann reich an Integrität und Vergebung.

EINE EINFACHE, DOCH ZIEMLICH PERSÖNLICHE ANALOGIE

Josephs Leben bietet uns ein großartiges Bild der Gnade Gottes, da er kam, um uns in der Person seines Sohnes Jesus Christus zu erlösen. So viele kommen zu ihm – wie Josephs schuldige Brüder, empfinden den Abstand und befürchten das Schlimmste von Gott, und merken dann, dass er unglaubliche Großzügigkeit und Gnade walten lässt. Statt uns zu beschuldigen, vergibt er uns. Statt uns schuldig fühlen zu müssen, werden wir befreit. Statt die Strafe zu erleben und zu erleiden, die wir sicher verdient hätten, werden wir an seinen Tisch gesetzt und man trägt uns mehr auf als wir je werden essen können.

Manchen kommt das zu unwirklich vor. Daher verteidigen wir uns verzweifelt und merken dann am Ende, dass Gott freundlich mit uns redet – indem er uns in unserer eigenen Sprache Frieden anbietet. Wir arbeiten und denken, dass unsere ernsthaften Anstrengungen all das Schlechte wieder gutmachen könnten, dessen wir uns schuldig gemacht haben. Wir haben vor, gerade so viel zu verdienen, dass es die Anklage unserer Schuld zum

Schweigen bringen würde, aber was Gott vorhat, ist, uns zu überwältigen mit solch einer Überfülle, dass wir merken müssten, dass wir es nie, nie, nie würden zurückbezahlen können.

Was für ein wunderbares Bild für Christus am Kreuz, der unsere Sünden trägt, die wir begangen haben, und uns gleichzeitig vergibt. Ist das nicht erstaunlich? Der Eine, der verworfen worden ist, ist derselbe Eine, der sich so viel Mühe gibt, uns mit sich zu versöhnen.

> Doch sehnt sich der Herr danach, euch gnädig zu sein. Bald wird er zu euch kommen und sich wieder über euch erbarmen, denn er ist ein gerechter Gott. Wie glücklich sind alle, die auf seine Hilfe warten!
>
> Jes 30,18

Sehnen Sie sich nach dem Herrn? Ich habe großartige Neuigkeiten für Sie! Wirklich großartig, noch viel großartiger als Sie es sich je vorstellen können: Er sehnt sich danach, Ihnen gnädig zu sein! Er bietet Ihnen alles an, wonach Sie hungern: Der Tisch ist überladen, und Gott lächelt und wartet darauf, dass Sie sich setzen und das Fest genießen, das er bereitet hat, während er an Sie dachte. Setzen Sie sich – die Gnade wird serviert.

Frederick Buechner schreibt:

> Nachdem man sie jahrhundertelang behandelt und misshandelt hat, … sind die meisten religiösen Wörter so abgegriffen, dass sich niemand mehr für sie interessiert. Aus irgendeinem Grund trifft das nicht auf das Wort »Gnade« zu. Geheimnisvollerweise haben sogar Abkömmlinge dieses Begriffes wie »gnädig« … immer wieder mal Blüten.
>
> Gnade ist etwas, das Sie nie erwerben, sondern nur erhalten können. Es gibt keine Möglichkeit, sie zu verdienen oder dafür zu arbeiten oder sie zu erwirken. Ebenso wenig wie Sie den Geschmack von Erdbeeren oder Schönheit oder Ihre eigene Geburt auch nur im Geringsten beeinflussen können …
>
> Eine der entscheidenden Besonderheiten des christlichen

Glaubens ist die Bestätigung, dass Menschen nur durch Gnade gerettet werden können. Es gibt nichts, was *Sie* tun müssen. Es gibt nichts, was Sie tun *müssten*. Es gibt nichts, was Sie *tun* müssten. ...

Es gibt nur einen Haken dabei. Wie jedes andere Geschenk kann auch das Geschenk der Gnade Ihnen nur dann zufallen, wenn Sie sich danach ausstrecken und es annehmen.

Vielleicht ist auch die Fähigkeit, sich auszustrecken und es anzunehmen, ein Geschenk ... [42]

KAPITEL NEUN

»Ich bin Joseph!«

Warum wurde Joseph als »großer« Mann eingestuft? Warum schwebt der Geist Gottes über seinem ganzen Leben, mehr als über irgendeiner anderen Person im Buche Genesis, *einschließlich Abraham?* Was hatte Joseph an sich, das den Herrn veranlasste, zu Moses, dem Schreiber des Pentateuch zu sagen: »Erstelle einen gewissenhaften Bericht über das Leben dieses Mannes, damit kommende Generationen viel Zeit mit ihm verbringen können?«

Joseph war sicher kein Übermensch. Er war ein einfacher Mensch. Er ist nie über das Wasser gegangen. Er hatte keinen Heiligenschein. Er war sicher nicht frei von Schwierigkeiten. Auch war er kein unbefleckter oder unberührbarer Säulenheiliger. Mit Gottes Hilfe (wie er selbst eingestand) hat er einige Träume gedeutet, aber er hat keine beeindruckenden Prophezeiungen gemacht. Soweit wir es sagen können, hat er nie eine heilige Schrift verfasst.

Warum war also Joseph ein »großer« Mann? Er war »groß« wegen seines Glaubens an Gott, der sich in einer barmherzigen Haltung anderen gegenüber zeigte und in seiner bemerkenswerten Haltung gegenüber Schwierigkeiten. Ein starker Glaube führt zu einer guten Haltung. Wenn diese beiden wesentlichen

Punkte an der richtigen Stelle sitzen, werden aus Schwierigkeiten Herausforderungen, denen man ins Auge schauen kann, statt dass man aufgibt.

Elbert Hubbard, ein amerikanischer Autor im frühen 20. Jahrhundert, hat einmal geschrieben: »Der Schlussbeweis für Größe liegt darin, dass man fähig ist, herabwürdigende Behandlung ohne Bitterkeit zu ertragen.« Joseph hat diesen Test mit Bravour bestanden.

Wenn wir nun seine Geschichte wieder aufnehmen, begegnen wir einem Augenblick, der beinahe ereignislos erscheint. Tatsächlich hatte Martin Luther Probleme mit Genesis 44 und sich einmal gefragt, warum »der Geist Gottes sich die Zeit genommen hat, so einfache 34 Verse festzuhalten.« Ja, warum eigentlich. Die Wahrheit ist, dass in den einfachen und weltlichen Einzelheiten unseres Lebens unsere Haltung am meisten geprüft wird. Der Großteil unseres Lebens ist nicht »super-fantastisch«. Der Großteil des Lebens ist ein Querschnitt durch einfache Dinge, die Gartenvariante, nichts Besonderes, worüber sich große Aufsätze schreiben ließen.

Joseph wusste das. Er hatte bemerkt, dass seine Haltung sowohl an hervorgehobenen Positionen als auch den allerniedrigsten geprüft worden war, in hochdramatischen Szenen und in der tiefsten, der schwärzesten Verzweiflung. Aber vielleicht lag der größte Test im jahrelangen Warten auf den großen Zug. Er wollte bei seinen Brüdern dieselbe Haltung sehen, die Gott in ihm entzündet hatte – einen starken Glauben an Gott und eine positive Reaktion auf andere. Aber seine Brüder hatten noch immer kaum Beweise dafür vorgelegt, dass sie Josephs Perspektive teilten. Daher unterzog er seine Brüder einem letzten, zweiteiligen Test.

DER TEST: SILBER IM SACK

Und Joseph befahl seinem Haushalter und sprach: »Fülle den Männern ihre Säcke mit Getreide, so viel sie fortbringen, und lege jedem sein Geld oben in seinen Sack. Und meinen silbernen Becher lege oben in des Jüngsten Sack mit dem Gelde für das Getreide.« Der tat, wie ihm Joseph gesagt hatte.

Gen 44,1-2

Wie bei der ersten Reise nach Ägypten befahl Joseph, dass die Säcke seiner Brüder auch dieses Mal mit Korn gefüllt würden und dass wieder jeder Mann sein Geld obenauf in dem Sack zurückerhalten sollte. Zusätzlich ließ Joseph seinen Silberbecher in Benjamins Sack obenauf legen. Als sie gerade erst die Stadt verlassen hatten, befahl Joseph seinem Verwalter:

»Auf, jage den Männern nach, und wenn du sie ereilst, so sprich zu ihnen: ›Warum habt ihr Gutes mit Bösem vergolten? Warum habt ihr den silbernen Becher gestohlen? Ist das nicht der, aus dem mein Herr trinkt und aus dem er wahrsagt? Ihr habt übel getan!‹«

Gen 44,4-5

Die Söhne Jakobs waren noch nicht weit gekommen und noch nahe der Stadt, als sie zurückschauten und bemerkten, wie der Verwalter des Premiers drauf und dran war, sie zu überholen. Nachdem er sie eingeholt hatte, beschuldigte er sie, den ägyptischen Premier bestohlen zu haben: »Wie konntet ihr nur solch eine betrügerische Tat tun, nachdem man euch so gut behandelt hat?!«

»Wir würden so etwas nie tun«, antworteten die Brüder. »In unseren Säcken ist nichts, was man uns nicht gegeben hätte. Wir sind des Getreides wegen gekommen. Wir haben Nahrung mitgenommen. Und wenn du irgendetwas anderes finden kannst, werden wir deine Sklaven sein. Den Schuldigen magst du umbringen.« So sicher waren sie ihrer Sache. So klar war es ihnen, dass sie unschuldig waren.

Sie zögerten nicht, den Verwalter ihre Kornsäcke untersuchen zu lassen und begannen bei Ruben, dem Ältesten. Aber siehe da! Als der Verwalter alle Säcke durchsucht hatte und bei Benjamin, dem Jüngsten, angekommen war, fand er den Silberbecher in seinem Sack!

Wenn man sagen würde, dass die Brüder fassungslos waren, wäre das eine ziemliche Untertreibung. Sie wussten, dass sie den Becher nicht genommen hatten. Wie war er in Benjamins Kornsack gekommen? Als ihnen aufging, wie furchtbar dieses Indiz und die Dinge, die es zu beweisen schien, waren, wurde aus ihrer Fassungslosigkeit abgrundtiefe Verzweiflung. In ihrer Angst »zerrissen sie ihre Kleider« (Gen 44,13).

Sie mussten mit dem Verwalter in die Stadt zurück, wo man sie sofort vor den Premier brachte. Dort übernahm Juda die Verteidigung.

> Juda sprach: »Was sollen wir meinem Herrn sagen, oder wie sollen wir reden, und womit können wir uns rechtfertigen? Gott hat die Missetat deiner Knechte gefunden. Siehe, wir und der, bei dem der Becher gefunden ist, sind meines Herrn Sklaven.«
>
> Gen 44,16

Dieses Bekenntnis aus dem Munde Judas war erstaunlich. Aber das war genau das, worauf Joseph gewartet hatte, *darum* hatte er sie der Schlussprüfung unterzogen. Sie hatten sie bestanden. Tatsächlich bekamen alle Brüder eine glatte Eins im ersten Teil des Tests.

Indem Juda für seine Brüder sprach, versuchte er nicht, sich oder die anderen zu rechtfertigen, auch versuchte er nicht, Benjamin die Schuld aufzuhalsen. Anders als beim ersten Mal wandten sie sich nicht gegen Benjamin und verwarfen ihn nicht, wie sie es mit Joseph vor so vielen Jahren getan hatten. Juda sagte in ganz klaren Worten, dass sie alle schuldig seien.

Wenn man ihre Geschichte kennt, ist diese Anerkennung der Schuld erstaunlich. Eine echte Veränderung war in ihrer Haltung am Werk. Überlegen Sie nur, was es bedeutet, dass diese Worte von den Lippen und aus dem Herzen *Judas* kamen!

Joseph wollte wissen, ob seine Brüder fähig waren, die Hand

Gottes in ihrem täglichen Leben zu sehen, sogar in Dingen, die ihnen ungerecht erscheinen mussten. Sogar in Unglück und Tod. Er wollte sehen, ob ihre vertikale Blickrichtung klar und stabil war. Und nun hörte er dieses Bekenntnis aus dem Munde Judas, der die Schuld auf ihrer aller Schultern legte: »Bei Gott, wir sind entdeckt. Wir sind schuldig! Unsere Schuld ist aufgedeckt worden.«

Ich glaube, dass Juda mit diesem Bekenntnis in Wahrheit über 20 Jahre zurückging und sich auf jene Tage bezog, in denen sie ihren Bruder Joseph nicht nur hassten, sondern sich gegen ihn wandten und ihn in die Sklaverei verkauften. Wenn nicht Ruben dazwischengegangen wäre, hätten sie ihn sogar umgebracht. Das verfolgte die Männer. Juda hatte begonnen zu bemerken, dass Gott kein unbereutes Vergehen übersieht.

DER HANDEL: BRUDER FÜR BRUDER

Er aber sprach: »Das sei ferne von mir, solches zu tun! Der, bei dem der Becher gefunden ist, soll mein Sklave sein; ihr aber zieht hinauf mit Frieden zu eurem Vater …«

Gen 44,17

Dies war Josephs zweiter Teil des Examens. Zunächst hatte er sie dem Vertikal-Test unterzogen: Hatten seine Brüder den Ort erreicht, von dem aus sie die Hand Gottes in ihrem Leben erkennen konnten? Jawohl! Sie hatten dies mit ihrer Haltung bewiesen. Nun kam der Horizontal-Test: Welchen würden sie aussuchen, sich selbst oder Benjamin? Hatten sich ihre Herzen in den Jahren geändert?

Daher sagte Joseph: »Ich würde niemals alle wegen der Untat eines Einzelnen bestrafen. Der Becher ist im Besitz des Jüngsten gefunden worden, daher ist er derjenige, den ich bestrafen werde. Er wird seiner Freiheit beraubt und mein Sklave sein. Ihr anderen könnt in Frieden gehen und zu eurem Vater zurückkehren.«

Nach dieser Ankündigung folgt eine schockierende Rede, die mit den Worten Leupolds, eines verlässlichen deutschen Gelehrten, im Alten Testament »unübertroffen« ist:

Da trat Juda zu ihm und sprach: »Mein Herr, lass deinen Knecht ein Wort reden vor den Ohren meines Herrn, und dein Zorn entbrenne nicht über deinen Knecht, denn du bist wie der Pharao. Mein Herr fragte seine Knechte und sprach: ›Habt ihr noch einen Vater oder Bruder?‹ Da antworteten wir: ›Wir haben einen Vater, der ist alt, und einen jungen Knaben, in seinem Alter geboren, und sein Bruder ist tot, und er ist allein übrig geblieben von seiner Mutter, und sein Vater hat ihn lieb.‹ Da sprachst du zu deinen Knechten: ›Bringt ihn herab zu mir, ich will ihm Gnade erweisen.‹ Wir aber antworteten meinem Herrn: ›Der Knabe kann seinen Vater nicht verlassen; wenn er ihn verließe, würde der sterben.‹ Da sprachst du zu deinen Knechten: ›Wenn euer jüngster Bruder nicht mit euch herkommt, sollt ihr mein Angesicht nicht mehr sehen.‹ Da zogen wir hinauf zu deinem Knecht, meinem Vater, und sagten ihm meines Herrn Rede. Da sprach unser Vater: ›Zieht wieder hin und kauft uns ein wenig Getreide!‹ Wir aber sprachen: ›Wir können nicht hinabziehen; nur wenn unser jüngster Bruder mit uns ist, wollen wir hinabziehen; denn wir dürfen des Mannes Angesicht nicht sehen, wenn unser jüngster Bruder nicht mit uns ist.‹ Da sprach dein Knecht, mein Vater, zu uns: ›Ihr wisst, dass mir meine Frau zwei Söhne geboren hat; einer ging von mir, und ich musste mir sagen: Er ist zerrissen. Und ich hab ihn nicht gesehen bisher. Werdet ihr diesen auch von mir nehmen und widerfährt ihm ein Unfall, so werdet ihr meine grauen Haare mit Jammer hinunter zu den Toten bringen.‹ Nun, wenn ich heimkäme zu deinem Knecht, meinem Vater, und der Knabe wäre nicht mit uns, an dem er mit ganzer Seele hängt, so wird's geschehen, dass er stirbt, wenn er sieht, dass der Knabe nicht da ist. So würden wir, deine Knechte, die grauen Haare deines Knechtes, unseres Vaters, mit Herzeleid hinunter zu den Toten bringen. Denn ich, dein Knecht, bin Bürge geworden für den Knaben vor meinem Vater und sprach: ›Bringe ich ihn dir nicht wieder, so will ich mein Leben lang die Schuld tragen.‹ Darum lass deinen Knecht hier bleiben an des Knaben statt als Sklaven meines Herrn und den Knaben mit seinen Brüdern hinaufziehen. Denn wie soll ich hinaufziehen zu meinem Vater, wenn der Knabe nicht mit mir ist? Ich könnte den Jammer nicht sehen, der über meinen Vater kommen würde.«

Gen 44,18-34

Ist Ihnen bewusst, wer das sagt? Wieder ist es Juda. Diese »unübertroffenen« Worte kommen von demselben Mann, der vor 20 Jahren, ohne mit der Wimper zu zucken, vorgeschlagen hatte: »Da kommt der Träumer Joseph. Lasst uns ihn umbringen und sagen, ein wildes Tier habe ihn zerrissen.« Kurz nach diesem kaltblütigen Vorschlag hatte Juda überlegt: »Was bringt es uns, wenn wir unseren Bruder umbringen und sein Blut verdecken? Lasst uns ihn stattdessen den Sklavenhändlern verkaufen.«

Und hier stand er nun und bat für seinen jüngsten Bruder. Außerdem bat er zugunsten seines Vaters.

Noch vor wenigen Jahren hätte es Juda nicht geschert, was sein Vater dachte, da er die Söhne Rahels immer deutlich bevorzugt hatte. In Wirklichkeit waren ja die Gewalt und Grausamkeit, die Juda und seine Brüder Joseph gegenüber verübt hatten, indirekt gegen ihren Vater gerichtet gewesen.

Ausgerechnet dieser Mann also zeigt nun solch eine opferbereite Haltung: »Nimm mich stattdessen. Aber sende Benjamin nach Hause. Ich könnte es nicht ertragen, mit anzusehen, wie dieses Unheil über meinen Vater käme.« Nein, er ist nicht mehr derselbe, er hat sich verändert.

Keine Frage, Juda und seine Brüder hatten angefangen, sich zu verändern, und Joseph bemerkte dies. Reue hatte ihr Werk getan. Sie hatten beide Teile der Schlussprüfung bestanden. Ich glaube, dies erklärt, warum Joseph in diesem Augenblick entschied, die Maske des Geheimnisses abzunehmen.

DIE ENTHÜLLUNG:
WER DER HERRSCHER WIRKLICH IST

Das Folgende steht für einen der größten Augenblicke im ganzen Alten Testament – der Höhepunkt einer Geschichte, die unsere Aufmerksamkeit schon seit Stunden gefangen nimmt.

> Da konnte Joseph nicht länger an sich halten vor allen, die um ihn her standen, und er rief: »Lasst jedermann von mir hinausgehen!« Und stand kein Mensch bei ihm, als sich Joseph seinen Brüdern zu erkennen gab. Und er weinte laut, dass es die Ägypter und das Haus des Pharao hörten, und sprach zu seinen Brüdern: »Ich bin Joseph. Lebt mein Vater noch?« Und seine Brüder konnten ihm nicht antworten, so erschraken sie vor seinem Angesicht.
>
> Gen 45,1-3

Joseph beförderte alle Ägypter aus dem Raum, alle Verwalter, Diener, Sklaven. Nur die elf Brüder waren noch da und standen furchtsam vor ihm. *Was wird jetzt passieren?*, müssen sie sich gefragt haben.

Plötzlich sahen sie den Mann, über dem nur noch der Pharao regierte, in Tränen ausbrechen. Nicht einfach stille Tränen, die die Wangen hinabgelaufen wären. Sein Ausbruch war so mächtig, dass sogar Menschen außerhalb des Raumes es hörten und es einander in des Pharaos Haushalt zu erzählen begannen, was da geschah.

Überraschende Worte folgten den Tränen.

»Ich bin Joseph!«, sagte der Premier. »Lebt mein Vater noch?«

Er brach sein Schweigen sowohl mit Worten als auch mit der Sprache, denn er sprach zum ersten Mal Hebräisch mit ihnen. »*AAA-NEE YO-SAPHE!*« – »Ich bin Joseph!«

Die Brüder waren bestürzt. Und das ist noch milde gesagt! Sie waren fassungslos. Sie waren sprachlos. Sie waren entsetzt! Sie begannen zu zittern. *War dies eine teuflische Falle?*

Er aber sprach zu seinen Brüdern: »Tretet doch her zu mir!«
Und sie traten herzu. Und er sprach: »Ich bin Joseph, euer
Bruder, den ihr nach Ägypten verkauft habt.«

Gen 45,4

Wie sie so schaudernd dastanden, sagte er zu ihnen: »Kommt
doch näher!« Das hebräische Wort, das hier gebraucht wird, *nah-
gash*, bezieht sich nicht nur auf örtliche Nähe, sondern bezeichnet auch eine intime, persönliche Nähe. Dieser Begriff wird gelegentlich benutzt, wenn man die Annäherung bezeichnen möchte,
um jemanden zu umarmen oder zu küssen. Es ist nicht der ge-
bräuchliche Begriff für schlichtes Näherkommen oder Herannah-
hen. Die Neue Internationale Version übersetzt: »Kommt nahe
an mich heran.« Ich glaube, dieser Abschnitt könnte bedeuten,
dass Joseph wollte, dass seine Brüder sein Gesicht aus der Nähe
betrachten sollten. Dies würde ihnen endlich beweisen, dass er
wirklich einer der Zwölf war – nicht irgendein fremder ägyptischer Herrscher, sondern ihr eigenes Fleisch und Blut.

Das brachte den Durchbruch! Das hätten sie früher unmöglich glauben können. Aber nun hatten sie den Beweis für das, was
er gesagt hatte. In diesem Augenblick muss ihr Mund offen gestanden haben. Er hatte ihnen eben das bestgehütete Geheimnis
Kanaans enthüllt. Sicher hatte keiner der Brüder je irgendjeman-
dem erzählt, was an diesem Tag draußen auf den Feldern nahe
Dotan geschehen war. *Wie konnte dieser Mann die Wahrheit wissen, wenn er nicht ihr lange verloren geglaubter Bruder Joseph
war?* Sie starrten ihn an, mit weit aufgerissenen Augen, während
er ihnen noch einmal bestätigte: »Ich bin es, den ihr nach Ägypten verkauft habt – *ich bin Joseph.*«

Hier haben wir einen weiteren Augenblick, der unmöglich zu
beschreiben ist. Worte können das Ereignis nicht angemessen beschreiben.

Vor einigen Jahren erzählte eine Fernsehsendung mit dem Titel »Das Versprechen« die Geschichte eines jungen Mannes und
einer Frau, die am Vorabend ihrer Hochzeit in einen schrecklichen Autounfall verwickelt werden. Beide werden schwer ver-

letzt und das Gesicht der Frau wird entsetzlich entstellt. Während sie im Krankenhaus genesen, in getrennten Räumen, besucht die Mutter des jungen Mannes die junge Frau, die bald ihre Schwiegertochter sein wird. Diese grausame Frau hatte nie gewollt, dass ihr Sohn die junge Frau heiratet, und jetzt sieht sie einen Weg, wie sie es verhindern kann. Sie erzählte der schwer verwundeten jungen Frau, dass sie heimlich all die Schönheitsoperationen bezahlen würde, die nötig werden würden, um ihr Gesicht wieder herzustellen, wenn die junge Frau versprechen würde zu verschwinden und nie mehr Kontakt mit ihrem Sohn aufnehmen würde. Die junge Frau leidet schwer, ist durcheinander und steckt noch mitten in Trauma und Verzweiflung und so verspricht sie es. Kurz darauf erzählt die Mutter ihrem Sohn, die junge Frau sei bei dem Autounfall ums Leben gekommen.

Einige Jahre später jedoch, durch eine ungewöhnliche Verkettung von Umständen, treffen sich der junge Mann und die junge Frau. Da er sich nicht sehr verändert hat, erkennt sie ihn sofort. Sie versucht, ihr Versprechen zu halten und nichts mit ihm zu tun zu haben, aber nach und nach, während die Umstände sie immer weiter einander näher bringen, beginnt er, sie wieder zu erkennen. Er bemerkt, dass die Frau, die er so innig geliebt hat, sodass es ihn immer noch verfolgt, tatsächlich am Leben ist. Schließlich werden sie in einer romantischen Versöhnungsszene wieder vereint.

Jahre der Trennung wurden beendet durch diesen wunderschönen Augenblick der Entdeckung und Versöhnung. Jeder, der je von einem Freund oder einem geliebten Menschen jahrelang getrennt war und ihn wieder hat, weiß genau, was das bedeutet.

Vor vielen Jahren hat unsere liebe Schwiegertochter Debbie die Gefühle in einem solchen Augenblick in die folgenden Worte gefasst:

> »Als mein Auge dich zum ersten Mal erfasste, wollte ich in deine Arme rennen und die Verkörperung meiner verblichenen Erinnerungen umarmen. Aber Angst lähmte meinen Schritt und ich blieb stehen, verzweifelt klammerte ich mich an den Riemen meiner Handtasche, als wäre er das Einzige, was mich auf den Beinen hielt.

Dein Haar war grau geworden und ich suchte dein Gesicht ab nach den Linien, die ich nicht in so reicher Zahl und nicht als so tief in Erinnerung hatte. Deine Schultern hingen ein wenig tiefer herab und ich fragte mich, ob die Veränderungen in dir groß gewesen seien.

In diesem Augenblick trafen sich unsere Blicke und meine Ängste lösten sich im warmen Blau deiner Augen auf. Ich begann zu weinen, als ich dein Lächeln sah. Siehst du, ich war noch dieselbe.

Ich rannte in deine Arme und die Tränen rollten mir übers Gesicht, während diese vertrauten Worte mein Ohr erreichten: ›Ich liebe dich.‹«[43]

Wenn Sie Genesis 45 lesen können, ohne auf dieselbe Fantasiereise mitgenommen zu werden, dann haben Sie Joseph Unrecht getan. Diese wenigen einfachen Worte: »Ich bin euer Bruder Joseph, den ihr nach Ägypten verkauft habt« (V. 4), enthalten ein Meer von Gefühlen, dessen Wogen über diese Brüder brachen, von denen nicht die kleinste die der lauernden Schuld war. Er blickte in ihre Gesichter. Darum sagte er, was er als Nächstes sagte, als er mal wieder Gnade in Überfülle erwies.

DIE ANTWORT: GNADE DEN SCHULDIGEN

»Und nun bekümmert euch nicht und denkt nicht, dass ich darum zürne, dass ihr mich hierher verkauft habt; denn um eures Lebens willen hat mich Gott vor euch hergesandt. Denn es sind nun zwei Jahre, dass Hungersnot im Lande ist, und sind noch fünf Jahre, dass weder Pflügen noch Ernten sein wird. Aber Gott hat mich vor euch hergesandt, dass er euch übrig lasse auf Erden und euer Leben erhalte zu einer großen Errettung. Und nun, ihr habt mich nicht hergesandt, sondern Gott; der hat mich dem Pharao zum Vater gesetzt und zum Herrn über sein ganzes Haus und zum Herrscher über ganz Ägyptenland.«

Gen 45,5-8

Menschlich gesprochen würde der Durchschnittsbürger doch, wenn er Leuten gegenüberstünde, die ihm solch schmerzliches Unrecht angetan haben, wenigstens die Stirn runzeln und fordern: »Fallt auf die Knie und verharrt so! Ihr glaubt, ihr wüsstet, was Demütigung sei. Jetzt wartet mal ab, bis ich mit euch fertig bin. Ich habe all die quälenden Jahre nur auf diesen einen Augenblick gewartet!«

Nicht so Joseph. Er war ein veränderter Mensch. Er war ein Mann Gottes, was bedeutet, dass er ein großartiger Mensch war. Und daher konnte er, weil der Arm des Herrn ihn stützte, seinen Brüdern in die angsterfüllten Augen sehen und mit vollem Ernst sagen: »Seid nicht betrübt oder ärgerlich auf euch selbst, weil ihr mich in die Sklaverei verkauft habt. Nicht ihr habt mich hierher gebracht, sondern Gott. Er hat mich vor euch hergeschickt, um euer Leben zu bewahren.« Erlauben Sie mir, den Fluss der Ereignisse einen Augenblick zu unterbrechen und Sie zu fragen: Arbeitete Joseph aus der Vertikale oder was meinen Sie?

»… sondern Gott.« Diese beiden Wörter ändern *alles.*

Joseph hätte niemals solche Worte der Ermunterung sprechen können, hätte er seinen Brüdern nicht vollkommen vergeben. Sie können nicht einen Menschen wahrhaft umarmen, dem Sie nicht vollkommen vergeben haben. Joseph sah seine Brüder nicht als seine Feinde, weil sich seine Perspektive verändert hatte. »Nicht ihr habt mich hierher gebracht«, sagte er, »Gott hat mich hergesandt. Und er hat mich aus einem besonderen Grund hergeführt – um Leben zu bewahren.«

Ich liebe so etwas. Mit Worten von heute lautet es etwa so: »Leute, nicht ihr habt diese Show abgezogen. Gott hat's getan. Es war mein überlegener Herr, der weit in die Zukunft schaute, die Bedürfnisse dieser Welt sah und mich zu seinem persönlichen Boten erwählte, damit ich das Hungerproblem der Zukunft lösen sollte. Ihr hattet etwas Übles mit mir vor. Aber ich sage euch, Gott hat jenseits eurer schlimmen Absichten dafür gesorgt, dass Leben erhalten worden ist.«

Und er sagte es noch einmal: »Nun, es wart also nicht ihr, die mich gesandt habt, sondern Gott.« »… *sondern Gott!*« Bitte unterstreichen Sie sich das. »Gott hat mich gesandt.« Joseph war ein Mann, der sein Leben – dauernd – aus der vertikalen, göttlichen Perspektive führte.

Jahre später sollte Joseph das noch einmal sagen, als seine Brüder wieder beunruhigt waren. Obwohl noch mehr Jahre ins Land gegangen waren, waren sie immer noch angsterfüllt, was Joseph ihnen antun könnte, nachdem ihr Vater gestorben war. Die Schuld klammert sich an das Boot, sucht nach einer Stelle, die ihr einen Angelpunkt gibt, noch lange nachdem die Gnade an Bord gekommen ist und das Steuer übernommen hat. Daher muss Joseph dann die frühere Rede wiederholen.

> Und seine Brüder gingen hin und fielen vor ihm nieder und sprachen: »Siehe, wir sind deine Knechte.« Joseph aber sprach zu ihnen: »Fürchtet euch nicht! Stehe ich denn an Gottes statt? Ihr gedachtet es böse mit mir zu machen, aber Gott gedachte es gut zu machen, um zu tun, was jetzt am Tage ist, nämlich am Leben zu erhalten ein großes Volk. So fürchtet euch nun nicht; ich will euch und eure Kinder versorgen.« Und er tröstete sie und redete freundlich mit ihnen …

Gen 50,18-20

Wie großartig von Joseph. Welch eine großartige, auf Gott ausgerichtete Haltung!

Ich weiß nicht, was in Ihnen vorgeht, welche Erinnerungen Sie verfolgen mögen oder mit welchem Schmerz Sie leben müssen wegen des Unrechts eines anderen Menschen, aber ich kenne die Menschheit gut genug, um zu wissen, dass viele von Ihnen zu irgendeinem Zeitpunkt von jemand anderem schlecht behandelt worden sind. Wenn das geschieht, dann trübt sich Ihre Sichtweise. Sie erinnern sich daran. Sie erinnern sich an das Ungute, Falsche, Schlechte. Sie erinnern sich an die unfaire Behandlung. Sie erinnern sich an das quälende Trauma, die Ablehnung. Man hat Ihnen übel mitgespielt. Es war *gemein*, so bösartig zu Ihnen zu sein! Hier ist nicht der Platz, das zu leugnen – der andere hat Sie absichtlich verletzt.

Joseph sagte zu seinen Brüdern: »Ihr habt es böse gemeint.« An ihren Motiven war nichts Gutes – und das benennt er auch so.

»… aber Gott!« An dieser Stelle erlaubt Joseph, dass seine Theologie, die menschlichen Gefühle und die Erinnerungen in den Schatten stellt. Ein ausgezeichneter Tausch!

»… aber Gott hat daraus Gutes entstehen lassen.«

> »… Und nun, ihr habt mich nicht hergesandt, sondern Gott; der hat mich dem Pharao zum Vater gesetzt und zum Herrn über sein ganzes Haus und zum Herrscher über ganz Ägyptenland. Eilt nun und zieht hinauf zu meinem Vater und sagt ihm: ›Das lässt dir Joseph, dein Sohn, sagen: Gott hat mich zum Herrn über ganz Ägypten gesetzt; komm herab zu mir, säume nicht!‹«
>
> Gen 45,8-9

Unterstreichen Sie sich: »Gott hat mich zum Herrn über ganz Ägypten gemacht.«

»Gott hat mich hergesandt. Er hat das alles geplant. Er hat die Ereignisse so arrangiert, dass nichts ausgelassen wurde. Dabei hat er mich zu einem neuen Menschen gemacht und mir diese Position gegeben. Erzählt meinem Vater, dass ich euch einen Ort anbieten möchte, an dem ihr hier direkt in meiner Nähe in Ägypten leben könnt.«

> Josephs Worte ziehen den erzählerischen Vorhang weg und erlauben dem Leser zu sehen, was hinter den Kulissen vorgeht. Es waren nicht die Brüder, die Joseph nach Ägypten sandten; es war Gott. Und Gott verfolgte ein Ziel mit alledem. Wir haben einige Hinweise in der Erzählung gesehen, dass dies der Fall ist; aber jetzt enthüllt der Hauptdarsteller, der eine, der letztendlich verantwortlich ist für den Start der Handlung und der Nebenhandlungen, die göttlichen Pläne und Ziele, die damit verfolgt wurden. Joseph, der die göttlichen Pläne in den Träumen des Pharao deuten konnte, kannte auch den göttlichen Plan für das Leben seiner Brüder. In allem und durch alles hindurch sah er, dass Gott eine »große Errettung« (V. 7) plante.

Indem Joseph beschreibt, wie Gott über ihm gewacht hat, weist er auf die Frage hin, die seine Brüder ihm ursprünglich gestellt hatten bezüglich seiner Träume als junger Mann. Sie hatten gefragt: »Hast du vor, über uns zu herrschen?« (Kapitel 37, V. 8). Jetzt erinnert er sie daran, dass er zum »Herrn über ganz Ägypten« gemacht worden ist.[45]

Er schenkt ihnen nicht nur Vergebung und Beruhigung, sondern macht ihnen außerdem »ein Angebot, das man nicht ablehnen kann«. Er drängt sie, nach Ägypten zurückzukehren und ihren Vater mit in dieses Land zu bringen, wo sie von ihrem kärglichen Leben befreit leben könnten.

> »… ›Du sollst im Lande Goschen wohnen und nahe bei mir sein, du und deine Kinder und deine Kindeskinder, dein Kleinvieh und Großvieh und alles, was du hast. Ich will dich dort versorgen, denn es sind noch fünf Jahre Hungersnot, damit du nicht verarmst mit deinem Hause und allem, was du hast.‹ Siehe, eure Augen sehen es und die Augen meines Bruders Benjamin, dass ich leibhaftig mit euch rede. Verkündet meinem Vater alle meine Herrlichkeit in Ägypten und alles, was ihr gesehen habt; eilt und kommt herab mit meinem Vater hierher.«
>
> Gen 45,10-13

Joseph sagte: »Brüder, ich habe eine Veränderung in eurem Leben feststellen können. Ihr kümmert euch um unseren Vater und um einander, was ihr früher nie getan habt. Ihr setzt Benjamins Leben über euer eigenes. Was für ein Wandel!«

Haltung ist im Leben eines Christen so entscheidend! Wir können jeden Sonntagsgottesdienst durchlaufen, wir können religiöse Übungen mitmachen, wir können mit einer Bibel unterm Arm herumlaufen und Kirchenlieder auswendig können und doch können wir es Menschen noch immer übel nehmen, die Unrecht an uns getan haben. Auf unsere eigene Art – und es mag sogar ein bisschen religiöse Manipulation dabei sein – wollen wir es ihnen heimzahlen. Aber Gottes Vorgehen ist anders. Hier zeigt er uns den richtigen Weg. Er gibt uns Joseph als Vorbild, diesen großen Mann, wie er diejenigen unterstützt, die ihm Unrecht getan haben, wie er ihnen gnädig ist, großzügig, freigiebig, ohne Eigennutz. Er ist noch nicht einmal am Ende damit, ihnen zu zeigen, wie sehr ihn ihr Schicksal berührt. Schauen Sie sich die nächste Szene an!

> Und er fiel seinem Bruder Benjamin um den Hals und weinte, und Benjamin weinte auch an seinem Halse, und er küsste alle seine Brüder und weinte an ihrer Brust. Danach redeten seine Brüder mit ihm.
>
> Gen 45,14-15

Klar »redeten sie mit ihm«, und wie! Sie hatten etwa 25 Jahre aufzuholen bei diesem Gespräch. Und ich bin zuversichtlich, dass, wann immer sie bei ihrem Rückblick auf ihr Unrecht zu sprechen kamen, Joseph sie gestoppt hat. »Wir gehen nicht mehr dorthin zurück. Das war damals, jetzt ist heute. Gott hatte einen Plan, und alles hat sich zum Guten gewendet und zu seinem Ruhm. Lasst uns darüber reden.«

DIE WAHRHEIT:
LEKTIONEN AUS DIESER GESCHICHTE

Der großartige Prediger John Henry Jowett – er lebt nicht mehr – pflegte zu sagen, einem Pastor stünde keine Stunde für eine Predigt zu, wenn er nicht in der Lage sei, dies auch in einem Satz zu sagen. Daher möchte ich hier diese Predigt in einem Satz sagen:

GRÖSSE WIRD HAUPTSÄCHLICH AN
UNSERER HALTUNG SICHTBAR.

Wenn Sie unter dem Eindruck stehen, Sie stünden im Begriff großartig zu werden, weil Sie einige Erfolge aufzuweisen hätten, gleichzeitig aber eine ungute Haltung einnehmen, dann sind Sie entsetzlich auf dem Holzweg damit. Größe zeigt sich in der Haltung der Demut und Vergebung gegenüber Ihren Mitmenschen, die ein sanftmütiger Geist wirkt. Joseph ist uns darin ein großartiges Vorbild. Wie wunderbar ist seine Vergebung, wie großzügig seine Barmherzigkeit!

Thomas Jefferson hatte Recht, als er sagte: »Wenn das Herz am rechten Fleck sitzt, sind die Füße schnell.« Teilweise liegt der Grund, weshalb wir so nachlässig und lahm sind bei der Anwendung der Wahrheiten Gottes, darin, dass unser Herz nicht am rechten Fleck sitzt. Wenn das in Ordnung gebracht wird, werden wir zu leichtfüßigen Dienern Gottes.

Es gibt Dutzende von Möglichkeiten, weshalb ein Herz nicht am rechten Fleck sitzen kann. Es mag falsch liegen gegenüber einem Menschen, der mir nie zurückbezahlt hat, was er mir schuldet. Es mag falsch liegen gegenüber dem Menschen, der sich hat von mir scheiden lassen. Das Herz mag falsch liegen gegenüber Gott, der mir meinen Partner genommen hat. Das Herz mag falsch liegen gegenüber meinem minderjährigen Kind, das mich ausgenutzt hat. Es mag falsch liegen gegenüber einem Elternteil, der mich missbraucht oder vernachlässigt hat. Oder gegenüber einem Pastor, der unfair Nutzen aus meiner misslichen Lage gezogen hat oder gegenüber einem Lehrer, der mir nicht gerecht geworden ist.

Wir brauchen Gott, damit das Herz zurechtgerückt wird. Wenn wir eine falsche Haltung haben, dann sehe ich das Leben mit menschlichen Augen an. Wenn ich die richtige Haltung habe, sehe ich das Leben mit den Augen Gottes an. Das ist die wahre Schönheit an Josephs Leben. Das ist die Kernwahrheit, die sein Leben enthält. Er war ein großer Mann, hauptsächlich wegen seiner Haltung.

Und es gibt spezifische Lektionen, die dieser einzigen Wahrheit entwachsen: Erlauben Sie mir, Ihnen wenigstens drei zum Überlegen anzubieten:

Zunächst: *Wenn ich durch Glauben fähig bin, Gottes Plan dort zu erkennen, wo ich gerade bin, dann habe ich die richtige Haltung.* Gott hat mich gesandt … Gott hat mich gesandt …

191

Gott hat mich gesandt … Bevor Sie nicht ganz entspannt Gott an Ihrem Platz, wo Sie gerade sind, sehen können, werden Sie für ihn nicht von Nutzen sein. Eine positive theologische Haltung wird Wunder wirken für Ihren geographischen Spielraum.

Zweitens: Wenn ich durch Glauben fähig bin, Gottes Hand in meiner Situation am Werk zu sehen, dann habe ich die richtige Haltung. Ich fange den Tag nicht zähneknirschend an und frage nicht: »Warum muss ich in dieser Situation bleiben?« Stattdessen glaube ich, dass er mich so geschaffen hat, wie ich bin und mich dorthin gesetzt hat, wo ich bin, damit ich tue, was er nach seinen Plänen für mich zu tun vorgesehen hat. Ich warte nicht darauf, dass sich meine Lage ändert, solange ich nicht meine Arbeit von ganzem Herzen tue. Ich schlage vor, dass Sie das einmal probieren. Das nennt sich »aufblühen, wohin man gepflanzt ist«. Nichts befreit uns so sehr wie eine Haltung der Dankbarkeit.

Drittens: Wenn ich durch Glauben fähig bin, sowohl den Ort als auch die Situation als gut anzunehmen, auch wenn sich Übles ereignet, dann habe ich die richtige Haltung.

Wenn ich mit Joseph sagen kann »aber Gott gedachte, es gut zu machen«, dann werde ich zur Fackel der Gnade.

Unser Erlöser geht nicht mehr als Mensch über diese Erde. Daher sind wir berufen, sein Ebenbild der Welt um uns herum zu zeigen. Indem wir seine Haltung einnehmen, in dem, was wir tun und was wir sagen, geben wir der Welt kund: »Dies ist die richtige Reaktion auf falsche Behandlung. Das ist es, was Jesus tun würde.«

John Newton, der solche beliebten Kirchenlieder geschrieben hat wie »Glorious Things of Thee Are Spoken«, »How Sweet the Name of Jesus Sounds« und »Amazing Grace«[45], hat auch ein anderes geschrieben, das wir kaum mehr hören, vielleicht noch in kleinen Landgemeinden (die ich so sehr gerne besuche). Tatsächlich ist das ein Lied über die richtige Haltung.

How tedious and tasteless the hours
Wie müd und empfindungslos sind Stunden
When Jesus no longer I see!
In denen ich Jesus nicht mehr seh.

Sweet prospects, sweet birds and sweet flowers,
Süßer Anblick, süße Vögel, süße Blumen
Have all lost their sweetness to me.
Haben all ihre Süße für mich verloren.

The midsummer sun shines but dim
Die Hochsommersonne scheint trübe,
The fields strive in vain to look gay
Die Felder versuchen vergeblich, fröhlich auszusehen.
But when I am happy in Him
Aber wenn ich in ihm glücklich bin,
December's as pleasant as May.
Ist Dezember so wunderbar wie Mai.

Wenn Ihre Haltung richtig ist, dann »ist der Dezember so wunderbar wie der Mai«! Es ist unerheblich, welche Jahreszeit es ist. Es ist unwichtig, wo Sie leben. Ihre Umstände und Gegebenheiten spielen überhaupt keine Rolle. Ihre Tage mögen ermüdend und farblos sein. Das ist kein Problem. Es geht zumeist um Ihre Haltung. Sie brauchen keinen blauen Himmel und keinen kühlen Abend. Weil Ihr Herz auf dem rechten Fleck sitzt, sind Ihre Füße schnell. So war Joseph im Kerker ebenso ausgeglichen wie auf der höchsten Höhe. So werden auch Sie es bewältigen, wie auch immer Ihre Lage sein mag.

Ist Ihr Herz auf dem rechten Fleck? Sind Ihre Füße schnell? Bewegen Sie sich von Menschen weg oder auf sie zu? Sind Sie mit Heilen beschäftigt oder mit Verletzen? Setzen Sie andere unter immer mehr Druck oder nehmen Sie ihnen Lasten ab? Bringen Sie anderen Freude oder ersticken Sie ihre Freude? Ist Ihnen der Dezember genauso angenehm und schön wie der Mai? Der einzige Weg aus dem Kerker ist der Weg Gottes. Die einzige Lösung für Bitterkeit ist seine Gnade.

Viel zu oft verhindert eine Art Umneblung, dass wir Gottes Plan sehen können. Unsere Selbstbezogenheit schiebt seine Hand weg, weil wir unsere Pläne durchsetzen wollen. Ort und Situation werden zu lästigen Aufgaben und das Leben wird ein unfruchtbarer, kalter, öder Dezember.

Joseph zeigt uns, dass wir in den Mühen des Lebens unser Glück nur finden können, wenn wir es im Glauben suchen. Ein glaubenerfülltes Leben lässt uns die Dinge um uns herum so anders wahrnehmen. Es geht um unsere Haltung gegenüber Menschen, gegenüber Ort und Lage, gegenüber Umständen, gegenüber uns selbst. Nur dann werden unsere Füße schnell, wenn wir tun, was richtig ist. Nur dann ist der »Dezember so wunderbar wie der Mai«.

Sie mögen sagen, Sie möchten eines Tages als »groß« eingeschätzt werden? Hier ist das Geheimnis: Wandeln Sie im Glauben, vertrauen Sie darauf, dass Gott Ihre Haltung vollkommen verwandelt und erneuert.

KAPITEL ZEHN

Die eigentliche Familienzusammenführung

In meiner Jugend ist meine Familie beinahe jeden Sommer nach Carancahua Bay gefahren, wo wir in einem kleinen Häuschen im Süden von Texas zwischen Palacios und Port Alto Ferien machten. Manchmal glichen diese Ereignisse mehr einem Familientreffen. Wenn Sie je bei einem Familientreffen gewesen sind, macht es Ihnen keine Schwierigkeiten, sich vorzustellen, wie unsere Treffen aussahen. Ungefähr eine Woche lang waren die Lundys und Mays und Fradys und Swindolls beieinander; sie alle schliefen, aßen, lachten und sangen in dem kleinen Vier-Zimmer-Häuschen, das meinem Großvater gehörte und »Bleib ein bisschen« hieß. Wir reden hier von Wand-an-Wand-Familien-Spaß.

Wir schwammen und fuhren Boot, angelten, erzählten uns Witze und ergötzten uns hauptsächlich an frischen Flundern, Forellen und Rotbarsch. Gebratene Austern und gekochte Shrimps gab es auch in Fülle. Wir aßen morgens Kekse und Eier auf Speck, später Steaks und Rippchen, die wir in einer offenen Grillstelle garten, futterten hausgemachte Marmeladen, Kuchen und immer selbst gemachtes Eis in den verschiedensten Geschmacksrichtungen. Jeder in der Familie hatte Spaß – aber niemand in der Familie war schlank, das braucht wohl kaum gesagt zu werden.

Mit uns lebten einige Arten von Ungeziefer in der alten Block-hütte, darunter Stechmücken, Wespen, Zecken, Skorpione, Ei-dechsen und gehörnte Kröten. Und doch schien das niemanden zu stören, denn wir waren alle wie eine große Familie.

Wir lachten uns heiser, als Onkel Jakob seine komischen Ge-schichten erzählte und mein Vater tat die ungewöhnlichsten, aus-gefallensten Dinge, die man sich vorstellen konnte. Weil wir so viele waren, schliefen wir, wo immer wir Platz fanden, dicht ge-drängt in dem kleinen Haus. Ich erinnere mich daran, dass ich so lange lachte, bis ich unter meinem Moskitonetz einschlief, weil mein Vater Mundharmonika spielte, ohne die Hände zu benut-zen, während er im Bett lag. Irgendjemand rief den Anfang eines Liedes und in Sekundenschnelle pflegte mein Vater es zu spielen. Dann riefen wir ein neues Lied und er spielte das. Eine alte La-terne glühte und spuckte in der Ecke des Raumes und brannte schließlich aus, während der Schlaf uns übermannte und das Schnarchen lauter wurde als das Singen.

Es sind großartige Erinnerungen. Als wir heranwuchsen und älter wurden, verloren sich die Familientreffen in der Geschäf-tigkeit von Ausbildung, Heiraten und in der Erziehung der Kin-der von wieder neu gegründeten Familien.

In dem Jahr, als wir meinen Vater beerdigten, bemerkte ich fassungslos, dass unsere Familientreffen sich für immer verab-schiedet hatten. Nie wieder würde ich in flachen Gewässern nachts mit ihm herumwaten, mit der Gig in der Hand, nie mehr Flundern fischen oder das Ende eines Stellnetzes hochziehen und Shrimps oder Fisch heraufholen, den wir gefangen hatten. Nie wieder würde ich mit ihm im selben Boot sitzen und darauf warten, dass die Fische anbeißen würden ganz kurz vor Sonnen-aufgang. Nie wieder würden wir »Home on the Range« mitei-nander anstimmen oder »You are my Sunshine«. Nie mehr würde ich beim Einschlafen das Seufzen seiner alten Harmonika hören. Was für liebenswerte Erinnerungen! Wunderbare Erinne-rungen eines Weges, auf dem wir damals waren, als das Leben einfach war und die Zeit still zu stehen schien.

Bis heute kann ich keine Coleman-Campinglaterne anzünden, ohne daran zu denken, wie mein Vater mir beibrachte, wie man das macht. Oder einen Außenbordmotor hochziehen oder einen Fisch säubern.

Joseph hat Carancahua Bay in Texas nie kennen gelernt. Und er hat nie das Lied »The Way We Were« gehört, aber ich bin sicher, dass er in seinen über 30 Jahren verstreute Bilder gesammelt und behalten hat von dem, was er zurückgelassen hat, einige farbige Erinnerungen auf der Leinwand seines Gemütes. Ob er wohl, vielleicht alljährlich zu seinem Geburtstag, gedanklich zu den Tagen zurückkehrte, als er noch bei seinem Vater gelebt hatte, der ihn liebte, und bei den Brüdern, mit denen zusammen er aufwuchs? Ob er nun in der Geschäftigkeit seiner Arbeit in Ägypten innehielt und daran dachte? Ob er dann wohl heimlich seufzte und solchen Erinnerungen den Zutritt verbot, in der Annahme *Die sehe ich nie wieder?*

PLÄNE FÜR DIE EIGENTLICHE FAMILIENZUSAMMENFÜHRUNG

Für Joseph hatte sich das alles natürlich geändert. Seine Brüder waren überraschend in Ägypten aufgetaucht. Durch eine unglaubliche Serie von Ereignissen haben wir mit großem Interesse verfolgt, wie er an den Punkt gebracht wurde, an dem er ihnen enthüllte, wer er war. Sie wussten jetzt nicht nur, dass ihr Bruder Joseph lebte, sondern dass er sogar Premierminister von Ägypten war! Was noch wichtiger war, sie hatten ihre Probleme miteinander ausgeräumt, die Kluft wurde überbrückt, weil er bereit gewesen war, ihnen all das Böse, das sie ihm vor so vielen Jahren angetan hatten, zu vergeben. Er erzählte ihnen, dass Gottes Hand hinter diesem Geschehen steckte, und dass alles genau nach Gottes Plan verlief. Sie hatten alles, was sich in den vergangenen Jahren und Jahrzehnten ereignet hatte, durchgesprochen. Aber noch war nicht alles perfekt. Es war Josephs Herzenswunsch, seinen Vater zu sehen und die Familie dazu zu bewegen, nach Ägypten umzuziehen und in seiner Nähe zu leben, damit er sie versorgen könnte ohne Einschränkungen und ohne Vorbehalt.

Wir nehmen die Geschichte an der Stelle wieder auf, wo die Neuigkeiten von diesen Ereignissen die Ohren des Pharaos erreichen.

> Und als das Gerücht kam in des Pharaos Haus, dass Josephs Brüder gekommen wären, gefiel es dem Pharao gut und allen seinen Großen. Und der Pharao sprach zu Joseph: »Sage deinen Brüdern: ›Macht es so: Beladet eure Tiere, ziehet hin! Und wenn ihr ins Land Kanaan kommt, so nehmt euren Vater und alle die Euren und kommt zu mir; ich will euch das Beste geben in Ägyptenland, dass ihr essen sollt das Fett des Landes.‹ Und gebiete ihnen: ›Macht es so: Nehmt mit euch aus Ägyptenland Wagen für eure Kinder und Frauen und bringt euren Vater mit und kommt. Und seht euren Hausrat nicht an; denn das Beste des ganzen Landes Ägypten soll euer sein.‹«
>
> Gen 45,16-20

Während der Jahre des Überflusses hatte Joseph, wie wir schon früher gesehen hatten, riesige Vorratsspeicher bauen lassen und sie mit dem Korn des reichen, fruchtbaren Nildeltas gefüllt. Dank der Führung Gottes und des Gehorsams Josephs hatte Ägypten Nahrung in Fülle. Als nun der Pharao hörte, dass die Brüder Josephs von Kanaan nach Ägypten gekommen waren, stimmte der Pharao dem Plan seines Premiers zu. Seine ermutigende Reaktion weist ganz klar darauf hin, dass er Joseph voll zustimmte. »Schick sie zurück, damit sie ihre Familien und ihren Besitz holen, und veranlasse, dass sie sich in unserem Land ansiedeln. Wir werden ihnen das Beste geben, was Ägypten anzubieten hat.« Tatsächlich geht der Pharao noch einen Schritt weiter: Er gibt Josephs Brüdern Wagen mit, damit sie ihre Leute und ihre Besitztümer nach Ägypten bringen können. Dann verspricht der Pharao noch, dass ihnen »das Beste des ganzen Landes Ägypten« gehören solle, wenn sie wiederkämen. Alle am Hofe klatschen der Entscheidung Josephs Beifall. Stellen Sie sich die Zuneigung und den Respekt vor, den diese Leute für Joseph gehabt haben müssen, dass solche eine großmütige Reaktion herauskam!

So machten Josephs Brüder das, was der Pharao ihnen gesagt hatte. Sie müssen unglaublich gestärkt nach Hause gezogen sein, immer noch die Gnade, mit der sie überschüttet worden waren, kaum glauben könnend. Sie machten sich also nach Kanaan auf mit ihren Lasttieren und den Transport-Wagen, die man ihnen mitgegeben hatte. Jeder von ihnen muss gut ausgesehen und gelächelt haben, denn sicher zog jeder von ihnen einige Pfund schwerer nach Hause als er gekommen war.

Josephs Fürsorge

Die Söhne Israels taten so. Und Joseph gab ihnen Wagen nach dem Befehl des Pharaos und Zehrung auf den Weg und gab ihnen allen, einem jeden ein Feierkleid, aber Benjamin gab er 300 Silberstücke und fünf Feierkleider. Und seinem Vater sandte er zehn Esel, mit dem Besten aus Ägypten beladen, und zehn Eselinnen mit Getreide und Brot und mit Zehrung für seinen Vater auf den Weg. Damit entließ er seine Brüder, und sie zogen hin. Und er sprach zu ihnen: »Zanket nicht auf dem Wege!«

Gen 45,21-24

Josephs Brüder hatten nicht nur mehr als genug Wegzehrung bekommen, sondern auch neue Kleider erhalten. Sie hatten alles, was sie brauchten – und auch das wieder im Überfluss! Diese Männer müssen wirklich fantastisch ausgesehen haben, als sie nach Kanaan zurückkehrten, einem Land, das verdorrte und dahinsiechte wegen der anhaltenden Hungerjahre.

Zweifellos kamen sie auf ihrem Fünf- bis Sechs-Wochen-Trip nach Kanaan an verhungernden und verhungerten Menschen und sterbenden Tieren vorbei. Und dazwischen kamen nun diese Männer daher, deren Lasttiere beladen waren mit einem Überfluss an Vorräten; dahinter eine ganze Reihe von Transport-wagen, die ihre Frauen, Kinder und andere Familienmitglieder nach Ägypten zurückbringen sollten. Sie mussten nicht zu Fuß wandern, sie ritten stilvoll daher, trugen neue, ägyptische Kleidung – Designer-Kleidung vom Rodier des Altertums und in Bally-Schuhen aus Krokoleder.

Beachten Sie jedoch die eine Anweisung, die Joseph ihnen mit auf den Weg gab: »Vermeidet auf der Reise jeden Streit!« Er kannte seine Brüder, das merkt man. Ich muss immer lächeln, wenn in biblischen Geschichten solche Nebenbemerkungen einfließen. Jahrzehnte mögen kommen und gehen, aber die menschliche Natur bleibt ziemlich gleich. Es ist eben schwer, sich zu bessern.

Obwohl das Gefühl der Schuld sein Werk getan hatte und obwohl sich Veränderungen gezeigt hatten, war Joseph im Umgang mit seinen Brüdern doch weise. Das original hebräische Wort, das hier mit »Zank«/»Streit« übersetzt ist, bedeutet ursprünglich »aufgebracht und unruhig sein« und wird manchmal für den Zustand vor einem Kampf gebraucht. Joseph kannte seine Brüder. Er wusste um ihre gegensätzlichen Persönlichkeiten und um die Dinge, die zu tun sie geneigt waren. Ich gehe davon aus, dass er das zu ihnen sagte, weil sie sich um so viel bereichert und wohlgenährter wieder fanden – und diese Veränderungen allein konnten schon alle möglichen negativen Reaktionen hervorbringen.

Nicht viele Menschen können einen vollen Becher tragen, ohne etwas davon zu verschütten. Plötzlicher Reichtum oder unerwartete Beförderung können ein erschütterndes Erlebnis sein, sowohl für den Empfänger als auch für seine Umgebung. Unterlegenheit, Überlegenheit, Stolz, Minderwertigkeit, Neid können ganz leicht einsetzen und vieles ins Wanken oder gar Rutschen bringen. Wenn Sie das infrage stellen, probieren Sie es mit Menschen, die in der Lotterie gewonnen haben. Sehr wenige können mit dem finanziellen warmen Regen richtig umgehen.

Joseph hatte seinem Bruder Benjamin mehr mitgegeben als seinen anderen Brüdern. Er versorgte sie alle und gab jedem neue Kleider, aber Benjamin gab er noch 300 Silberstücke und fünf neue Kleider. Zweifellos erinnerte Joseph sich gut daran, was sich vor Jahren ereignet hatte, als man ihm mehr gegeben hatte als den anderen, aber er hatte seine Gründe, warum er Benjamin diese Dinge gab. Er wollte nicht, dass ein Streit entstünde. »Bitte zankt euch nicht darum«, sagte er zu seinen Brüdern.

Ich denke, es trifft zu, dass wir einander vertrauen sollen. Aber wir sollen niemals der Natur des anderen vertrauen. Deshalb raten Eltern ihren Kindern dasselbe. Eltern kennen die Natur ihrer Kinder besser, als ihre Sprösslinge das selbst tun. Es ist keine Frage des Vertrauens, es ist eine Frage, ob wir die Natur, die Eigenart im andern kennen.

Jakobs Reaktion

> So zogen sie hinauf von Ägypten und kamen ins Land Kanaan zu ihrem Vater Jakob und verkündeten ihm und sprachen: »Joseph lebt noch und ist Herr über ganz Ägyptenland!« Aber sein Herz blieb kalt, denn er glaubte ihnen nicht.
>
> Gen 45,25-26

Sie müssen hier beachten, dass Jakob nichts davon mitbekommen hatte, was sie erlebt hatten. Als er seine Söhne das letzte Mal gesehen hatte, fragte er sich, ob er sie je wieder sehen werde. Darüber hinaus hatte er 25 Jahre lang geglaubt, sein Sohn Joseph sei tot! Was für ein schrecklicher Schock! Seine Söhne kehrten nicht nur aus Ägypten beladen mit Vorräten und neuen Kleidern zurück, sondern mit der guten Nachricht: »Joseph lebt noch!«

Der Text sagt: »sein Herz blieb kalt«. Manche Übersetzungen sagen »sein Herz wurde ohnmächtig« oder »er war fassungslos«. Der hebräische Urtext sagt wörtlich: »Sein Herz wurde benommen.« Ich persönlich glaube, dass der alternde Herr so überwältigt und schockiert war durch die Nachricht, dass er einen leichten Herzinfarkt erlitt.

In seiner Vorstellung, in seinem Herzen hatte er Joseph vor

Jahren beerdigt. Er hatte jegliche Hoffnung aufgegeben, ihn je wieder zu sehen. Nun wurde ihm gesagt, dass sein lange totgeglaubter Sohn, sein Lieblingssohn, wirklich am Leben sei und ein einflussreicher Beamter sei, der als Premierminister über das gesamte Land Ägypten herrschte!! Zunächst glaubte Jakob ihnen nicht. Das ist doch nicht allzu überraschend? Dann …

> sagten sie ihm alle Worte Josephs, die er zu ihnen gesagt hatte. Und als er die Wagen sah, die ihm Joseph gesandt hatte, um ihn zu holen, wurde der Geist Jakobs, ihres Vaters, lebendig. Und Israel sprach: »Mir ist genug, dass mein Sohn Joseph noch lebt; ich will hin und ihn sehen, ehe ich sterbe.« Israel zog hin mit allem, was er hatte. Und als er nach Beerscheba kam, brachte er Opfer dar dem Gott seines Vaters Isaak.
>
> Gen 45,27-28

An dieser Stelle sagt die Bibel, dass Jakobs Geist »sich wieder belebte«. Als seine Söhne ihm berichteten, was Joseph gesagt hatte, und als er den Beweis der ägyptischen Großzügigkeit mit eigenen Augen sah, merkte Jakob, dass seine Söhne ihm die Wahrheit gesagt hatten. Bei dieser Feststellung erholte sich der Geist Jakobs und wurde springlebendig.

> Nur eine einzige Sache wird uns in den Versen 25-28 von der Rückkehr der Brüder zu ihrem Vater berichtet: »Joseph lebt noch!« Nachdem er dies erst einmal wirklich aufgenommen und gehört hat, kümmert sich Jakob kaum noch um die neuen Kleider der Brüder, den Schatz Benjamins oder um die Ladung Korn. In Kapitel 37 glaubte Jakob seinen Söhnen, als sie ihn belogen. In Kapitel 45 glaubte er ihnen nicht, als sie ihm die Wahrheit sagten. Schlechte Nachrichten nimmt er auf, gute weist er von sich. Jakobs Reaktion, als er hört, dass Joseph noch am Leben sei, ähnelt der der Jünger, als man ihnen sagt, dass Jesus am Leben sei – Schock, Unglaube, der sich endlich in unaussprechliche Freude verwandelt.
> Die ausgedehnte Unterhaltung der Brüder mit Jakob über Joseph (V. 27a) und der Anblick der Wagen (V. 27b) ge-

ben Jakob einen anschaulichen Beweis dafür, dass Joseph wirklich noch immer am Leben war. Er brauchte sich nicht mehr zu kneifen, um festzustellen, ob er träume (V. 27c). Die Söhne hätten die Geschichte über Joseph erfinden können. Aber die Wagen legten ein unwiderlegliches Zeugnis ab, dass ihre Geschichte tatsächlich authentisch war, darüber hinaus gab es ja auch noch die neuen Kleider und die 300 Silberstücke.

Nachdem Jakob nun überzeugt war, dass Joseph noch am Leben sei, entschließt er sich sofort, nach Ägypten zu ziehen.[46]

Ich glaube, dass Jakob von diesem Augenblick an nur noch einen einzigen Gedanken und ein Ziel hatte: seinen Sohn wieder zu sehen. Er vergaß alle Güter und Geschenke, die sich vor dem Eingang seines Zeltes stapelten, er vergaß sogar zu essen, obwohl er sicher ziemlich hungrig war. Er dachte nur an das eine: die eigentliche Familienzusammenführung mit seinem geliebten Sohn. Die 25 Jahre fielen von ihm ab wie ein Stein ins Wasser fällt: als ob es diese Jahre des Trauerns und des Verlustes nie gegeben hätte. Sein Sohn lebte! Und Jakob würde ihn noch sehen, bevor er sterben würde.

Und doch sprang Jakob nicht auf sein Pferd und galoppierte nach Ägypten, um seinen Sohn in die Arme zu nehmen. Abgesehen von der Tatsache, dass sein Alter solch eine impulsive Reaktion verhindert hätte, hatte Jakob doch in all diesen Jahren etwas gelernt. Ich bezweifle, dass dieser Vater in jener Nacht viel Schlaf gefunden hat, überhaupt in irgendeiner Nacht, bevor er Joseph wieder sah.

DIE REISE VON KANAAN NACH ÄGYPTEN

Israel zog hin mit allem, was er hatte. Und als er nach Beerscheba kam, brachte er Opfer dar dem Gott seines Vaters Isaak. Und Gott sprach zu ihm des Nachts in einer Offenbarung: »Jakob, Jakob!« Er sprach: »Hier bin ich.« Und er sprach: »Ich bin Gott, der Gott deines Vaters; fürchte dich nicht, nach Ägypten hinabzuziehen; denn daselbst will ich dich zum großen Volk machen. Ich will mit dir hinab nach Ägypten ziehen und will dich auch wieder heraufführen, und Joseph soll dir mit seinen Händen die Augen zudrücken.«

Gen 46,1-4

Eine Vision von Gott selbst

Nun, der alte Jakob hatte einige schwere Lektionen lernen müssen darüber, was passiert, wenn man nicht mit Gott spricht und ihm keinen Platz im Leben einräumt. Daher wollte er sicher sein, dass Gott dahinter steckte. Es handelte sich um einen riesigen Schritt für die ganze Familie. Er lud zwar seinen gesamten Haushalt auf und begann die Reise, aber als sie nach Beerscheba im südlichen Kanaan kamen, hielt er an. Bevor er irgendeinen weiteren Schritt täte, wollte er dort einen Altar bauen und dem Herrn, seinem Gott, ein Opfer bringen. Gott sei Dank war Jakob zu einem beherrschten, weisen alten Mann herangereift. Er hielt inne und wartete, war bereit zu erfahren, ob die Gegenwart Gottes und sein Segen den Zug nach Ägypten begleiten würden.

Es muss ein großer Augenblick gewesen sein, als er in der Nacht durch die Stimme Gottes geweckt wurde: »Jakob!« »Jakob!« »Hier bin ich«, antwortete dieser ruhig. »Ich bin Gott, der Gott deines Vaters Isaak. Fürchte dich nicht, nach Ägypten hinabzuziehen, denn dort werde ich dich zu einer großen Nation machen. Ich werde mit dir nach Ägypten ziehen und ich werde dich auch wieder hierher zurückbringen. Und dein Sohn Joseph wird bei dir sein, wenn du stirbst.«

Dies ist nicht nur ein wichtiger Augenblick für Jakob und seine unmittelbare Familie, sondern für ganz Israel. Dies ist eine frühe prophetische Ankündigung des gewaltigen Exodus Israels aus Ägypten. Gehen Sie zurück und lesen Sie Gottes Worte an Jakob noch einmal. Beachten Sie die Zusage: »Ich werde dich ebenso gewiss wieder heraufbringen [in dieses Land].«

Gott hat Jakob nicht gesagt, wie lange Israel in Ägypten sein würde. Auch hat er Jakob nicht beschrieben, wie groß die Nation werden würde. *Wir* wissen, dass sie über 400 Jahre dort waren. *Wir* wissen, dass Israel in diesen Jahrhunderten zu einer Nation von irgendwo zwischen einer und drei Millionen Menschen anwuchs. Aber alles, was Jakob wusste, war, dass Gott mit ihm nach Ägypten ziehen würde und dass er seine Familie zu einer großen Nation machen würde. Das war wirklich alles, was der alte Mann im Augenblick wissen und gesagt bekommen musste. Jetzt konnte er in Frieden weiterziehen. Aber Gottes Schlusszusage war, dass er eines Tages alle Hebräer nach Kanaan zurückbringen würde, weshalb es ja bis heute ganz angemessen »das verheißene Land« genannt wird.

Wenn man einen großen Schritt wagt, kann das eine der unsichersten Zeiten sein, die man in seinem Leben durchmachen muss. An einem Ort die Wurzeln abzuschneiden und zu versuchen, woanders wieder Wurzeln zu schlagen, kann nicht nur angstbeladen sein, sondern auch betrüblich, deprimierend. Deshalb, so denke ich, sollten wir hier innehalten und versuchen zu verstehen, was es für Jakob bedeutete, Gottes Zustimmung gehört zu haben. Ich habe Leute getroffen, die Jahre gebraucht haben, sich einzuleben, anzupassen und einzufügen – und manche, die sich einfach nie eingewöhnt haben. Für einen Christen wird dies durch ein Gefühl des Fragens betont, ob Gott hinter diesem Schritt steht. Und sogar, wenn wir uns in unserem Schritt bestätigt fühlen, dass Gott dahinter steht, können wir immer noch Zeiten der Unsicherheit und Entmutigung erleben. Ich beziehe mich hier nicht nur auf örtliche Veränderungen, sondern auch auf andere große Schritte wie das Ergreifen eines neuen Berufes, oder die Änderung des Familienstandes vom Ledigsein zur Ehe. Das sind große, riesengroße Änderungen! Die Vergewisserung, dass Gott bei solchen Veränderungen des Lebensstils und in Perioden der Anpassung und Eingewöhnung bei uns ist, ist außerordentlich wichtig.

Jakob zeigt uns auch, dass es sehr viel mehr zu bedenken gibt bei einem großen Schritt wie einem Umzug, viel mehr als Geld, größeren Komfort oder mehr Bequemlichkeit. Umzuziehen, einen großen Schritt zu machen bedeutet mehr als nur das Angebot eines höheren Gehaltes oder einer Beförderung im Management anzunehmen. Als Kinder Gottes ist es doch für uns natürlich, auf Gottes Stimme zu hören und zu fragen: »Stehst du dahinter? Gefällt es dir?« Insofern beeindruckt Jakob uns hier.

»Herr, man hat mir erzählt, dass mein geliebter Sohn in Ägypten lebt, und dass man uns ein Leben in Fülle und Bequemlichkeit versprochen hat, falls wir dorthin gehen«, sagt Jakob. »Ich weiß, dass er möchte, dass ich zu ihm komme. Und ich sehne mich danach, ihn wieder zu sehen. Ich weiß, dass der Pharao Vorkehrungen getroffen hat, uns Vorräte und Wagen geschickt hat und uns das beste Land in Ägypten versprochen hat. Aber Herr, du Gott meiner Väter, *stehst du dahinter?* Bist du auch dafür?«

Jakob stand einem völlig neuartigen Erlebnis gegenüber. Er war aufgefordert, von seinem einfachen, ländlichen, monotheistischen Lebensstil in Kanaan Abschied zu nehmen und sich einem gebildeten, polytheistischen Leben in Ägypten mit all seinen Versuchungen zu stellen. Würden er und seine Nachkommen das verlieren, was sie auszeichnete und zu etwas Besonderem machte?

Was wir hier beobachten, ist nicht schlicht eine Familie, die umzieht, sondern eine Nation. Als Jakob und seine Familie Kanaan verließen, waren dort keine Israeliten mehr, denn sie *waren* Israel! Siebzig an der Zahl, nicht mitgezählt die Frauen der Söhne. Wenn sie nach Ägypten zögen, würden sie dort eine Nation in einer anderen Nation bilden. Kein Wunder, dass Jakob sagte: »Gott, ich möchte jetzt deine Stimme hören.«

Nur wenn wir wissen, dass Gott dahinter steht, machen wir unseren Schritt, nur dann ziehen wir um. Ich bin beeindruckt davon. Ich habe in diesem Buch viele negative Dinge über Jakob gesagt, deshalb ist es angemessen, auch seine andere Seite zu beleuchten. Er war kein Küken mehr, dieser Jakob in Kapitel 46 von Genesis. Entsprechend der Angabe von Gen 47,9 war er 130 Jahre alt. Er war zweifellos gebeugt und faltig, hatte schneeweißes Haar und einen entsprechend langen Bart – er hatte durchaus das Alter, wo man sagen würde, er sei »zu alt für solch einen Schritt, so einen riesigen Umzug«. Wer sagt das? Hier ist der Grund, weshalb mich Jakob so beeindruckt: Er hatte keine Angst vor einer Herausforderung, solange er nur wusste, dass sein Herr dahinter stand. Wenn sie bedeutete, dass er das vertraute Land Kanaan verlassen musste und sein Leben dem neuen Anblick, den Geräuschen und Gerüchen von Gosen anpassen musste, dann würde er das eben tun. Die Risiken erschreckten ihn nicht und auch die Veränderungen nicht, die er auf sich nehmen und denen er sich stellen musste.

Ich liebe diese Haltung – diese »Los-geht's«-*Haltung!* Der alte Jakob »zog hin mit allem, was er hatte«, und nachdem er einmal das zustimmende Nicken Gottes am Altar von Beerscheba gesehen hatte, gab es keinen Blick zurück. Toll, Jakob – du bist von der Sorte Mann, die mir gefällt!

Als der verstorbene General Douglas MacArthur seinen 75. Geburtstag feierte, schrieb er diese erkenntnisreichen Worte:

> Mitten in jedem menschlichen Herzen befindet sich ein Aufzeichnungsraum; so lange er Botschaften der Schönheit, der Hoffnung, der Zuversicht und des Mutes empfängt, so lange ist man jung. Wenn keine neuen Botschaften mehr hereinkommen und dein Herz beladen ist mit dem Schnee des Pessimismus und dem Eis des Zynismus, dann und erst dann, bist du alt geworden.[47]

Die Reise nach Ägypten

> Da machte sich Jakob auf von Beerscheba. Und die Söhne Israels hoben Jakob, ihren Vater, mit ihren Kindern und Frauen auf die Wagen, die der Pharao gesandt hatte, um ihn zu holen, und nahmen ihr Vieh und ihre Habe, die sie im Lande Kanaan erworben hatten, und kamen so nach Ägypten, Jakob und sein ganzes Geschlecht mit ihm.
>
> Gen 46,5-6

So machten sich Jakob und seine Söhne auf den Weg nach Ägypten, mit Wagen voll Frauen und Kindern, Söhnen und Töchtern, Enkeln und Enkelinnen, Schwagern und Schwägerinnnen, mit all ihrem Hab und Gut und ihrem Vieh. Man fühlt sich an *The Grapes of Wrath* erinnert *(»Die Früchte des Zornes«)*. Was für eine Karawane!

Als sie in Ägypten ankamen, muss diese ländliche, vom Hunger gezeichnete, weit gereiste Familie ausgesehen haben wie ein Haufen Vagabunden, mit weinenden Babys, persönlichen Besitztümern und Vieh. Wie auch immer, sie betraten das großartige Land des Pharaos.

Gelehrte haben geschätzt, dass Jakob ungefähr im Jahre 1876 v. Chr. nach Ägypten gekommen sei, was in die Ära fällt, die als das Mittlere Königreich oder die 12. Dynastie genannt wird. Den Historikern zufolge war das eine Phase großer Macht und Stabilität in Ägypten. Militärische Feldzüge und Expeditionen in die äußeren Provinzen und Nachbarländer zur Gewinnung von Steinen und Mineralien machten Ägypten zur vorherrschenden, beinahe imperialistischen Macht. Die Wirtschaft entwickelte sich, die Erfolge in Bildung, Bildhauerei, Architektur und Literatur waren Zeichen der Hochkultur. Die Schriften dieser Zeit gehörten zu den führenden Texten der Jahrhunderte danach.

In dieses Ägypten also bewegten sich Jakob und seine Nachkommen.

Man kann ihr Erstaunen vermutlich nur ahnen, als sie in eine Welt der Leistung, Schönheit und Kultur eintraten. Wunderbare Städte. Reiche Leute. Und man kann sich wohl nur ein schwaches Bild von dem machen, was die Ägypter gedacht haben müssen, als sie jene anschauten, die aussahen wie ein Haufen von Einfaltspinseln vom Lande, die durch die Tore zogen. Die anderen durften gerne über sie lachen, wenn sie denn wollten, aber ihr Gott Jehovah war mit ihnen und machte sie unbesiegbar.

DAS WIEDERSEHEN MIT JOSEPH

Und Jakob sandte Juda vor sich her zu Joseph, dass dieser ihm Goschen anwiese. Als sie in das Land Goschen kamen …

Gen 46,28

Joseph hat auf diesen herrlichen Tag gewartet. Er hatte sich dieses Wiedersehen über 25 Jahre lange vorgestellt. Ob er wohl nachts in seinem Schlafgemach auf und ab ging und sich fragte, ob seine Brüder wiederkommen würden? Ob er Ängste ausstand, sein Vater könne nicht mehr am Leben sein, wenn sie nach Kanaan zurückkämen? Und wenn er noch am Leben wäre, würde dann der sture alte Mann ihnen glauben und mit ihnen kommen?

Die Ankunft in Gosen

Endlich war der Tag gekommen, an dem seine Späher die Nachricht brachten, dass die Karawane, auf die er so sehnlich gewartet hatte, am Horizont aufgetaucht sei. (Es ist Ihnen doch klar, dass Joseph Späher postiert hatte. Dieser Mann hatte *alles* vorbereitet und bedacht.)

Juda reiste vorweg, um Wegweisung einzuholen. Aber Joseph gab oder sandte nicht nur Wegweisung. Er sprang in seine eigene Staatskarosse und fuhr los, um seinen Vater zu treffen.

Das Treffen von Vater und Sohn

Und dann kommt dieser wunderbare Augenblick – eine weitere jener Szenen, wo einem die Worte fehlen.

> … (da) spannte Joseph seinen Wagen an und zog hinauf seinem Vater Israel entgegen nach Gosen. Und als er ihn sah, fiel er ihm um den Hals und weinte lange an seinem Halse.

Gen 46,29

Halten Sie inne und lassen Sie es sinken, was da geschieht.

Ich mag die knappen und doch so gut geschilderten Zeilen des Historikers Alfred Edersheim, mit denen er diese intime Begegnung malt:

Auf seiner Reise hatte Jakob seinen Sohn Juda vorausgeschickt, um Joseph von seiner Ankunft zu unterrichten. Dieser eilte los, um seinen Vater am Grenzland Gosen in Empfang zu nehmen. Ihr Zusammentreffen nach so langer Trennung war höchst zärtlich und anrührend. Die hebräische Wendung, die in unserer »Authorized Version« wiedergegeben wird mit »Joseph … präsentierte sich ihm« setzt ein ungemein glänzendes Aussehen und Auftreten voraus. Aber in der Gegenwart seines hebräischen Vaters war dieser große ägyptische Herrscher einfach wieder der Knabe Joseph.[48]

Stellen Sie sich vor, wie das gewesen sein muss! Nach mehr als zwei Jahrzehnten hielt Jakob wieder den Sohn in seinen Armen, den er als tot aufgegeben hatte. Nach all dem, was Joseph durchgemacht hatte, umarmte er nun seinen greisen Vater – den Mann, den er so sehr vermisst hatte und gefürchtet hatte, dass er ihn nie wieder sehen würde. Da standen nun die beiden Männer und sahen sich tief in die Augen. Im einen Augenblick weinten sie, im anderen lachten sie. *Welch eine herrliche Familienzusammenkunft!*

Dies erinnert mich an einen Artikel, den ich in der Fullerton News Tribune vor einigen Jahren gelesen habe, der die Geschichte von Zwillingen erzählte, die nach der Geburt getrennt worden waren. Sie wussten, dass sie adoptiert worden waren, hatten aber keine Ahnung, wer ihre leiblichen Eltern waren. Mithilfe einer dritten Person wurden sie zusammengebracht. Aber als Bilder in der Zeitung davon gezeigt wurden, wie sie sich als Erwachsene zum ersten Mal trafen, tauchte eine dritte identische Person auf. Sie waren Drillinge! So aufgeregt und fassungslos diese drei Männer auch gewesen sein mögen, meine ich doch, dass diese eigentliche Familienzusammenführung noch großartiger war. Jakob sagte das einzig Passende, sobald er sich wieder gefangen hatte: »Nun kann ich sterben, denn ich habe dein Gesicht gesehen und weiß, dass du noch lebst.« (Gen 46,30)

Rückschau, Vorausschau

Während ich darüber nachdenke, wandern meine Gedanken zu anderen Treffen, die Tränen der Begeisterung hervorriefen. Reisen Sie mit mir zurück zu einigen ausgesuchten geschichtlichen Begebenheiten.

Bei Esra und Nehemia lesen wir von einer nationalen Zusammenkunft. Die Nation (Juda) war über 70 Jahre in Gefangenschaft gewesen. Schließlich sagte der König: »Ihr könnt in euer Land zurückgehen.« Jerusalem war zerstört worden. Fast kein Stein stand mehr auf dem anderen. Deshalb begannen die Leute, sowohl die Stadtmauer als auch den Ort der Anbetung wieder aufzubauen, und sie versammelten sich auf dem Hauptplatz der Stadt, um zum ersten Mal seit vielen Jahrzehnten das Wort Gottes zu hören.

Sie waren 70 Jahre in Gefangenschaft gewesen. Was für ein nationaler Eifer und Stolz muss durch die Adern dieser Juden geströmt sein, als sie wieder in ihrem Heimatland standen und hörten, wie Esra anfing, das Wort ihres Gottes laut vorzulesen. Das Ergebnis ist für uns in Nehemias Bericht festgehalten worden:

Und Nehemia, der Statthalter, und Esra, der Priester und Schriftgelehrte, und die Leviten, die das Volk unterwiesen, sprachen zu allem Volk: »Dieser Tag ist heilig dem Herrn, eurem Gott; darum seid nicht traurig und weinet nicht!« Denn alles Volk weinte, als sie die Worte des Gesetzes hörten. Darum sprach er zu ihnen: »Geht hin und esst fette Speisen und trinkt süße Getränke und sendet davon auch denen, die nichts für sich bereitet haben; denn dieser Tag ist heilig unserm Herrn. Und seid nicht bekümmert; denn die Freude am Herrn ist eure Stärke.« Und die Leviten trösteten alles Volk und sprachen: »Seid still, denn der Tag ist heilig;

seid nicht bekümmert!« Und alles Volk ging hin, um zu essen, zu trinken und davon auszuteilen und ein großes Freudenfest zu machen; denn sie hatten die Worte verstanden, die man ihnen kundgetan hatte.

Neh 8,9-12

Als sie zum ersten Mal mit eigenen Ohren das Wort Gottes hörten nach diesen vielen Jahren – manche von ihnen zum *allerersten* Mal überhaupt – streckten sie die Arme anbetend zum Himmel aus und weinten laut.

Überdenken Sie das einmal! Diese Leute waren Kriegsgefangene gewesen, jahrelang in Gefangenschaft, jahrzehntelang. Manchmal, und das kam auch in dieser großartigen Nation vor, brachte Konfrontation mit dem Wort Gottes in ihrem Geist Verachtung und Ungehorsam hervor. Im Ergebnis hatten sie unter Gefühlen der Gottferne gelitten in ihrer harten Gefangenschaft. Dann plötzlich waren sie befreit, man erlaubte ihnen, in ihr geliebtes Heimatland zurückzukehren. Die Ältesten, die Älteren und die Ergrauenden. Die Jüngsten, die ihr ganzes Leben in der Gefangenschaft zugebracht hatten, erlebten etwas ihnen völlig Unbekanntes. Sie konnten sich wieder an einer Stelle zur Anbetung versammeln und das Wort Gottes hören. Und mit ausgebreiteten, zum Himmel gereckten Armen konnten sie nur laut weinen, ausbrechen in Tränen der Freude und Begeisterung.

Eine Zusammenkunft völlig anderer Art wird im Neuen Testament genannt. Ich denke an die Zeit, als Jesus die Geschichte vom verlorenen Sohn erzählte. Als er davon redete, sprach er von einem persönlichen Wiedersehen und -finden.

Der verlorene Sohn sagte: »Vater, ich habe ein Recht auf mein Erbe und auf meine Freiheit. Gib sie mir, damit ich mein Leben voll leben kann.«

Sein Vater hielt nicht dagegen, sondern händigte ihm das Geld aus, und der Junge ging los auf seinem eigenen, zerstörerischen Weg. Als er in die Grube gefallen war, die er sich selbst gegraben hatte, und zum Schluss die gleichen Schoten aß wie die Schweine, die er hütete, kam er schließlich zur Besinnung und machte sich nach Hause auf.

So geht es immer, wenn wir eine Reise entlang der Straße des Fleisches unternehmen. Es endet immer in einer Sackgasse. Alles, was wir an dieser Straße zu finden hofften, befindet sich zu Hause bei Gott.

Ich kann mir gut vorstellen, wie dieser Sohn am Horizont auftauchte und schon seine Rede fertig hatte und bei sich dachte: Ich werde mich entschuldigen und meinem Vater erzählen, dass ich es bereue und werde seine Vergebung erbitten. Ich werde ihn bitten, mich wieder zu akzeptieren.

Bevor er jedoch irgendein Wort sagen konnte, lief sein Vater schon auf ihn zu, ihm entgegen, umarmte ihn und küsste ihn wiederholt. Was für ein Wiedersehen!

Der Autor David Redding beschreibt seine eigenen Gefühle aus einer Zeit, als »Nach-Hause-Kommen« ihm sehr viel bedeutete:

Ich erinnere mich daran, von der Navy das erste Mal im Zweiten Weltkrieg nach Hause zu gehen. »Daheim« war so weit draußen auf dem flachen Lande, dass wir, wenn wir jagen wollten, Richtung Stadt gehen mussten. Wir waren dort hingezogen, als ich 13 war, wegen der Gesundheit meines Vaters. Wir mästeten Kälber und hielten Pferde.

Ich fing mit einer kleinen Herde von Shropshire-Schafen an, der Rasse, die vollkommen mit Wolle bedeckt ist, nur nicht auf der schwarzen Nase und an den Hufen, am Ende der schwarzen Beine. Mein Vater half, wenn sie zur Lamm-Zeit ihre Zwillinge gebaren, und ich konnte auch aus der Entfernung jedes Schaf problemlos erkennen. Ich hatte einen herrlichen Bock. Nebenan lebte ein armer Mann, der einen schönen Hund hatte und eine kleine Herde, die er durch meinen Bock verbessern wollte. Er fragte mich, ob ich ihm den Bock borgen würde; ich könnte dafür auch aus dem Wurf seines mit einer Medaille ausgezeichneten Hundes einen Welpen aussuchen.

So bekam ich Teddy, einen großen, schwarzen schottischen Schäferhund. Teddy war mein Hund und er hätte alles für mich getan. Er wartete auf mich, wenn ich von der Schule heimkam. Er schlief neben mir, und wenn ich pfiff, rannte er zu mir, selbst wenn er beim Fressen war. Nachts konnte niemand herein ohne Teddys Zustimmung. Während der langen Sommer auf den Feldern sah ich meine Familie eigentlich nur nachts, aber Teddy war immer bei mir. Und daher wusste ich nicht, wie ich es machen sollte, als ich Abschied nehmen musste, um in den Krieg zu ziehen. Wie erklärst du jemandem, der dich liebt, dass du ihn verlassen musst und morgen nicht wie immer mit ihm zusammen jagen wirst?

Daher war es für mich etwas beinahe Unbeschreibliches, als ich zum ersten Mal von der Flotte nach Hause kam. Die letzte Bushaltestelle war 14 Meilen von der Farm entfernt. Ich stieg dort in jener Nacht etwa um 23 Uhr aus und ging dann zu Fuß nach Hause. Es war 2 oder 3 Uhr morgens, als ich noch etwa eine halbe Meile von dem Haus entfernt war. Es war stockdunkel, aber ich kannte jeden Stein. Plötzlich hörte Teddy mich und begann sein warnendes Bellen. Dann pfiff ich einmal. Das Bellen hörte auf. Dann folgte ein kurzer Heuler des Wiedererkennens, und ich wusste, dass ein großes schwarzes Etwas im Dunkeln auf mich zuraste. Fast im selben Augenblick war er in meinen Armen. Bis heute kann ich so am besten erklären, was es bedeutet, nach Hause zu kommen.

Was mir nun klar wird, ist, was dieser unvergessliche Augenblick mir über meinen Gott sagt: Wenn mein Hund mich ohne Erklärung nach so langer Zeit lieben und wieder annehmen konnte, sollte mein Gott das nicht können? [49]

Diese Geschichten führen uns zu einem anderen Treffen, das in der Bibel beschrieben wird, der letzten, endgültigen Familienzusammenführung, die die Hoffnung jeden Kindes Gottes ist. Wir lesen darüber im Brief des Paulus an die Thessalonicher:

> Wir wollen euch aber, liebe Brüder, nicht im Ungewissen lassen über die, die entschlafen sind, damit ihr nicht traurig seid wie die andern, die keine Hoffnung haben. Denn wenn wir glauben, dass Jesus gestorben und auferstanden ist, so wird Gott auch die, die entschlafen sind, durch Jesus mit ihm einherführen. Denn das sagen wir euch mit einem Wort des Herrn, dass wir, die wir leben und übrig bleiben bis zur Ankunft des Herrn, denen nicht zuvorkommen werden, die entschlafen sind. Denn er selbst, der Herr, wird, wenn der Befehl ertönt, wenn die Stimme des Erzengels und die Posaune Gottes erschallen, herabkommen vom Himmel, und zuerst werden die Toten, die in Christus gestorben sind, auferstehen. Danach werden wir, die wir leben und übrig bleiben, zugleich mit ihnen entrückt werden auf den Wolken in die Luft, dem Herrn entgegen; und so werden wir bei dem Herrn sein allezeit. So tröstet euch mit diesen Worten untereinander.
>
> 1. Thess 4,13-18

Was für einen Trost das bedeutet! Was für ein Augenblick wird das sein! Wenn alle Menschen, die zu Gott gehören, sich treffen werden in der Gegenwart des lebendigen Christus. Es gibt keine zureichenden Worte, um das zu beschreiben. Liederdichter scheinen dem am nächsten zu kommen. Der Liederschreiber James M. Black hat das vor vielen Jahren auf seine Art getan:

When the trumpet of the Lord shall sound
Wenn des Herrn Trompete erschallen
And time shall be no more,
und die Zeit nicht mehr sein wird,

215

And the morning breaks eternal, bright and fair
wenn der Morgen hervorbricht, ewig, hell und klar,
when the saved of earth shall gather
wenn die auf Erden Geretteten zusammenkommen
over on the other shore
am anderen Ufer
And the roll is called up yonder, I'll be there!
und alle aufgerufen werden drüben – dann werde ich dabei sein!

On that bright and cloudless morning
An diesem hellen und wolkenlosen Morgen,
When the dead in Christ shall rise
wenn die in Christus Gestorbenen auferstehen
And the glory of His resurrection share –
und die Herrlichkeit seiner Auferstehung teilen werden –
When His chosen ones shall gather
wenn seine Erwählten alle zusammenkommen
to their homes beyond the skies
in ihrer Heimat über dem Himmel
and the roll is called up yonder - I'll be there![50]
und alle aufgerufen werden drüben – dann werde ich dabei sein!

An jenem Tag werden wir alle den Schall einer Trompete hören. Ich kenne Menschen, die erwarten, dass man eine harmonische Harfenmelodie hören wird. Ich nicht. Ich erwarte das einsame Weinen einer Harmonika zu hören – weil mein Väterchen schon in der Herrlichkeit ist und meine Ankunft erwartet. An jenem Morgen, wo das Aufstehen eine Lust sein wird, wird meine gesamte Familie für immer in der Gegenwart des Herrn vereinigt sein.

In Wirklichkeit wird es – so kostbar Ihnen Ihre Erinnerungen auch sein mögen – nicht darauf ankommen, wie Sie waren. Es wird darauf ankommen, wie Sie jetzt sind. Und wenn Sie noch so viele stabile Familienbeziehungen hätten, würde Sie das nicht zum Kandidaten und fit für den Himmel machen. Nur durch Jesus Christus können Sie dazugehören, wenn alle aufgerufen werden, die zu seiner Familie gehören.

Wir können dankbar sein für den Aufzeichnungsraum in unseren Erinnerungen, die uns jung erhalten. Aber was wir wirklich brauchen, ist jener wichtige Augenblick der tiefen Bestätigung, dass wir zu ihm gehören. Nur dann können wir vorwärts blicken in der Hoffnung auf dieses letzte, endgültige Familientreffen.

KAPITEL ELF

Integrität am Arbeitsplatz

Ein junger Mann wurde belauscht, als er von einem Münztelefon aus jemanden anrief. Nachdem er seine Münzen eingeworfen und die Nummer eingegeben hatte, hörte der Zuhörer die folgenden Sätze:

»Sir, können Sie einen ehrlichen, hart arbeitenden Angestellten brauchen?«, fragte der junge Mann. »Nein? … Oh, Sie haben schon einen? Nun dann danke ich Ihnen trotzdem«, sagte er und hängte ein. Als er sich abwandte, lächelte er und begann auf dem Weg zu seinem Auto zu pfeifen.

»Junger Mann«, sprach ihn der Zuhörer an, »ich konnte nicht anders, als Ihnen zuzuhören. Stimmt es, dass man Ihnen gerade keine Stelle angeboten hat?«

»Ja«, grinste dieser.

»Und was gibt es daran zu lächeln und fröhlich zu sein?«

»Weil *ich* der ehrliche, hart arbeitende, fähige Angestellte *bin*, den sie schon haben. Ich wollte nur mal sehen, wie man es dort sieht.«

Wenn Sie Ihre Stimme verstellten und am Telefon Ihrem Manager oder Chef dieselbe Frage stellen würden, was, meinen Sie, wäre die Antwort? Würde er oder sie zu Ihnen sagen: »Tut mir Leid, diese Position ist schon mit genau der richtigen Person besetzt.« Oder würde man Ihnen sagen: »Sicher, wir brauchen so jemanden wie Sie. Wollen Sie kommen und sich vorstellen?«

Es ist erstaunlich, wie wenig wir von Kanzeln oder christlichen Buchautoren über den Arbeitsplatz hören. Wie wenig wir hören über die Wichtigkeit unseres Arbeitslebens, obwohl doch das den Hauptteil unserer Energie jede Woche ausfüllt. Ich bin der Ansicht, dass wir unserer Arbeit mehr Aufmerksamkeit widmen sollten, dem Ort, an dem wir angestellt sind, dem Ort, an dem wir die meisten unserer Stunden verbringen und wo wir unseren Lebensunterhalt verdienen. Warum ich das meine?

Erstens enthüllt sich am *Arbeitsplatz unser Charakter* am meisten. Es ist ja nicht unser Verhalten am Sonntagmorgen, der die Tiefe unseres christlichen Glaubens zeigt. Es ist die Art, wie wir uns am Arbeitsplatz, in unserem Job, verhalten. Fragen Sie mal jemanden, der mit Ihnen zusammen, über oder unter Ihnen im selben Team arbeitet, über Ihr Christsein und der Befragte wird nicht darüber reden, wie Sie sich sonntags verhalten. Der Mensch wird darüber reden, wie Sie sind, wenn man mit Ihnen oder für Sie arbeitet, Tag um Tag, die ganze Woche.

Ihre Handlungen und Ihre Haltung am Arbeitsplatz erweisen Ihren Charakter. Alle negativen Züge kommen sehr schnell ans Tageslicht: Faulheit, Unehrlichkeit, Ärger, Gier, Zwietracht, Klatsch, Kleinlichkeit, Vertrauensbruch, mangelnde Loyalität, Ungeduld – was auch immer. Demgegenüber zeigen sich natürlich auch die guten Seiten: Strebsamkeit, Pünktlichkeit, Ehrlichkeit, Humor, Harmonie, Einfühlungsvermögen, Hingabe, Fähigkeit zur Teamarbeit, Begeisterung, Dienstbereitschaft, Loyalität, Genauigkeit, Ermutigung, Unterstützung, Großzügigkeit – um nur einiges zu nennen.

Einer hat einmal gesagt: »Business gleicht einem Hotel: Die, die einen guten Service haben, werden nicht untergehen.« Das trifft vor allem auf die Arbeit zu.

Zweitens *ist der Arbeitsplatz ein herausforderndes Gebiet, in dem man unter Druck steht.* Viele von Ihnen kennen das nur allzu gut, denn gerade jetzt leben Sie unter einer Art von Druck, die

Ihre Energie anzapft und aufbraucht, Sie beinahe überfordert und Ihren gesamten Einsatz verlangt.

Da ist der Druck der Arbeitsbelastung. Wenn Sie sich Ihren Schreibtisch ansehen, der unter Bergen von Papier versteckt ist, dann die nicht eingehaltenen Fristen, unbeantwortete E-Mails, dann fühlen Sie sich oft, als ob Sie das nie in den Griff bekommen könnten. Der Stapel ist so hoch, Ihre eingegangene Post so überladen, dass sie dem schiefen Turm von Pisa zu ähneln beginnt.

Dann gibt es den Druck aus der Zusammenarbeit mit Menschen. Auf die eine oder andere Weise arbeiten wir alle mit Menschen zusammen. (Sogar der schläfrige Reparateur der Elektrizitätsgesellschaft hat gelegentlich mit Kunden zu tun.)

Dann gibt es noch den Druck, den die vielen Kleinigkeiten im Büro oder der Klatsch ausüben. Es gibt den Druck, der daher stammt, dass Sie der eine Mensch sind, der überall das Feuer löschen muss, sogar die kleinen Buschfeuer, die unter Kontrolle gebracht werden müssen, wenn sie nicht in Waldbrände ausarten sollen.

Ein weiser Mensch hat einmal gesagt: »Man kann die Art einer Firma bestimmen anhand des Personals, das sie hat.« Und in dieser Hinsicht sind manche von Ihnen unter Druck, weil Ihre Firma sich verkleinert, reorganisiert und Sie nicht sicher sein können, wie lange Sie Ihren Arbeitsplatz noch haben werden. Oder Sie haben vielleicht einen Chef, der so unangemessene Anforderungen stellt, dass Sie den Druck nicht länger aushalten und erkennen, dass Sie die Arbeitsstelle verlassen müssen.

Ich habe von einer großen Anzeigenfirma in New York gelesen, deren hochfahrender Chef täglich ungefähr vier Angestellte feuert. Jeder, der ein ganzes Jahr dort übersteht, bekommt heimlich einen Preis von erstaunten Kollegen verliehen. Einer der stellvertretenden Chefs der Firma erinnert sich seufzend an den ersten Tag, an dem er begann die Arbeit dort zu hassen: »Ich nahm es nicht weiter tragisch, dass mein Name mit Kreide an die Tür geschrieben war, aber was ich übel fand, war, dass ein nasser Schwamm vom Türgriff baumelte.«

Es gibt keinen Zweifel, der Arbeitsplatz ist ein Gebiet hoher

Herausforderung, der Sie unter Druck setzt und Ihren Charakter enthüllt.

Drittens ist Arbeit ein genauer Test Ihrer Leistungskraft. Sind wir gut organisiert? Sind wir entscheidungsfreudig? Können wir schwierige Entscheidungen treffen? Können wir schöpferisch denken? Halten wir unsere Fristen ein? Unsere Budgets? Erreichen wir unsere Ziele? Bringen wir Aufgaben zu Ende, die man an uns delegiert hat? Gehen wir Dingen, die wir angestoßen haben, genügend nach? Stellen wir Probleme und Schwachstellen und mögliche Schwierigkeiten fest, bevor es kracht? Scherzhaft sagte ein Freund zum anderen: »Jeder sollte so viel bezahlt bekommen, wie er wert ist, unabhängig davon, wie viel Abstriche das für ihn bedeuten würde.«

Jetzt ist ein guter Augenblick gekommen, um eine theologische Frage zu stellen: Ist Gott nicht der allmächtiger Herrscher über allem, auch an unserem Arbeitsplatz? Seit wann hat der Charakter Urlaub vom Arbeitsplatz? Und wer hat gesagt, dass unsere Treue zur Kirche wichtiger sei als unsere Treue zum Arbeitsplatz? Irgendwie habe ich nie verstehen können, wie Nachfolger Christi ihr Leben in verschiedene Kuchenstücke aufteilen konnten, von denen sie das eine weltlich, das andere geistlich nennen.

Wenn es um Charakter am Arbeitsplatz geht, dann können wir von Joseph wertvolle Dinge lernen.

JOSEPH – EIN BESONDERES MODELL, DAS DER NACHAHMUNG WERT IST

Der ägyptische Premierminister ist ein großartiges Vorbild, dem nachzueifern sich lohnt. Wie wir bald sehen werden, teilte er sein Leben nicht in viele voneinander unabhängige Einheiten ein. Vielmehr lebte er ein ganzheitliches Leben in wohltuender Integrität.

Als Premier war er allein dem Pharao verantwortlich. Er war nicht nur der oberste Regierungsbeamte, er hatte das Amt auch in einer äußerst schwierigen Übergangszeit inne. Es hatte alles im Überfluss gegeben; jetzt war Notzeit. Die Hungersnot hatte in den vergangenen beiden Jahren im Land gewütet und dank der Weisheit, die Gott ihm gegeben hatte, wusste Joseph, dass diese entsetzlich harte Zeit noch weitere fünf Jahre anhalten würde.

Eine siebenjährige Hungersnot? Stellen Sie sich die Unsicherheit vor, die Angst, die Panik, die solch eine Quälerei hervorbringen muss! Bedenken Sie die Verantwortung, das Gewicht, das sie hat. Joseph fühlte das alles, darüber hinaus trug er nun auch noch die Verantwortung für seine Familie. Und das war nicht nur eine kleine Kernfamilie – Mutter, Vater und einige Kinder. Es handelte sich um 70 Leute. Und sie waren Hebräer aus Kanaan, die versuchten, ihren Haushalt in einer völlig fremdartigen Umgebung in Ägypten einzurichten.

Wie sollte Joseph diese ganze Verantwortung tragen? Was tat er, um seine vielen Aufgaben zu erfüllen, ohne seine Integrität zu beeinträchtigen? Gab es da einige Geheimnisse, die wir aufdecken können, wenn wir die Arbeitslast untersuchen, die auf ihm ruhte?

Zunächst: *Joseph plante in weiser Objektivität voraus.*

> Joseph sprach zu seinen Brüdern und zu seines Vaters Hause: »Ich will hinaufziehen und dem Pharao ansagen und zu ihm sprechen: ›Meine Brüder und meines Vaters Haus sind zu mir gekommen aus dem Lande Kanaan und sind Viehhirten, denn es sind Leute, die Vieh haben; ihr Kleinvieh und Großvieh und alles, was sie haben, haben sie mitgebracht.‹ Wenn euch nun der Pharao wird rufen und sagen: ›Was ist euer Gewerbe?‹, so sollt ihr sagen: ›Deine Knechte sind Leute, die Vieh haben, von unserer Jugend an bis jetzt, wir und unsere Väter‹ – damit ihr wohnen dürft im Lande Goschen. Denn alle Viehhirten sind den Ägyptern ein Gräuel.«

> Gen 46,31-34

Joseph machte seine Hausaufgaben. Er sah sich nicht einfach die Gegend an, suchte die beste Region aus und sagte dann zu seinem

Vater und seinen Brüdern: »Schaut her, Leute, dort könnt ihr euch niederlassen. Den Rest kläre ich mit dem Pharao.« Nein, Joseph unterwarf sich bereitwillig seiner Verantwortung dem Pharao gegenüber. Er lehnte es ab, seinem Vorgesetzten vorzugreifen. Zudem verschaffte er sich und den Seinen keine unfairen Vorteile, indem er vielleicht den Pharao daran erinnert hätte, dass er, Joseph, es gewesen war, der ihn Jahre zuvor gewarnt hatte, dass diese Hungersnot kommen würde.

Joseph dachte sich einen wirkungsvollen Plan aus, wie er vorgehen konnte, um seine Familie sesshaft zu machen. Er ging diesen Plan mit denen, die es betraf, durch und dann unterbreitete er ihn, wie wir gleich sehen werden, seinem Chef zur Abzeichnung. Joseph nahm zu keiner Zeit an, dass er einfach draufloswirtschaften könne, trotz seiner hohen Autorität und Verantwortung, die man ihm eingeräumt und übertragen hatte. Er hielt immer erst Rücksprache mit seinem Arbeitgeber.

Eine Klage, die ich oft über christliche Arbeitnehmer höre, die für christliche Arbeitgeber arbeiten, ist die der Anmaßung, die Erwartung einer bevorzugten Behandlung, weil man Mitglied derselben geistlichen Familie ist. Sie erwarten gewisse Vorteile, ein höheres Gehalt oder mehr Urlaub oder andere Vorteile, nicht, weil sie sie in irgendeiner Form verdient hätten, sondern einfach weil sie Mitglieder derselben Gemeinde oder Kongregation sind oder demselben Herrn dienen. Von all dem sehen wir bei Joseph nichts.

Joseph wusste, wie die Ägypter dachten und reagieren würden. Er hatte nicht nur mit dem Pharao zusammengearbeitet, sondern diesen Mann und sein Volk durch und durch studiert und genau beobachtet. Das erklärt, warum er seine Brüder warnte: »Schaut her, Schäfer sind diesem Volk ein Gräuel. Ihr seid nicht mehr in Kanaan, ihr seid in Ägypten. Deshalb möchte ich, dass ihr dem Pharao sagt, dass ihr Vieh haltet.« Das entsprach der Wahrheit. Er schlug ihnen nicht vor zu lügen, sondern riet ihnen nur, ein Schlagwort zu meiden – *Schäfer* –, das für den Pharao und sein Volk anstößig gewesen wäre.[51]

Frank Gobler spricht in seinem hervorragenden Buch »*Excel-*

lence in Leadership« über diese Art der Objektivität, wenn er feststellt: »Glänzende Leiter haben die Fähigkeit, die Dinge realistisch zu sehen. Sie werden nicht so leicht von anderen betrogen, auch üben sie keinen Selbstbetrug.«[53]
Arthur Maslow fügte noch hinzu:

> Eine der auffälligsten Fähigkeiten, die von Menschen berichtet wird, die sich selbst verwirklichen, ist ihre überragende Beobachtungsgabe. Sie können Wahrheit und Wirklichkeit weit klarer erkennen als der Durchschnittsbürger ... Unsere Versuchspersonen sehen die menschliche Natur, wie sie ist, und nicht, wie sie sie gerne hätten, wie sie sie bevorzugen würden ... Als Erstes wurde eine ungewöhnliche Fähigkeit beobachtet, bei Einzelnen die Falschen, die Aufgesetzten, die Unehrlichen zu erkennen und im Allgemeinen Menschen richtig und schnell einzuschätzen.[53]

Der Mensch, der die Spitze seiner oder ihrer Organisation erreicht, der Mensch, der eine leitende Stellung erhält, ist normalerweise jemand, der diese objektive Beobachtungsgabe hat, diese Fähigkeit, eher die Wahrheit zu sehen, als von Wunschdenken auszugehen. Das war sicher auch Josephs Vorgehen gegenüber dem Pharao, den Ägyptern und sogar gegenüber seiner eigenen Familie.

Zweitens unterstellte sich Joseph der Autorität mit loyaler Gewissenhaftigkeit.

> Da kam Joseph und sagte es dem Pharao an und sprach: »Mein Vater und meine Brüder, ihr Kleinvieh und Großvieh und alles, was sie haben, sind gekommen aus dem Lande Kanaan, und siehe, sie sind im Lande Goschen.« Und er nahm von allen seinen Brüdern fünf und stellte sie vor den Pharao. ... Joseph brachte auch seinen Vater Jakob hinein und stellte ihn vor den Pharao. Und Jakob segnete den Pharao. ... Aber Joseph ließ seinen Vater und seine Brüder in Ägyptenland wohnen und gab ihnen Besitz am besten Ort des Landes, im Lande Ramses, wie der Pharao geboten hatte.
>
> Gen 47,1,2,7,11

Sobald Joseph seine Familie an einem Ort untergebracht hatte, ging er zum Pharao und erzählte ihm, dass sie Ägypten erreicht habe. Zunächst nahm er fünf seiner Brüder als Familienvertreter und präsentierte sie dem Pharao; dann stellte Joseph seinen Vater dem Pharao vor.

Der Pharao sprach mit Josephs Brüdern über ihre Zukunft in Ägypten und sagte ihnen, dass ihnen das Land zur Verfügung stehe. Er führte auch ein eindrucksvolles Gespräch mit Jakob, in dessen Verlauf er sich nach dem Alter des Patriarchen erkundigte und einige Erlebnisse des alten Mannes erfuhr.

Joseph siedelte seine Familie in der besten Landschaft Ägyptens an, in einem Gebiet im fruchtbaren Nildelta, wie der Pharao ihm befohlen hatte. Diese Region wurde das Land Goschen genannt oder die Region von Zoan. Sie wird auch mit »der Distrikt des Ramses« bezeichnet, womit man sich vermutlich auf den großen ägyptischen Pharao Ramses II. bezieht, der einige Jahrhunderte später regierte.

Wie dient man unter der Autorität von jemand anderem? Offenkundig ist das die Lage, in der die meisten von uns stecken. Wie stehen Sie zu der Person, der gegenüber Sie verantwortlich sind? Die richtige Haltung und die richtige geistliche Einstellung einzunehmen und zu wahren kann ganz besonders schwierig sein, zumal dann, wenn der andere ein schwieriger Mensch ist oder ein inkompetenter Leiter oder jemand, dessen Schwäche Sie nur zu gut kennen. Solch eine Lage bedeutet nicht nur eine Prüfung Ihrer Loyalität, sondern auch Ihrer christlichen Reife.

Ein interessanter Seitenblick gilt hier der Tatsache, dass Josephs Brüder in ihrem Gespräch mit dem Pharao sich nicht an den Ratschlag Josephs hielten:

> Da sprach der Pharao zu seinen Brüdern: »Was ist euer Gewerbe?« Sie antworteten: »Deine Knechte sind Viehhirten, wir und unsere Väter.«
>
> Gen 47,3

Wie Sie sich erinnern, hatte Joseph gesagt, sie sollten antworten, dass Sie Vieh hätten, weil Ägypter Viehhirten und Schäfer nicht hoch schätzten. Und doch, als der Pharao sie nach ihrem Gewerbe fragte, sagten sie ihm, sie seien Viehhirten und Schäfer. Joseph wollte offenbar nicht dazwischengehen; er hielt sich zurück, verschränkt die Arme und lässt sie sagen, was sie wollen. Joseph war ein starker, leistungsfähiger Leiter, aber er war auch flexibel genug, denen, die zu ihm gehörten, Verantwortung und die Wahl zu lassen.

Seine Brüder ließen den Pharao auch wissen, dass sie nicht gekommen seien, um *für immer und ewig* im Land Ägypten zu bleiben. Sie baten, ob sie »im Lande wohnen«[54] dürften, oder, wie man es auch noch umschreiben könnte, ob sie nicht eine Weile im Lande bleiben könnten, da die Hungersnot in Kanaan ihr Weideland vorübergehend vernichtet habe.

Ein Leiter muss weise und flexibel sein, bereit, hier und da nachzugeben, willig zu delegieren, auch abweichenden Plänen und Vorstellungen zuzuhören. Nicht jeder kann *genau* so vorgehen *wie Sie*. Sie sind verantwortlich für den Überblick und die Ausrichtung, aber das bedeutet nicht, dass Sie das Recht hätten, auch schon die winzigste Änderung oder Neuerung zu ersticken. Manche kirchliche Organisation hat schon einige gute Leute wegen dieser Art fehlender Flexibilität verloren.

Als Angestellter war Joseph loyal, zuverlässig, gewissenhaft, weise, objektiv und leistungsstark. Als Leiter war er leistungsstark, weise, objektiv und flexibel. Seine Leiterschaft hatte eine ruhige, sichere Gelassenheit, die wunderbar zu beobachten ist.

Das bringt uns zur dritten Eigenart Josephs: *Er ordnete das Überleben mit persönlicher Integrität an*. Wir kommen wieder zu seiner Eigenschaft, der Integrität, zurück. Sie tritt immer wieder im Leben und im Wirken dieses Mannes zutage. In diesem Fall sollten Sie bedenken, wie sehr man ihm vertraute.

> Es war aber kein Brot im ganzen Lande; denn die Hungersnot war sehr schwer, sodass Ägypten und Kanaan verschmachteten vor Hunger. Und Joseph brachte alles Geld zusammen, das in Ägypten und Kanaan gefunden wurde, für das Getreide, das sie kauften; und er tat alles Geld in das

Haus des Pharao. Als es nun an Geld gebrach im Lande Ägypten und in Kanaan, kamen alle Ägypter zu Joseph und sprachen: »Schaffe uns Brot! Warum lässt du uns vor dir sterben, nun wir ohne Geld sind?«

Gen 47,13-15

Als die Hungerjahre immer weitergingen, zerfiel das Alltagsleben, das die Ägypter einst genossen hatten, nicht ganz unähnlich den Hungerjahren in Deutschland nach dem Zweiten Weltkrieg oder während der Großen Depression in den USA. Die Leute bekamen Panik. Ihr Überleben stand auf dem Spiel. In diesem Augenblick hatte Joseph eine ungeheure Macht inne. Er hielt ihr Leben und ihre Zukunft in Händen. Immerhin hatte Joseph nicht nur die Vorratsscheunen bauen lassen, er hatte auch die Schlüssel dazu bei sich.

Welch eine Riesenmöglichkeit für einen Leiter, das Volk über den Tisch zu ziehen! Und Geld heimlich zur Seite zu schaffen. Nur seiner eigenen Familie Nahrung zu geben oder ein paar wenigen seiner bevorzugten Leute. Da der Pharao ihm vollkommen vertraute, ließ Joseph nicht zu, dass auf seine Amtsführung auch nur der Schatten eines Verdachtes fiel.

Immerhin musste ja Joseph mit Joseph leben. Was noch wichtiger war, Joseph musste sich Gott stellen. Daher wurde die Verteilung würdig und vollkommen gerecht vorgenommen. Alles Geld ging auf das richtige Konto. Es gab keine Schliche und keine Buchungstricks, auch gründete er keine Strohfirma in Übersee oder einen undurchsichtigen Fonds. Joseph ging mit absoluter Integrität zu Werke und sicherte so das Überleben der Ägypter und Kanaaniter, der Hebräer und anderer Länder. Als er noch für Potiphar gearbeitet hatte, viele Jahre zuvor, hatte er dieselbe Zuverlässigkeit und Vertrauenswürdigkeit an den Tag gelegt wie jetzt. Es waren seither mehr als zwei Jahrzehnte vergangen, seine Rolle hatte sich grundlegend geändert, aber seine Integrität blieb intakt.

Weshalb war Joseph so? Uns wird in Gen 41,33 ein Hinweis gegeben, als Joseph, nachdem er die Träume des Pharaos gedeutet und die sieben Jahre des Überflusses genau so vorhergesagt hatte wie die sieben Hungerjahre, warnend gesagt hatte: »Nun sehe der Pharao nach einem verständigen und weisen Mann, den er über Ägyptenland setze …« Gott hatte Joseph für genau jene Position zubereitet, von der er vorhergesagt hatte, dass man sie für eine geraume Zeit brauchen werde.

Das Wort »*verständig*« in Josephs Feststellung bedeutet, klugen Einblick zu haben in eine bestimmte Lage und in die zwingend daraus folgenden Dinge oder Handlungen. Diese Fähigkeit muss ein Leiter haben. Im Endeffekt läuft das auf so etwas wie einen sechsten Sinn der Vorausschau hinaus.

Ein Leiter muss auch *weise* sein. Dieser Begriff wird im Hebräischen am häufigsten im Zusammenhang mit einer konstruktiven Tätigkeit gebraucht. Ein weiser Leiter ist jemand, der aufbaut, nicht zerstört. »Pharao, du brauchst jemanden, der das Land nicht zerteilen oder zerfallen lassen wird. Du wirst genug Probleme mit der Hungersnot haben. Du brauchst einen Mann, der wirklich die Leute zusammenbringen und sie dann auch beieinander halten kann.«

Ein schwieriger Auftrag, die Leute zusammenzuhalten, wenn sie hungern. Wie kann man das bewerkstelligen? Nun, indem Sie an die menschliche Würde glauben und es nicht zu Ihrem eigenen Vorteil nutzen, wenn Menschen Ihnen ausgeliefert sind.

Vor einigen Jahren traf ich einen jungen Mann, der gerade aus einer Gemeinde mit sektiererischen Neigungen herauskam, wo der Einzelne vollkommen überfahren wurde und die Leitung vorlebte, wie man anderen Angst einjagt und sie demütigt, »um die Leute in der Spur zu halten« (seine eigenen Worte). Ich erinnere mich bis heute, wie er mir erzählt: »Was in mir zerstört wurde, während ich in jener Gemeinde war, war meine persönliche Würde. Es war da kein Gefühl für den eigenen Wert oder für die eigene Bedeutung oder die eigene Freiheit vorhanden. Gnadenlos. Den Leuten war nicht erlaubt, unabhängig zu denken oder Entscheidungen zu hinterfragen oder irgendeine andere Ansicht zu vertreten, wenn sie nicht zu zweifelhaften Figuren gemacht oder gedemütigt werden wollten. Der Pastor und seine

Mitarbeiter erwarteten Respekt, aber sie selbst respektierten niemanden.«

Die Leute kamen zu Joseph mit leeren, offenen Händen und seine Reaktion wahrte ihre Würde und erwies ihnen Respekt. Und bedenken Sie bitte, dass er über alles verfügte, sie aber über gar nichts. »Unsere Kasse ist leer. Unsere Nahrung ist zu Ende!« Sie waren Josephs Erbarmen vollkommen ausgeliefert.

Joseph sprach: »Schafft euer Vieh her, so will ich euch Brot als Entgelt für das Vieh geben, weil ihr ohne Geld seid.« Da brachten sie Joseph ihr Vieh, und er gab ihnen Brot als Entgelt für ihre Pferde, Schafe, Rinder und Esel. So ernährte er sie mit Brot das Jahr hindurch für all ihr Vieh (Gen 47,16-17)

Er zuckte nicht einfach die Achseln und gab ihnen eine Hand voll. Er setzte sie nicht auf die Wohlfahrtsliste. Stattdessen befahl er ihnen zu bringen, was sie hatten – ihr Vieh –, und im Tausch würde er ihnen dann Brot geben. Diese Methode des Tausches währte ein ganzes Jahr lang. Das ist einer der Hauptgründe, weshalb sie die Hungerszeit überlebten.

Als das Jahr um war, kamen sie zu ihm im zweiten Jahr und sprachen zu ihm: »Wir wollen unserm Herrn nicht verbergen, dass nicht allein das Geld, sondern auch alles Vieh dahin ist an unsern Herrn, und ist nichts mehr übrig vor unserm Herrn als nur unsere Leiber und unser Feld. Warum lässt du uns vor dir sterben und unser Feld? Kaufe uns und unser Land für Brot, dass wir und unser Land leibeigen seien dem Pharao; gib uns Korn zur Saat, dass wir leben und nicht sterben und das Feld nicht wüst werde.« So kaufte Joseph dem Pharao das ganze Ägypten. Denn die Ägypter verkauften ein jeder seinen Acker, weil die Hungersnot schwer auf ihnen lag. Und so wurde das Land dem Pharao zu eigen. Und er machte das Volk leibeigen von einem Ende Ägyptens bis ans andere. Ausgenommen das Feld der Priester, das kaufte er nicht; denn es war vom Pharao für die Priester verordnet, dass sie sich nähren sollten von dem Landanteil, den er ihnen gegeben hatte. Darum durften sie ihr Feld nicht verkaufen. Da sprach Joseph zu dem Volk: »Siehe, ich hab heute euch und euer Feld für den Pharao gekauft; siehe, da habt ihr Korn zur Saat, und nun besäet das Feld. Und von dem Getreide sollt ihr den Fünften dem Pharao geben; vier Teile sollen euer sein, das Feld zu besäen und zu eurer Speise und für euer Haus und eure Kinder.« Sie sprachen: »Du hast uns beim Leben erhalten; lass uns nur Gnade finden vor dir, unserm Herrn, dann wollen wir dem Pharao leibeigen sein.« So machte es Joseph zum Gesetz bis auf diesen Tag, den Fünften vom Feld der Ägypter dem Pharao zu geben; ausgenommen blieb das Feld der Priester, das wurde nicht dem Pharao zu Eigen.

Gen 47,18-26

Als ein Jahr später die Hungersnot immer noch bitter war und sie kein Vieh mehr besaßen, und sie sich wieder auf den Knien vor Joseph wieder fanden, wieder mit leeren Händen, sagten sie: »Joseph, hilf uns. Was sollen wir jetzt tun? Kaufe unser Land und gib uns zu essen. *Kaufe uns* – wir werden dem Pharao dienen. Nur hilf uns über diese schrecklichen Jahre hinweg.« In ihrer Verzweiflung lieferten sie sich Joseph vollkommen aus.

Was daran so klar hervortritt, ist, dass Joseph seine Macht nicht missbrauchte – nicht ein einziges Mal! Gott hatte ihn aus der Sklaverei herausgehoben und er hat nie vergessen, wie wunderbar diese Befreiung war. Von dem, dem viel gegeben worden ist, wird viel erwartet werden.

Arthur Gordon, der für eine amerikanische Zeitschrift schreibt, sagt zur Bedeutung der persönlichen Integrität:

Jahr um Jahr gehen Geschäftsleute College-Berichte und -Zeugnisse durch, schauen sich Bewerber an und setzen erprobte Leute gewissen Anreizen aus. Was suchen sie auf diese Weise? Geistesgröße? Know-how? Energiegeladene Menschen? Natürlich sind diese Dinge erwünscht. Aber sie werden den Einzelnen nur ein gewisses Stück weit tragen. Wenn es darum geht, zur Spitze vorzudringen und mit Befehlsgewalt ausgestattet zu werden, muss ein weiterer Faktor erfüllt sein, etwas, das die Wirksamkeit schlichter Fähigkeiten verdoppelt und verdreifacht. Wenn man diese magische Eigenschaft fassen will, gibt es dafür nur ein einziges Wort: »Integrität«.[55]

Integrität hält Ihre Augen im Examen auf dem eigenen Blatt Papier. Integrität sorgt dafür, dass Sie nur wahre Zahlen in Ihre Ausgabenblätter eintragen und vorlegen. Integrität richtet Ihr persönliches Leben gerade aus und hält es rein, unabhängig von irgendwelchen Vorteilen und persönlichen Vergünstigungen, die Ihnen durch Kompromisse zufallen würden, durch Nachgeben gegenüber der Versuchung.

Ein erfolgreicher Geschäftsführer, ein Mitglied einer meiner früheren Gemeinden, hat mir einmal vor vielen Jahren erzählt, eine große Firma sei an ihn herangetreten und habe ihm das Blaue vom Himmel versprochen. Sie hätten ein Bewerbungsgespräch mit ihm geführt, hätten ihn zum Essen eingeladen und ihm ein unglaubliches Gehalt versprochen. Als er an jenem Abend in sein Hotelzimmer zurückgekehrt sei, hätte er eine Frau vorgefunden, die auf ihn gewartet habe. Sie war durch den in Aussicht stehenden Arbeitgeber bezahlt und für ihn zur Verfügung gestellt worden. Er schickte sie weg, verließ das Hotel und erwischte gerade noch den letzten Flug, den es gab, um nach Hause zu fliegen. Am nächsten Tag schrieb er der Firma ab: »Vergessen Sie's! Wenn Sie auf die Art Ihre Geschäfte machen, dann brauchen Sie nicht mich.«

Max DePree, ein hervorragender Geschäftsmann und Christ, hat eine stehende Redewendung: »Integrität in allem hat Vorrang vor allem anderen. Integrität offen zu zeigen ist wesentlich.«

Bitte seien Sie sich hier bewusst: Integrität ist eine harte Nuss. Integrität nimmt nicht den einfachsten Weg, trifft nicht die leichtesten Entscheidungen oder wählt nicht den Weg der Vergnügungen, die nur ein Weilchen dauern. Vor allem fragt Integrität nach der Person, die Sie sind, wenn sonst niemand da ist, der Sie prüfen oder testen könnte. Sie zeigt sich am ehesten, wenn keiner zuschaut.

Da ich mich in diesem Buch so oft auf Integrität beziehe, wird es langsam Zeit, dass wir uns etwas genauer ansehen, wie sie definiert wird. Mein Freund Warren Wiersbe hat das meisterhaft in seinem Buch »*The Integrity Crisis*« (»Die Integritäts-Krise«) getan:

> Was ist denn nun Integrität? Das Oxford English Dicitionary sagt, das Wort komme aus dem Lateinischen, von integritas, was »Ganz-Sein«, »Abgerundet-Sein«, »Vollendet-Sein« bedeutet. Das Stammwort ist integer, mit der Bedeutung »unberührt«, »unverletzt«, »intakt«, »ganz«. Integrität bedeutet für den Einzelnen oder eine Firma so viel wie für den Körper Gesundheit oder für die Augen hundertprozentige Sicht. Jemand mit Integrität ist nicht geteilt (das wäre Doppelzüngigkeit) oder gibt vor, es zu sein (das wäre Heuchelei). Er oder sie ist »ganz«, sein oder ihr Leben ist »zusammengefügt« und alles ist in Harmonie miteinander. Menschen mit Integrität haben nichts zu verbergen und nichts zu befürchten. Ihr Leben gleicht offenen Büchern. Sie sind integre Menschen.[56]

Später führt Wiersbe dann aus, dass Menschen mit Integrität drei bemerkenswerte Eigenarten haben:

> Jesus hatte es klargestellt, dass Integrität die ganze innere Persönlichkeit umfasst: das Herz, das Gemüt und den Willen. Der integre Mensch hat ein ungeteiltes Herz. Er versucht nicht, Gott und die Welt gleichzeitig zu lieben. Ein integrer Mensch hat ebenso ein ungeteiltes Gemüt, eine einzige Perspektive (»Auge«), was dafür sorgt, dass das Leben in der richtigen Richtung verläuft. Immerhin verhilft die Perspektive, die Blickrichtung festzulegen, wie das Ergebnis sein wird: »Ein Zweifler (also ein Mensch mit geteiltem Gemüt) ist unbeständig auf allen seinen Wegen.« (Jak 1,8) … Jesus sagte auch, dass der integre Mensch einen einzigen Willen hat: Er sucht nur einem Herrn zu dienen. Peter T. Forsythe hatte Recht, als er sagte: »Die erste Pflicht jeder Seele ist, nicht ihre Freiheit zu finden, sondern ihren Herrn.« Wenn

Sie erst mal Ihren Herrn, Jesus Christus, gefunden haben, dann werden Sie Ihre Freiheit finden. »Wenn euch nun der Sohn frei macht, so seid ihr wirklich frei.« (Joh 8,36) Niemand kann gleichzeitig zwei Herren erfolgreich dienen. Wenn man das dennoch versucht, wird man zu einer gespaltenen Persönlichkeit und kann keine Integrität haben. So jemand ist ein Mensch mit geteiltem Herzen, geteiltem Gemüt und geteiltem Willen.[57]

Mit ungeteiltem Herzen, Gemüt und Willen handelte Joseph fair und ehrlich mit all jenen, die ihm ihr Geld anvertrauten. Als sie ihm leere Hände entgegenstreckten und leidenschaftlich erklärten: »Wir werden alles tun!«, blieb er fair und mitfühlend.

Integrität hat verschiedene Komponenten, wie wir Warren Wiersbes Anmerkungen entnommen haben. Unter den Wichtigsten ist Wahrhaftigkeit – absolute, nicht nachgebende Wahrhaftigkeit. Manchmal denke ich, wir sind darin besser, wenn wir jung sind. Unschuldigen, naiven kleinen Kindern scheint es leichter zu fallen, die Wahrheit zu sagen. Bevor wir lernen zu lügen, sagen wir, was wirklich los ist, komme, was da wolle:

Ein Vertreter klopfte an die Tür eines heruntergekommenen und offenkundig ärmlichen Hauses. Die Mutter trug ihrem Sohn auf, dem Vertreter zu sagen, sie könne nicht zur Tür kommen, weil sie in der Badewanne sei. Der kleine Junge ging zur Tür und sagte: »Wir haben keine Badewanne, aber Mami hat mir gesagt, ich soll sagen, sie wäre drin.«[58]

Tja, die Ehrlichkeit eines Kindes! Wenn wir älter werden, ist es nicht ungewöhnlich zu beobachten, wie manche Leute auf dem schlüpfrigen Hang der Unehrlichkeit abrutschen. Wir können es mit dieser Fähigkeit, an der falschen Stelle nachzugeben, zu einiger Perfektion bringen.

Als Nachspiel zum Watergate Prozess haben viele Scharfdenker ihn in nur zwei Worten analysiert: »kompromittierte Integrität«. Der frühere Präsident Nixon und die, die ihn umgaben, hatten einen erstaunlichen Mangel an Integrität. Falschheit und

Heuchelei wucherten. Wenn man die Abschrift der stundenlangen Bänder liest, die von den Gesprächen im Oval Office mitgeschnitten worden sind, kann man den Sturz deutlich zurückverfolgen. Zunächst kam das Abrutschen des Charakters, dann die Bedrohung, hernach die Versuchung, dann der Zusammenbruch, die Kompromittierung und zum Schluss der Versuch, das alles mit »guten Gründen« zuzudecken. Wenn die Integrität zusammenbricht, werden wir in die Strömung der Lügen und des Verdeckens hineingespült. Aber wir wollen nicht vergessen – im Kern ging es um das Problem, dass der Präsident unserer Nation keinen Charakter hatte.

Joseph hingegen hatte Charakter. Daher weigerte er sich, seine Integrität zu kompromittieren. Er plante in weiser Voraussicht. Er unterstellte sich der Autorität mit loyaler Redlichkeit und Verlässlichkeit. Er sorgte für das Überleben anderer mit persönlicher Integrität. *Schließlich nahm er die Herausforderungen mit innovativer Kreativität an.*

Die hungergeplagten Menschen hatten alles, was sie besaßen, im Tausch gegen Nahrungsmittel hingegeben – ihr Vieh, ihr Land und sogar sich selbst. Was sollte Joseph tun? Der Bericht in Genesis 47 gibt uns die Antwort.

So kaufte Joseph dem Pharao das ganze Ägypten. Denn die Ägypter verkauften ein jeder seinen Acker, weil die Hungersnot schwer auf ihnen lag. Und so wurde das Land dem Pharao zu Eigen. Und er machte das Volk leibeigen von einem Ende Ägyptens bis ans andere. Ausgenommen das Feld der Priester, das kaufte er nicht; denn es war vom Pharao für die Priester verordnet, dass sie sich nähren sollten von dem Landanteil, den er ihnen gegeben hatte. Darum durften sie ihr Feld nicht verkaufen. Da sprach Joseph zu dem Volk: »Siehe, ich hab heute euch und euer Feld für den Pharao gekauft; siehe, da habt ihr Korn zur Saat, und nun besäet das Feld. Und von dem Getreide sollt ihr den Fünften dem Pharao geben; vier Teile sollen euer sein, das Feld zu besäen und zu eurer Speise und für euer Haus und eure Kinder.« Sie sprachen: »Du hast uns beim Leben erhalten; lass uns nur

Gnade finden vor dir, unserm Herrn, dann wollen wir dem Pharao leibeigen sein.« So machte es Joseph zum Gesetz bis auf diesen Tag, den Fünften vom Feld der Ägypter dem Pharao zu geben; ausgenommen blieb das Feld der Priester, das wurde nicht dem Pharao zu Eigen.

Gen 47,20-26

Joseph hatte einen innovativen Plan, etwas, was noch niemand vor ihm getan hatte: »Damit das Land überhaupt etwas hervorbringen kann, müssen wir uns über das Land verteilen«, sagte er. Vorher hatten alle in wenigen dicht besiedelten Gebieten gewohnt. Diese Orte waren ihr Zuhause, ihre Arbeit, ihre Höfe, ihre Nachbarschaft. Jetzt wurden sie aufgefordert, das alles aufzugeben. Dazu musste man einiges verkaufen – und viel Überzeugungsarbeit leisten. Aber Joseph schaffte es und er verteilte die Leute über das gesamte Land Ägypten »von einem Ende Ägyptens bis zum anderen.«

»Da habt ihr Saatkorn. Nun könnt ihr säen«, sagte Joseph. »Und wenn ihr das tut, werdet ihr eines Tages ernten können. Ihr werdet wieder euer eigenes Einkommen haben. Ihr werdet wieder auf eigenen Füßen stehen können.« Er knüpfte es nur an eine einzige Bedingung: »Zur Erntezeit sollte ihr ein Fünftel dem Pharao abgeben. Der Rest soll euer sein zum Essen und zum Wieder-Säen.« Er reagierte schöpferisch und behandelte die Leute würdig und mit Integrität. Er machte sie unabhängig. Nahmen sie ihm diesen Plan ab? Funktionierte er? Lesen Sie selbst.

»Du hast unser Leben gerettet!«, riefen sie aus. Weil Joseph der Mann war, der er war, vertrauten sie ihm, hörten auf ihn, nahmen seinen Plan an, gaben alles dran und arbeiteten schwer und waren dankbar.

Leiterschaft ruft danach, die schöpferischen Fähigkeiten völlig auszudehnen. Wenn Sie leitend tätig sind, werden Sie sich manchmal mit dem Rücken zur Wand wieder finden. Sie ist groß, Furcht erregend und manchmal hoch und glitschig. Sie können weder drüberklettern noch einen Weg erkennen, der drum herum führen würde. Genau dann wird es spannend! Dann beginnen die schöpferischen Kräfte zu fließen und Sie fangen an, mögliche Wege zu ersinnen, wie Sie auf die andere Seite dieser Wand gelangen könnten. Innovation und Kreativität (von Mut gar nicht erst zu reden) tun sich zusammen, entschlossen, eine Lösung und einen Weg zu finden. Das erinnert mich an die Reaktion eines Marineoffiziers im Koreanischen Krieg. Er und seine Truppen fanden sich flankiert vom Feind auf beiden Seiten – und nicht nur das: vor ihnen und nicht weit hinter ihnen dasselbe. Vollkommen unterlegen in Position und Zahl reagierte er: »Großartig! So entkommen sie uns dieses Mal auf keinen Fall!«

Josephs innovativer Plan, der von Kreativität und Mut angetrieben war, führt zu einer neuen Politik: »So machte es Joseph zum Gesetz bis auf diesen Tag ...« Das scheint oft das endgültige Ergebnis zu sein: Innovation führt zu einem erfolgreichen Plan, der zu einer funktionierenden Leitlinie der Politik wird.

Um kreativ denken zu können, müssen Sie Raum haben. Bedenken Sie das bitte, Sie, die Sie Einfluss in Organisationen, Firmen und Unternehmen haben. Geben Sie jedem um sich herum viel Raum für Kreativität! Machen Sie Platz für Brainstorming, frei von den Beschränkungen des Misstrauens.

Wieder fallen mir Worte von Frank Goble ein. Er bietet sehr weisheitsvollen Rat an:

> Die beste Art, Kreativität zu zerstören, ist, auf jeder Ebene Menschen zu platzieren, die voll Misstrauen, Kritiksucht, Unsicherheit und Abwehr sind. Zunächst sind ja die allermeisten Ideen zart und zerbrechlich und müssen umsichtig genährt, gehegt und herangezogen werden. Aus diesem Grund betonen Menschen, die erfahren sind in der Entwicklung von Kreativität in Organisationen, die Notwendigkeit eines Klimas, das Kreativität begünstigt ...[59]

Gedankenfreiheit! Charles Clark, einer der führenden Männer des Brainstormings, schreibt in seinem Buch über dieses Thema, dass er in Brainstorming-Sitzungen unvermittelt eine Glocke läutet, wenn jemand einen »Killersatz« benutzt. Das ist eine neue

Idee, nicht wahr? Warum nicht? »Killersätze« ruinieren solche Treffen!

Sind Sie bereit, sich einige solcher »Killersätze« anzusehen, die ich in den über 35 Jahren meiner Leiterschaft in der christlichen Szene gehört habe?

- Das funktioniert nicht.
- Dazu haben wir keine Zeit.
- Wir haben nicht genug Personal, das umzusetzen.
- Dazu reicht unser Budget hinten und vorne nicht.
- Das billigt der Vorstand nie und nimmer.
- Das haben wir schon probiert.
- Wir sind noch nicht so weit.
- Wenn wir das machen, verlieren wir einige gute Sponsoren.
- Das ist in der Theorie ganz nett, aber in der Praxis?
- Daraus könnte sich ein Rechtsstreit ergeben.
- Das ist zu modern.
- Das ist zu altmodisch.
- XY hat das auch probiert und es ist schief gelaufen.
- Dafür sind wir zu klein.
- Wir sind viel zu groß dafür.
- Das kostet viel zu viel Geld.
- Die Leute würden das niemals akzeptieren.

So wie es Menschen gibt, die »Spielverderber« sind, so gibt es auch »Gnadenverderber« und auch »Kreativitätsverderber« und sie sind bekannt dafür, solche »Killersätze« zu benutzen. Sie haben Angst vor dem Risiko, sie leben ihr angstgeplagtes Leben, indem sie versuchen, auf der sicheren Seite zu bleiben, immer in Sorge, falsch verstanden zu werden. Jeder größere Durchbruch ereignet sich durch harte Arbeit – und manchmal sogar durch Unverständnis. Wenn Sie kreativ sind, werden Sie bald merken, dass damit Folgen verbunden sind.

Als Marconi seinen Freunden sagte, dass er ein Verfahren entdeckt habe, wie man Botschaften durch die Luft schicken könne ohne Drähte oder andere körperlich fassbare Mittel, brachten sie ihn zunächst in die psychiatrische Anstalt zur Verwahrung. Als Samuel Morse den Kongress um 30.000 $ bat, um eine telegrafische Verbindung zwischen Washington und Baltimore herzustellen, wurde er in aller Öffentlichkeit der Lächerlichkeit preisgegeben. (Ein Abgeordneter des Kongresses merkte sarkastisch an, man könne das Geld auch dafür verwenden, um eine Eisenbahntrasse zum Mond zu bauen.) Als 1926 ein junger Vertreter vorschlug, dass man den Absatz an Herrenhosen steigern könne, wenn man statt der Knöpfe vorne Reißverschlüsse einsetzte, bog sich alles vor Lachen. Am Ende wurde aus dem Unternehmen die Firma Talon Manufacturing, die ihr Überleben einzig und allein der einzigen kreativen Idee verdankt – dem Reißverschluss.

Natürlich sind nicht alle Ideen gut. Ich habe mal ein interessantes Buch gelesen, mit dem Titel »Unvollendetes Buch der Pleiten«, das die erfolglosesten Erfinder aller Zeiten aufführt, es ist lächerlich. Zwischen 1962 und 1977 hat Paul Pedrick 162 Erfindungen patentieren lassen, von denen keine heute genutzt wird. Unter ihnen war ein Fahrrad, das auch im Wasser fährt. Eine andere war eine Vorrichtung, durch die ein Auto vom Rücksitz aus gelenkt werden kann. (Manche von Ihnen mögen schon solch ein Auto besitzen.) Um die Wüsten der Welt zu bewässern, schlug Pedrick das Verfahren vor, riesige Schneebälle von den Polargebieten mit Hilfe eines Netzwerkes von riesigen Erbsenschleudern zu transportieren und zu verteilen! Er hat auch einige Erfindungen für das Golfspiel gemacht, einschließlich eines Golfballs, der im Flug gesteuert werden konnte! (Es ist mir völlig unklar, warum sich diese Idee nicht schlagartig durchgesetzt hat.)[60]

Es ist mir klar, dass Kreativität zu lächerlichen Extremen führen kann; Sie brauchen mir deshalb nicht zu schreiben. Ich schlage nicht vor, dass man blödsinnige Entscheidungen treffen solle, aber manchmal müssen Sie das Lächerliche bedenken, um zu einem innovativen, kreativen Plan zu gelangen. Manche Leute werden so negativ, so eng in ihrem Blick, sie denken, sie hätten Scheuklappen auf, sind sich drohenden Unheils so unglaublich bewusst, haben so wenig Vertrauen, dass sie keinerlei Raum gewähren, in dem neue Ideen aufkommen können, nicht einmal bei ihren eigenen Kindern. Ich erinnere mich an einige der genialen Pläne, mit denen unsere Kinder rausrückten, um die Hausarbeit in den Griff zu bekommen, Geschirrspülen beispielsweise. Sie waren überzeugt, dass, wenn wir nur Pappteller und -becher benutzten, die Arbeit in der Küche doch erheblich leichter würde. Cynthia und ich haben diesen Plan zwar nicht mit fliegenden Fahnen übernommen, aber es gab Zeiten, wo wir vorübergehend darauf eingegangen sind.

Besonders Christen fühlen sich durch alles Neue bedroht. Bitte unterstellen Sie mir nicht, ich schlüge eine »neue« Theologie vor. Schon seit Jahrzehnten sage ich, dass wir bereit sein müssen, die uns vertrauten Methoden hinter uns zu lassen, ohne die grundlegende Botschaft zu beeinträchtigen. Viele sagen, das täten sie, aber das trifft nicht ganz zu. Pech. Die richtigen Innovationen können beispielsweise die Anbetung wunderbar verstärken. Es gibt so viele frische und neue Ansätze, die unsere Treffen verändern und Lob und Anbetung anziehender und Gewinn bringender machen können, um es noch einmal zu sagen.

Veränderungen, das wiederhole ich hier noch mal, müssen auf einer soliden Grundlage stehen. *Erste und höchste Priorität muss unsere Hingabe an gesunde biblische Wahrheit und Grundlinien haben.* Wenn wir an dieser Stelle nicht vollkommen klar und deutlich sind, können wir es aufgeben, irgendeinen Erfolg sehen zu wollen. Stattdessen wird eine unauffällige Erosion stattfinden, und wir werden verlieren, was wir haben. Wenn Ihr Plan voraussetzt, dass Sie lügen oder betrügen, wenn er es nötig macht, andere schlecht zu behandeln, oder wenn er voraussetzt, dass er Ihren Glauben auch nur im Geringsten aufweicht, ist er falsch. Werfen Sie ihn jetzt gleich in den Müll, nicht erst später!

Zweitens müssen wir *schauen, wie wir unsere Zeit verbringen.* Peter Drucker hat viele hilfreiche Sachen gesagt, aber eines der Zitate von ihm, die ich ständig im Munde führe, ist dieses:

Vielleicht zeichnet wirkungsvolle Geschäftsführer nichts so sehr aus wie die Sorge um ihre Zeit ... Bevor man sich nicht selbst wirksam im Griff hat und »managt«, wird Sie der größte Einsatz von Fähigkeiten, Erfahrungen oder Wissen auch nicht zu einem leistungsstarken Geschäftsführer machen.[61]

Wir müssen imstande sein, ohne lange Ausführungen »nein« zu sagen. Das bedeutet, auch gute Dinge abzusagen, erfreuliche Dinge nicht mitzumachen, sogar wunderbare Gelegenheiten nicht wahrzunehmen, wenn unsere zeitliche Beschränkung, die auf höheren Prioritäten gründet, keinen Raum dafür lässt. Ich muss über 50 Briefe wöchentlich beantworten, in denen ich aufgefordert werde, bei verschiedenen Anlässen oder Treffen teilzunehmen, als Sprecher aufzutreten – die meisten davon sind erbauliche und hervorragende Gelegenheiten und Möglichkeiten. Meine schon festliegenden Prioritäten aber zwingen mich, beinahe jedes Treffen abzusagen. Das ist nie einfach, schon gar nicht angenehm, aber es ist richtig. Ein Prinzip, das ich damals in den fünfziger Jahren gelernt habe, gilt noch immer: Manche Dinge *müssen* sein, damit andere sein *können*.

Drittens müssen wir *unsere Beweggründe im Auge behalten*. Wir sollten immerzu beobachten, wie wir uns Menschen gegenüber verhalten und auf sie reagieren, und wir müssen uns beständig fragen, warum wir gerade mit Ja oder Nein antworten. Tun wir das »Richtige« aus einem falschen Grund? Hoffen wir, aus unserer Reaktion einen Vorteil zu ziehen? Versuchen wir, es anderen Menschen recht zu machen? Ihnen zu gefallen? Manchmal ist unser Beweggrund einfach eine lange geübte Gewohnheit. Manche Menschen lieben eine eingefahrene Spur. Wenn Sie feststellen, dass Sie sich an einem langweiligen Lebensstil festhalten, ist es vielleicht Zeit, sich einmal das Leben mit den Augen eines Joseph anzuschauen. Halten Sie inne und denken Sie über die Änderung nach, die er durchlief, die Korrekturen, die er machte, die Flexibilität, die er an den Tag legte – während all seiner Jahre als ein Mann in einem leitenden Amt. Stellen Sie fest, wie er, obwohl er älter wurde, sich weigerte, vor den Herausforderungen des Lebens wegzulaufen.

Während wir dies alles überlegen, denke ich an das Kreuz, an dem diese vier Prinzipien am Werk waren: Bevor sich dieser große Augenblick der Erlösung ereignete, *plante Gott, der Vater, mit weiser Objektivität voraus*, veranlasst durch seine unbedingte Liebe. Er sah uns, wie wir waren, nicht, wie er uns gerne gewollt hätte. Wir waren verkommen, verloren, sündig, geistlich tot. Wir waren entfremdet. Wir hassten Gott. Wenn man uns in unserer verlorenen Lage eine Wahl gelassen hätte, hätte jeder Einzelne von uns an der Kreuzigung seines Sohnes aktiv teilgenommen. Er sah uns, wie wir waren.

Dann unterstellte sich sein Sohn, Jesus Christus, mit loyalem Verantwortungsbewusstsein der Autorität des Vaters. »Ja, ich werde gehen. Ja, ich werde die Botschaft von der Erlösung überbringen. Ja, ich werde auf diese Erde gehen, die wir geschaffen haben. Ja, ich werde die Qualen auf mich nehmen. Ja, ich werde Gegenstand von Hohn und Spott sein. Ja, ich werde sterben. Ich unterstelle mich dir.«

Mithilfe des Kreuzes führte Gott der Herr seinen Plan für unser geistliches Leben mit göttlicher Integrität durch. Das verlangte das Opfer Christi am Kreuz. Er war genau, wer er gesagt hat, der er sei, und er tat genau das, was er vorhergesagt hatte, dass er tun würde. Mit ungeteiltem Herzen, ungeteiltem Gemüt, ungeteiltem Willen erfüllte er den Plan des Vaters.

Schließlich führte Jesus Christus den innovativsten kreativen Plan der Welt durch. Angefangen mit der Jungfrauengeburt über Tod und Auferstehung bis zum zweiten Wiederkommen Christi ist der Plan des allmächtigen Gottes reich an Innovation und Kreativität. So etwas ist noch nie zuvor getan worden. Es wird auch nie wieder so kommen. Das war ein einmaliger »Masterplan«, den nur der Schöpfer selbst hat erdenken können.

So wie der Vater mit Joseph umgegangen ist, so handelt er auch mit uns. In seinem großartigen Arrangement des Lebens übersieht er die Sünde des Menschen nicht; er geht sie an. Er beschäftigt sich mit den schweren Fragen des Lebens. Nicht mit Fragen wie: »Was soll ich zu meinem Broterwerb tun?« Oder: »Wie soll ich meine Zeit verbringen?« Sondern: »Wie werde ich die Ewigkeit verbringen?« Nicht so sehr: »Wie schaffe ich es, mit der Person, die mir am nächsten sitzt, klarzukommen?« Sondern letztlich: »Wie komme ich mit Gott klar?« Wenn wir die schweren Fragen richtig beantworten, ergeben sich die Antworten auf die anderen von allein.

Ach, wenn wir doch Vorbilder würden an Umsicht, Ehrlichkeit, Mitgefühl, Kreativität! Möge unsere Arbeit schlicht die Fortsetzung unserer Integrität sein. Und möge jeder von uns, der sich zu Christus als seinem Herrn bekennt und sich nach ihm nennt, einen guten Einfluss auf seine Umgebung haben, ein treuer Vertreter und Botschafter für jenen sein, der uns zuerst geliebt und sich für uns gegeben hat.

Mit anderen Worten: Mögen wir in den Fußspuren Josephs gehen. Oder noch besser: in den Fußspuren Jesu.

KAPITEL ZWÖLF

Lichtpunkte zwischen Dämmerung und Mitternacht

Mein Tag begann an jenem Morgen sehr früh, schon lange vor Tagesanbruch, denn das Telefon klingelte. Am anderen Ende der Leitung war die sehr aufgeregte, ekstatische Stimme eines jungen Mannes, der mich anrief, um mir zu sagen, dass er vor wenigen Minuten Vater geworden sei. Dem Baby ginge es gut. Der Mutter ginge es gut, auch wenn sie erschöpft sei. Dem Vater ging es super-gut! Er erzählte mir den Namen des Kindes und den Grund, weshalb er diesen Namen ausgesucht habe, dazu alles, was die Geburt betraf. Er gluckste ein wenig und lachte einige Male. Er schrie ein- oder zweimal. Als ich den Hörer auflegte, lächelte ich: Was für eine erfreuliche Art, einen neuen Tag zu beginnen!

Nach dem Frühstück ging ich ins Büro. Ungefähr um 9.30 Uhr erhielt ich einen Anruf von einem Ehepaar, das dringend Hilfe brauchte. Man hatte ihnen gerade gesagt, dass die Frau schwer krank sei. Sofort musste ich mich umstellen, als ich diesen lieben Leuten beizustehen versuchte. Mein begeistertes Lächeln vom frühen Morgen verwandelte sich abrupt in ein Gefühl der Trauer und Hilflosigkeit. (Wenige Monate später nahm der HERR diese Frau zu sich.)

Mittags musste ich meine Pause kürzen, um einer Beerdigungsansprache noch einmal den letzten Schliff zu geben, die ich nachmittags um 14.00 Uhr halten sollte. In nur wenigen Stunden hatte ich die Spanne von Geburt über Sterbenskrank-Sein bis zum Mitgefühl für eine trauernde Familie bei einer Beerdigung zu überbrücken.

Als ich in mein Büro zurückkehrte, entdeckte ich, dass dort eine Notiz auf mich wartete, ich müsse unbedingt mit einem Ehepaar zur Seelsorge zusammentreffen. Sie waren knapp über 10 Jahre verheiratet und hatten drei Kinder. Jetzt, so sagten sie, seien sie außerstande, sich noch irgendetwas mitzuteilen; sie hatten sich getrennt und erwogen die Scheidung. Wieder eine vollkommene Umstellung. Während wir miteinander sprachen, war der Raum erfüllt von Tränen der Frustration und ärgerlichen, harten Worten. Es war ein unglückliches, unbefriedigendes Zusammentreffen. (Der Mann und die Frau waren außerstande, ihre Differenzen beizulegen und wurden später geschieden.) Die ganze Sache machte mich unglücklich.

Als ich an diesem Abend ungefähr um 19:00 in den Schrank griff, um den Smoking herauszuholen, den ich bei Trauungen trug, fühlte ich mich danach, diese Abendveranstaltung abzusagen. Natürlich ging das nicht und so stellte ich mich wieder völlig um. Ich hielt die Zeremonie ab, lächelte für den Fotografen, schüttelte die Hand des Bräutigams, gratulierte den stolzen Eltern, küsste die Braut und gab mein Bestes, um in die Fröhlichkeit und die große Freude einzutauchen, die an dieser Abendhochzeit und dem glücklichen, heiteren Empfang zu spüren waren.

Danach ließ ich mich in mein Auto fallen – vollkommen ausgepumpt. Als ich nach Hause fuhr, schaltete ich das Radio ein. Tammy Wynette sang gerade: »I Beg Your Pardon – I Never Promised You a Rose Garden!« Ich nickte zustimmend.

Josephs Leben war alles andere als auf Rosen gebettet und unsere Reise durch die Geschichte war alles andere als langweilig. Seine Höhen und Tiefen waren genauso extrem wie mein Tag gewesen war, nur noch viel viel schlimmer. Sein Leben glich eigentlich eher einer lebenslänglichen Achterbahn. Er wurde in den Himmel gehoben, beschützt und verwöhnt von seinem Vater, während er gleichzeitig in der feindlichen Umgebung seiner Brüder heranwuchs. Sie beneideten ihn so sehr, dass sie erwogen, ihn umzubringen. Daher warfen sie ihn in eine Grube in Kanaan. Dann entschieden sie sich dazu, doch lieber noch ein Paar Shekel herauszuschinden und verkauften ihn an Sklavenhändler, die ihn nach Ägypten verschleppten, wo er an einen hohen Beamten namens Potifar verkauft wurde. Im Haushalt dieses Mannes wurde Joseph respektiert und zum Hauptverwalter befördert; man gab ihm, da ihm der Beamte vertraute, volle Handlungsfreiheit. Bald stach er der lüsternen Frau seines Chefs ins Auge. Seinem Gott getreu und entschlossen, rein zu bleiben, verweigerte sich Joseph ihren Ränken und entfloh ihren Angeboten – am Ende hörte er das Schreien dieser Frau, Rufe von versuchter Vergewaltigung. Das Ergebnis dieser falschen Anklage war, dass er sich im ägyptischen Kerker wieder fand, aber auch dort vertraute man ihm und respektierte ihn. Obwohl er anderen nicht zu nahe trat, sondern ihnen heraushalf, blieb er einige Jahre vergessen. Dann wurde er aus dem Kerker entlassen, durch Umstände, die Gott vorgesehen hatte – und bekam tatsächlich über Nacht das Amt des Premierministers, der rechten Hand des Pharaos. Erstaunlicherweise befand er sich wieder an einem Höhepunkt. Schließlich, nachdem er über 20 Jahre von seiner Familie in Kanaan getrennt gewesen war, wurden Joseph und seine Brüder und sein Vater wieder zusammengeführt, gerade als er erfolgreich die Krise überwinden half, die eine Hungersnot in Ägypten ausgelöst hatte.

Verzweiflung. Triumphe. Höhen. Tiefen. Träume. Kerker. Beförderung. Ablehnung. Aufstieg. Absturz. Die Höhen und Tiefen, das Raus und Rein – die Realitäten im Leben dieses Mannes waren intensiv genug, alles zu übersteigen, was Sie und ich je erlebt haben. Manchmal bewirken solche Kontraste, dass Männer und Frauen Gott vergessen. Manchmal werden sie dann so herb und so zynisch, dass sie sich entschließen, alte Freunde zu verlassen, und wenden sich sogar gegen die eigene Familie. Nicht so

Joseph. Die Extreme des Lebens haben seine Erinnerungen an sein Zuhause nicht ausradiert, sondern noch vertieft.

Clarence Edward Macartney, ein früherer Pastor und Schriftsteller, fängt diesen Gedanken mit einem ausgesuchten Anstrich kreativer Vorstellungskraft ein:

> Er war ja groß im Träumen, als er jung war, groß, als ihm Feindliches und Anfechtungen begegneten, die er bestehen musste, groß in der Stunde der Versuchung, aber am größten war Joseph, als er reich war und seine Träume wahr geworden waren.
>
> Er vergaß sein Vaterhaus nie. Manchmal kam es vor, wenn er an den riesigen Aufgaben arbeitete, die er für den Pharao zu erledigen hatte, dass ihm die Anführer und leitenden Persönlichkeiten wohl eine Frage stellten und Joseph nicht darauf antwortete. Er hatte die Frage einfach nicht gehört. Er hörte die Stimme Jakobs, die Stimme Benjamins. Manchmal, wenn er friedlich in seinem Palast saß, hatte er wohl einen völlig abwesenden Blick und dann pflegte seine Frau, die Tochter des Priesters von On, ihm am Arm zu ergreifen, ihn zu rütteln und ihn zu fragen, ob er sie vergessen habe. Oder sie setzte dann Ephraim auf sein rechtes Knie und Manasse auf das linke und sagte ihm, er solle seine schweifenden Gedanken sammeln und an sie und ihre Söhne denken. Aber Josephs Gedanken waren weit entfernt von diesem herrlichen Palast. Er sah nicht die roten Sandstein-Säulen, um die sich Schlangen wanden, und auf denen große Adler saßen, in deren Augen und Krallen Halbedelsteine glitzerten. Er sah nicht die Windungen des Nils in der Ferne, sah auch nicht die riesige Pyramide, noch sah er die Sphinx, die vor sich hinstarrte. Josephs Gedanken waren weit weg von Ägypten, bei den schwarzen Zelten Hebrons … Wie einfach es dort auch zugegangen war, es gibt einfach keinen besseren Ort als das Zuhause.[62]

Endlich endete die siebenjährige Hungersnot. Der Wohlstand kehrte zurück und Ägypten blühte auf. Das fruchtbare Nildelta, in dem Joseph seine Familie angesiedelt hatte, begann wieder

Nahrung zu erzeugen. Jahr um Jahr wurden Rekordernten eingebracht. 17 Jahre lang genoss Joseph sowohl die Segnungen Gottes wie den Überfluss der Felder und das Zusammensein mit seiner Familie.

JAKOB – KRANKHEIT, SEGEN, TOD

> So wohnte Israel in Ägypten im Lande Goschen, und sie hatten es inne und wuchsen und mehrten sich sehr. Und Jakob lebte 17 Jahre in Ägyptenland, dass sein ganzes Alter wurde 147 Jahre.
>
> Gen 47,27-28

Josephs Volk, das sich nun bei dem Namen nannte, den Gott ihnen gegeben hatte, Israel, war überreich und fruchtbar geworden. Junge Paare heirateten, Kinder wurden geboren, und ihre Zahl nahm ungemein zu. Dann erlebte Jakob, nachdem er 17 Jahre im Lande Ägypten gewesen war, seinen 147. Geburtstag. Er hatte gleich seinem Lieblingssohn einige Höhen und Tiefen in seinem Leben erlebt, viele Fehlschläge, aber auch viele Segnungen seines vergebenden Herrn. Ich stimme Alexander Whyte zu: »Im ganzen Alten Testament gab es keinen Heiligen, der vor allem mehr Gnade und Vergebung von Gott erfahren hätte als Jakob.«[63] Seine Reise kam an ihr Ende. Vielleicht war ja der gesamte Clan zu einer riesigen Geburtstagsparty zusammengekommen? Was für eine Feier das dann gewesen sein muss!

Wenig später, möglicherweise im selben Jahr, da es sich um die letzte Altersangabe von Jakob handelt, bemerkte dieser, dass der Engel des Todes nahe seinem Bett stand. Es ist nicht überraschend, dass er Joseph rufen ließ. Die Szene ist eine weitere jener denkwürdigen Geschehnisse, die uns in der Bibel überliefert sind:

Als nun die Zeit herbeikam, dass Israel sterben sollte, rief er seinen Sohn Joseph und sprach zu ihm: »Hab ich Gnade vor dir gefunden, so lege deine Hand unter meine Hüfte, dass du die Liebe und Treue an mir tust und begrabest mich nicht in Ägypten, sondern ich will liegen bei meinen Vätern, und du sollst mich aus Ägypten führen und in ihrem Grab begraben.« Er sprach: »Ich will tun, wie du gesagt hast.« Er aber sprach: »So schwöre mir.« Und er schwor ihm. Da neigte sich Israel anbetend über das Kopfende des Bettes hin.

Gen 47,29a-31

»Schwöre mir, Joseph – versprich es mir«, sagte Jakob. »Lege deine Hand unter meine Hüfte und schwöre.«

Sterbenden etwas zu versprechen ist nichts Ungewöhnliches. Das wird bis heute praktiziert. Oft habe ich gehört, wie Ehegatten oder Kinder von den Versprechen erzählen, die sie ihren sterbenden Ehepartnern oder Eltern gegenüber abgelegt haben. Aber was hat es mit dieser fremdartigen Geste auf sich, dass jemand seine Hand unter die Hüfte eines anderen legt? Was soll das bedeuten?

Brown, Driver and Briggs, alte, aber noch immer angesehene Gelehrte des hebräischen Textes, schlagen vor, das Besiegeln eines Versprechens habe stattgefunden, indem man die Hand unter das untere Ende des Rückens oder unter das Gesäß legte. Joseph versprach zu tun, was sein Vater erbat, und zeigte das auch symbolisch, indem er seine Hand unter Jakob schob. Es war eine Haltung des Schwörens, die in jener Zeit üblich war.

»Schwöre mir vor unserem Gott, Joseph, dass du mich im Land meines Vaters begraben wirst. Schwöre mir, mich drüben in Kanaan zu begraben, im Land unseres Volkes, nicht in Ägypten. Gott hat uns nach Ägypten gebracht, damit wir den Hunger überstehen können, aber ich möchte im Land unserer Vorväter beerdigt werden, bei Abraham, Isaak und Lea. Bringe mich dorthin. Begrabe mich nicht in Ägypten. Schwöre mir vor Gott, dass das nicht geschehen wird.« Und Joseph schwor seinem Vater, dieses Versprechen zu halten.

In James Dobsons Buch *Straigh Talk to Men and Their Wives*, berichtet Jim von der Grabinschrift, die er in seines Vaters Grabstein, den er »Fußstein« nannte, hat einmeißeln lassen. Es waren zwei kraftvolle Wörter: »Er betete.«[65]

Auf Jakobs Grabstein hätte Joseph die Wörter »Er betete Gott an« setzen können. Viele Jahre zuvor allerdings wäre »Er betrog« angemessener erschienen, aber jetzt war Jakob beinahe eineinhalb Jahrhunderte alt und war mit Gott einen langen Weg gegangen. Am Ende seines Lebens war eine seiner letzten Handlungen, dass Jakob dem Gott Anbetung entgegenbrachte, mit dem er einerseits gerungen und dem er andererseits gedient hatte. In seinem hohen Alter erinnerte er Joseph daran, dass nicht Ägypten, sondern Kanaan das Gelobte Land war. Daher veranlasste er seinen Sohn, ihm dort seine letzte Ruhestätte zu bereiten.

Jakob mit Josephs Söhnen

Diese Szene wird schnell abgelöst durch eine andere von rührender Wichtigkeit, als nämlich Josephs Söhne Ephraim und Manasse hereingebracht werden, um ihren sterbenden Großvater noch einmal zu sehen.

Manasse und Ephraim waren nun keine kleinen Jungen mehr, inzwischen waren sie junge Männer. 17 Jahre waren vergangen, seit Jakob nach Ägypten gekommen war und Josephs Söhne waren vor dieser Zeit geboren worden. Jakob beginnt, indem er mit ihnen den Bund durchgeht, den Gott mit ihm geschlossen hatte:

> »So sollen nun deine beiden Söhne Ephraim und Manasse, die dir geboren sind in Ägyptenland, ehe ich hergekommen bin zu dir, mein sein gleich wie Ruben und Simeon.« …
> Denn die Augen Israels waren schwach geworden vor Alter, und er konnte nicht mehr sehen. Und Joseph brachte sie zu

ihm. Er aber küsste sie und herzte sie und sprach zu Joseph: »Siehe, ich habe dein Angesicht gesehen, was ich nicht gedacht hätte, und siehe, Gott hat mich auch deine Söhne sehen lassen.«

Aber Israel streckte seine rechte Hand aus und legte sie auf Ephraims, des Jüngeren, Haupt und seine linke auf Manasses Haupt und kreuzte seine Arme, obwohl Manasse der Erstgeborene war. Und er segnete Joseph und sprach: »Der Gott, vor dem meine Väter Abraham und Isaak gewandelt sind, der Gott, der mein Hirte gewesen ist mein Leben lang bis auf diesen Tag, der Engel, der mich erlöst hat von allem Übel, der segne die Knaben, dass durch sie mein und meiner Väter Abraham und Isaak Name fortlebe, dass sie wachsen und viel werden auf Erden.«

Gen 48,5.10-11.14-16

Weil Joseph immer der Sohn gewesen war, der seinem Herzen am nächsten gestanden hatte, hatten auch seine Söhne ihrem Großvater Jakob immer sehr nahe. Die Fußnoten in der NIV zu diesem Text besagen, dass Jakob kurz vor seinem Tod die ersten beiden Söhne Josephs als seine eigenen Söhne adoptierte. Dadurch teilte er Josephs Erbteil am Land Kanaan unter ihnen auf: »Die beiden Erstgeborenen Josephs würden künftig denselben Status innehaben wie die beiden Erstgeborenen Jakobs [Ruben und Simeon] und sollten sie letztendlich sogar ersetzen. Wegen einer früheren sündigen Handlung hatte Ruben seine Geburtsrechte an Jakobs bevorzugten Sohn Joseph und dessen älteste Söhne verloren.«[66]

All dies wird später sehr bedeutsam für die Geschichte der Nation Israel und das macht die letzte Szene mit Jakob und seinen Enkeln sehr wichtig.

Vielleicht ist das meine eigene praktische Veranlagung, aber ich sehe etwas sehr Wertvolles für uns hier. Es hat damit zu tun, wie und wo Jakob starb, im Gegensatz zu wie und wo wir sterben werden. Jakob starb in seinem eigenen Bett, zu Hause. Das kommt bei uns heute selten vor. Wir sind in befremdliche Zeiten hineingeraten. Geburt ist mehr und mehr zu einer Sache der Familie geworden, wobei oft die gesamte Familie in der »Geburts-Suite« anwesend ist, wenn das Kind geboren wird. Das ist eine großartige Veränderung, gemessen daran, wie es früher üblich war. Andererseits ist der Tod, das Sterben immer weiter in die kalte und manches Mal wenig zugewandte, professionelle und sterile Umgebung eines geschäftigen Krankenhauses oder Altenheimes verbannt worden, danach in das Beerdigungsinstitut oder die Friedhofskapelle. Erst in den letzten Jahren haben wir beobachten können, wie die Hospizbewegung gewachsen ist, wo es Menschen erlaubt ist, ihre letzten Tage zu Hause zu verbringen, mit denen, die sie lieben an ihrer Seite zu ihrer Unterstützung und Ermutigung auf ihrem letzten Stück des irdischen Weges.

Und doch – obwohl die Familie wieder auftaucht, wieder persönlich gegenwärtig ist, wie selten ist es doch, dass wir jemanden sterben sehen! Ist es ein Wunder, dass Psychologen uns erklären, der letzte Ort, an dem zu sein wir uns vorstellen könnten, sei der Sarg? Wohin gehen die Sterbenden? Sie gehen an professionelle Orte und zu speziellen Instituten. Nur in den seltensten Fällen sterben sie umgeben von Familienmitgliedern (die Enkelkinder eingeschlossen!). Und während viele dieser professionellen Orte und Institute sauber sind und mit kompetenten, sogar bemühten Menschen ausgerüstet sind, können sie sich doch anfühlen wie die einsamsten Orte der Welt.

Joe Bayly, den ich schon einmal erwähnte, der drei Kinder und andere geliebte Verwandte verloren hat, schrieb über deren Tod mit viel Einfühlungsvermögen, Mitgefühl und Autorität. Obwohl seine Worte sich heute ein wenig altmodisch anhören mögen, können sich doch viele mit seinen Anmerkungen identifizieren, wenn er den lebendigen Kontrast der Szenen zeichnet:

Eine meiner frühesten Erinnerungen ist, dass man mich ins Zimmer meiner Großmutter in Gettysburg, Pennsylvania, brachte, um ihr den Abschiedskuss zu geben ...
Diese Szene beeindruckt mich heute noch durch ihre alttestamentliche Prägung: Grandma, eine eindrucksvolle Person,

war bei Bewusstsein, lag leicht erhöht auf einem Polster, ihr Haar geflochten und umsichtig auf einem Quilt arrangiert, den sie als junge Frau genäht hatte. Das Bett hatte vier Pfosten und war dasselbe, in dem sie die letzten 50 Jahre geschlafen hatte, ihre Kinder empfangen und geboren hatte.

Der Fußboden mit den breiten Dielen quietschte vertraut, die Kerosin-Lampe flackerte auf der massiven Kommode; ein Strauß Blumen aus Grandmas Garten verlieh dem Zimmer einen leichten, süßen Duft.

Die alte Dame war umgeben von ihren Kindern und Enkeln. Innerhalb weniger Stunden starb sie.

Vierzig Jahre später standen meine Kinder bei ihrem Großvater, als er seinen letzten Herzinfarkt hatte. Wir gaben ihm Sauerstoff, riefen den Arzt, dann kam der Krankenwagen. Die Männer luden Großvater auf eine Bahre, trugen ihn aus dem Haus und das war das Letzte, was seine Enkel von ihm sahen. Kinder sind in den meisten Krankenhäusern nicht zugelassen.

In der Intensivstation des Krankenhauses blieben meine Frau und ich bei meinem Vater, bis die Besuchszeit vorbei war. Die Elemente der Überlebens-Geräte – Schläuche, Nadeln, Sauerstoff, elektronischer Herzschrittmacher – waren in ihm, auf ihm, um ihn.

Vater starb allein, in der Nacht, nach Ende der Besuchszeit. Seine Enkel hatten keine Chance, ihm einen Abschiedskuss zu geben und seine Hände auf ihren Köpfen zu spüren.

Innerhalb einer Generation ist der Tod aus den Häusern ausgezogen, hinein ins Krankenhaus …[66]

Als Pastor und jemand, der oft solche Menschen schult, die Pastoren werden wollen, kümmere ich mich sehr intensiv um das Sterben. Wir bereiten uns nicht auf das Sterben vor, während wir sterben. Wir müssen uns darauf vorbereiten, während wir noch leben und gesund sind. Wir müssen darüber nachdenken, es als Familie zusammen durchsprechen. Tod ist nichts, was wir befürchten müssten, was vermieden oder verdrängt werden müsste. Es ist etwas, was wir mit jenen Familienmitgliedern und Freunden teilen, die eine Strecke unseres Weges mit uns gegangen sind, und worüber wir uns unterhalten müssten.

Josephs Söhne standen bei ihrem Großvater, als er jene letzten Augenblicke näher kommen spürte. Sie fühlten seine Hände auf ihrer Stirn und hörten seine zerbrechliche Stimme weise, zarte Segensworte sprechen: »Möge Gott die Nation ebenso segnen, wie er euch segnet.« Was für ein Augenblick! Vielleicht knieten Ephraim und Manasse neben ihrem Großvater. Was für ein bleibender Eindruck an Gutem für das Leben dieser beiden jungen Männer!

Jakob mit seinen eigenen Söhnen

Und Jakob berief seine Söhne und sprach: »Versammelt euch, dass ich euch verkünde, was euch begegnen wird in künftigen Zeiten. Kommt zuhauf und höret zu, ihr Söhne Jakobs, und höret euren Vater Israel!«

Gen 49,1-2

Trotz seines hohen Alters und seiner Gebrechlichkeit war Jakobs Gedächtnis bemerkenswert. Er konnte jeden seiner Söhne mit Namen nennen, konnte ihre besonderen Charaktereigenschaften beschreiben und mit unglaublicher Genauigkeit wichtige Begebenheiten aus dem Leben, das jeder Einzelne geführt hatte, nennen. Auch wenn er sie nicht immer angemessen und weise geführt und erzogen hatte, kannte er seine Söhne gut. Zweifellos half ihm der Herr in diesem anrührenden Augenblick des Lebens, indem er dem greisen Vater prophetische Einblicke verschaffte. Angefangen beim Erstgeborenen, Ruben, bis hinunter zum Jüngsten, Benjamin, segnete Jakob nicht nur seine Söhne, sondern auch die zwölf Stämme, die sie hervorbringen würden.

Das sind die zwölf Stämme Israels alle, und das ist's, was ihr Vater zu ihnen geredet hat, als er sie segnete, einen jeden mit einem besonderen Segen.

Gen 49,28

Danach erteilte Jakob ihnen Anweisungen darüber, wo sie ihn beerdigen sollten, in Übereinstimmung mit dem Versprechen, das er zuvor Joseph abgenommen hatte. Und dann kommt diese wunderschöne Feststellung:

> Und als Jakob dies Gebot an seine Söhne vollendet hatte, tat er seine Füße zusammen auf dem Bett und verschied und wurde versammelt zu seinen Vätern.

Gen 49,33

Die Menschen mit einer Hoffnung auf die Ewigkeit werden wohl trauern über den Verlust, den der Tod im Augenblick bringt und über die schmerzhafte Abwesenheit danach; sie sollen sich aber daran erinnern und damit trösten, dass, wenn ein gläubiger Mensch aus diesem Leben genommen wird, er oder sie an den Ort der Heiligen geholt und in ihre Versammlung einbezogen wird. So sagt die Bibel: »Er wurde versammelt zu seinen Vätern.« Abwesend vom Körper, von Angesicht zu Angesicht beim Herrn. Was für ein einfacher und doch heiliger Moment! Mit einem stillen und letzten Seufzer fügte sich der greise Patriarch ein in die ewigen Reihen der verstorbenen Heiligen.

John Donne, ein englischer Dichter des 17. Jahrhunderts, war nicht nur einer der größten Dichter seines Landes, sondern auch einer der am meisten gefeierten Prediger. Er schrieb eindringlich über den Tod:

> Die gesamte Menschheit stammt von einem Autor und ergibt zusammen einen Band; wenn ein Mensch stirbt, wird ein Kapitel nicht aus dem Buch herausgerissen, sondern in eine bessere Sprache übersetzt. Jedes Kapitel muss so übersetzt werden. Gott beschäftigt verschiedene Übersetzer; manche Teile werden durch das Alter übersetzt, manche durch Krankheit, wieder andere durch Krieg, weitere durch Gerechtigkeit; aber Gott steht hinter allen Übersetzungen. Seine Hand wird all unsere lose gewordenen Blätter wieder fest einbinden, für jene Bibliothek, in der jedes einzelne Buch offen daliegen wird, damit jeder darin lesen kann.[67]

Gott übersetzt das Leben jedes Einzelnen nach dem Tod und erst dann können wir die Bedeutsamkeit dieses Lebens ermessen. Leider bemerken wir die Bedeutung dieses Lebens meistens erst zu spät. Häufig findet das erst lange nach dem Tod des betreffenden Menschen statt.

JOSEPH – TRAUER, GNADE UND HERRLICHKEIT

Als Jakob zu seinen Vätern versammelt wurde, blieb Joseph mit seiner Trauer zurück. Wer von Ihnen je den Verlust eines liebevollen, treuen Vaters auszuhalten hatte, wie ich beispielsweise, kennt die Kraft nur zu gut, mit der die Trauer Sie festhält. Ich kann mich noch daran erinnern, wie merkwürdig verwaist und allein ich mich fühlte, obwohl ich doch die Zärtlichkeit meiner liebevollen Frau hatte, die neben und mit mir weinte, dazu unsere vier heranwachsenden Kinder, meinen liebevollen Bruder und die Schwestern. Und dennoch – da stand ich nun und da lag er, für immer von dieser Erde genommen. Ja, in die Herrlichkeit, aber aus meinem irdischen Leben. Ich würde seine Stimme nie wieder hören, nie mehr sein Lachen, seinen Rat, seine Gebete. Ich würde nie mehr einen Augenblick des Glücks mit ihm teilen, nicht mehr die Berührung seiner starken Hand auf meinem Arm spüren oder zusehen, wie er in seiner wunderbaren Handschrift unterschrieb. Er würde nie mehr eines meiner Kinder in die Arme nehmen oder jene Arme um mich schließen, um mir Bestätigung zu vermitteln oder Trost. Ob ich wohl Josephs aufkommende Trauer verstehen kann? Vermutlich mehr als mir zu beschreiben möglich ist.

Ich finde folgende Worte sehr anrührend:

> Da warf sich Joseph über seines Vaters Angesicht und weinte über ihm und küsste ihn. Und Joseph befahl seinen Dienern, den Ärzten, dass sie seinen Vater zum Begräbnis salbten. Und die Ärzte salbten Israel, bis vierzig Tage um waren;

denn so lange währen die Tage der Salbung. Und die Ägypter beweinten ihn siebzig Tage.

Gen 50, 1-3

Dieser Hinweis kommt nicht überraschend, da die Ägypter offenbar ein besonderes System des Einbalsamierens entwickelt hatten, wie sich ja leicht an den Pyramiden und Mumien darin zeigen lässt. Nachdem die Ärzte diesen einmaligen Vorgang beendet hatten, der 40 Tage in Anspruch nahm, und nachdem die Menschen Jakobs Tod 70 Tage betrauert hatten, begann die Beerdigungsprozession ihren langen Weg nach Kanaan.

Interessanterweise trauerten mit Joseph und seiner ganzen hebräischen Familie auch die Ägypter. Aus Liebe zu und Respekt vor dem Mann, der ihnen so ans Herz gewachsen war und sich unter ihnen solch einen glänzenden Ruf erworben hatte, empfanden alle Ägypter den Verlust mit, der Joseph betroffen hatte. Auch sie weinten in diesen 70 Tagen. Darüber hinaus sah der ägyptische Monarch es mit Gnade an, als für Joseph die Zeit kam, sein Versprechen zu halten und seinen Vater in dem fernen Land Kanaan zu begraben.

Die Beerdigung des Vaters

Als nun die Trauertage vorüber waren, redete Joseph mit den Leuten des Pharao und sprach: »Hab ich Gnade vor euch gefunden, so redet mit dem Pharao und sprecht: ›Mein Vater hat einen Eid von mir genommen und gesagt: Siehe, ich sterbe; begrabe mich in meinem Grabe, das ich mir im Lande Kanaan gegraben habe. So will ich nun hinaufziehen und meinen Vater begraben und wiederkommen.‹« Der Pharao sprach: »Zieh hinauf und begrabe deinen Vater, wie du ihm geschworen hast.« Da zog Joseph hinauf, seinen Vater zu begraben. Und es zogen mit ihm alle Großen des Pharao, die Ältesten seines Hauses und alle Ältesten des Landes Ägypten, dazu das ganze Haus Josephs und seine Brüder und die vom Hause seines Vaters. Allein ihre Kinder, Schafe und Rinder ließen sie im Lande Goschen. Und es zogen auch mit

ihm hinauf Wagen und Gespanne, und es war ein sehr großes
Heer.

Gen 50, 4-9

Diese große Gefolgschaft von Menschen muss ein eindrucksvoller Trauerzug gewesen sein, der still seinen Weg aus Ägypten nahm, dann ostwärts zu dem gottgegebenen Gebiet zog, das das Gelobte Land genannt wird. Ich frage mich, was wohl die Leute gedacht haben mögen, als sie in diesen Tagen die Prozession vorbeifahren sahen? *Da geleitete man einen großen König? Die bringen Josephs Vater weg? So begleitet man jenen, durch dessen Lenden die Nation der Juden erhalten geblieben und gestärkt worden ist?* Manche Wüstenbewohner wie die Beduinen mögen einfach aus Respekt aufgestanden sein und alles genau betrachtet haben, während die Trauernden vorbeizogen. Was für ein Epoche machender Augenblick, ein Ende einer vergehenden Ära! Es ist wohl angemessen, dass die Erzählung an dieser Stelle der Geschichte langsamer verläuft, entsprechend der Prozession für Jakob.

Als sie schließlich an ihrem Ziel angekommen waren, setzten sie Jakob dort bei, wo er es gewünscht hatte, in der Höhle von Machpela, der Grabstätte seiner Ahnen Abraham und Sarah, Isaak und Rebekka sowie seiner Frau Lea.

Trotz der Tatsache, dass Joseph in der Regierung Ägyptens solch eine herausragende Stellung innehatte, betrachtete die Familie nie Teile Ägyptens als ihr Erbe. Ihr Anspruch auf Kanaan gründete darauf, dass Gott das Land Abraham geschenkt hatte, dem ersten Ahnherrn Israels. ... Die Rückkehr des Trauerzuges aus Ägypten – damit Jakob in Kanaan beerdigt werden könne – erneuerte den Anspruch der Familie auf die Höhle und auch auf das Land. Sie verpflichteten sich dadurch, eines Tages zurückzukehren und das, womit Abraham und Sarah, Isaak und Rebekka betraut worden waren, einzunehmen. Auch Lea war dort begraben (Rahel nicht) und Jakob sollte seinen Platz im Familienmausoleum einnehmen, damit die drei großen Namen beieinander wä-

257

ren, die für immer mit dem Versprechen Gottes, ihnen Land zu schenken, verbunden sind: Abraham, Isaak und Jakob.[68]

Dieser so wichtige Ort rief bei dem Sohn, der seinen Vater so sehr vermisste, noch mehr Tränen hervor. Ich bin dankbar, dass die Bibel uns die so sehr zarte und verletzliche Seite Josephs nicht vorenthält. Wie *sehr* betrauerte er den Verlust seines Vaters!

> Als sie nun nach Goren-Atad kamen, das jenseits des Jordans liegt, da hielten sie eine sehr große und feierliche Klage. Und Joseph hielt Totenklage über seinen Vater sieben Tage. … Als sie ihn nun begraben hatten, zog Joseph wieder nach Ägypten mit seinen Brüdern und mit allen, die mit ihm hinaufgezogen waren, seinen Vater zu begraben.
>
> Gen 50,10+14

Die Rückkehr nach Ägypten muss eine Zeit des Nachdenkens gewesen sein. Vielleicht saßen Joseph und seine Brüder bis spät in die Nacht um ein Lagerfeuer, wenn die Karawane eine Ruhepause einlegte, und erinnerten sich an verschiedene Begebenheiten aus der Vergangenheit. Sich von Trauer zu erholen braucht Zeit – manchmal Monate, manchmal Jahre. Und in diesem Fall rührten die Zeiten des Nachdenkens in den Herzen der Brüder wieder den Schmerz der Schuld an. Sofort tauchte der alte Kontrolleur des Gewissens auf; und Angst und Sorge belasteten sie schwer.

> Die Brüder Josephs aber fürchteten sich, als ihr Vater gestorben war, und sprachen: »Joseph könnte uns gram sein und uns alle Bosheit vergelten, die wir an ihm getan haben.« Darum ließen sie ihm sagen: »Dein Vater befahl vor seinem Tode und sprach: ›So sollt ihr zu Joseph sagen: Vergib doch deinen Brüdern die Missetat und ihre Sünde, dass sie so übel an dir getan haben.‹ Nun vergib doch diese Missetat uns, den Dienern des Gottes deines Vaters!« Aber Joseph weinte, als sie solches zu ihm sagten.
>
> Gen 50,15-17

Dies ist ein weiterer Einblick in die sanfte und weiche Seite Josephs. Ihr Kampf gegen die Vergangenheit und die (schon vergebenen) Sünden bewegte ihn zu Tränen. Sie konnten noch immer keine Gnade annehmen! Es war für sie noch immer »zu schön, um wahr zu sein«. Alles, was sie vor so vielen Jahren gesagt und getan hatten, drängte sich wieder mit Macht in ihre Seele. Auch die Angst kehrte zurück, als ihre Vorstellungskraft die Oberhand gewann. Sollte Joseph ihnen nur um ihres Vaters willen so freundlich entgegengekommen sein? Weshalb hatte er sich noch nicht an ihnen gerächt?

Sie hegten Zweifel, ob nicht der Tod ihres Vaters den mäßigenden Einfluss auf ihren Bruder plötzlich beseitigen könnte. So lange Jakob am Leben und bei ihnen war, hatten sie sich sicher gefühlt oder zumindest sicherer. Jetzt, wo er gestorben war, konnte doch niemand mehr vorhersagen, was geschehen würde. Die Schuld nagte wieder an ihnen. Vielleicht hatte sich in einem unbeobachteten Augenblick, während sie selbst den Tod ihres Vaters betrauerten und ihre Herzen daher weich waren, die Schuld in ihre Erinnerung eingeschlichen und sie ihres zerbrechlichen Friedens beraubt.

Sie wiederholten vergangene Sünden, die ihnen von Joseph schon so lange vollkommen vergeben worden waren, aber die sie noch immer nicht vergessen hatten. Im Ergebnis hatten sie Angst vor Joseph. Sie schickten ihm eine Botschaft des Inhalts, ihr Vater habe Joseph gebeten, ihnen ihre Untat zu vergeben.

Wieder enthüllt Josephs Reaktion seinen Charakter. Er weinte, als sie ihm dies sagen ließen, weil sie ihm nicht geglaubt hatten, was er ihnen doch schon viel früher gesagt hatte. Sie erinnern sich sicher, dass er ihnen gesagt hatte, es habe einen göttlichen Plan hinter allem gegeben, was ihm zugestoßen sei? Sie erinnern sich sicher, dass er ihnen erzählt hatte, nicht sie hätten ihn nach Ägypten gesandt, sondern Gott. Er bemerkte, als sie ihre Worte stockend hervorbrachten und versuchten, den alten Müll der Vergangenheit wieder aufzuwärmen, dass sie ihm nicht richtig zugehört oder ihm nicht richtig geglaubt hatten. Er musste ihnen diese Worte noch einmal sagen.

Ohne zu zögern, bot er ihnen Beruhigung an, Frieden, in Form der Vergebung. Josephs Worte hier in Genesis 50 enthalten den besten Ausdruck für Vergebung, den wir finden können, mit Ausnahme der Worte Jesu Christi selbst. Ich schlage vor, dass Sie das langsam und mit Gefühl lesen, vorzugsweise laut. Alle, die mit unnötigen Schuldgefühlen oder vergebener Sünde kämpfen, werden Vorteil daraus ziehen können, wenn sie sich häufig an diese Worte Josephs erinnern. Ich schlage daher vor, dass Sie diese wenigen Zeilen auswendig lernen, damit sie für immer in Ihrer Seele eingemeißelt sind und bleiben. Ich hoffe, das wird Ihnen helfen, die Gnade Gottes zu verstehen und anzunehmen wie noch nie in Ihrem Leben. Joseph versicherte seinen Brüdern:

> Joseph aber sprach zu ihnen: »Fürchtet euch nicht! Stehe ich denn an Gottes Statt? Ihr gedachtet, es böse mit mir zu machen, aber Gott gedachte, es gut zu machen, um zu tun, was jetzt am Tage ist, nämlich am Leben zu erhalten ein großes Volk. So fürchtet euch nun nicht; ich will euch und eure Kinder versorgen.« Und er tröstete sie und redete freundlich mit ihnen.
>
> Gen 50,19-21

»Stehe ich denn an Gottes Stelle?«, fragte Joseph sie. Wäre er ein weniger großer Mann gewesen, hätte er den »König der Berge« spielen und die Rolle Gottes an sich reißen können. »Gnadenverderber« tun so etwas, nicht wahr? Sie spielen die Macht aus, die sie über andere haben. Sie spielen ein fleischliches Spiel, wenn sie jemanden in die Ecke getrieben haben, jemanden, der verletzlich und ihnen auf Gedeih und Verderb ausgeliefert ist.

Für Joseph kam es nicht infrage, das zu tun. Er hatte es früher bei ihrer Zusammenführung nicht getan, er tat es auch jetzt nicht. Aus Gehorsam gegenüber Gott beherrschten ihn Gefühle sanften Erbarmens, als er jetzt zu ihnen über die Gnade Gottes spricht. »Stehe ich an Gottes Stelle?«, fragt er seine Brüder und damit: »Brüder, hört mir zu! Lasst uns das jetzt zum letzten Mal klären. Ich weiß, was ihr getan habt, und ich weiß, was ihr damit vorhattet. Das war euer Plan. Aber Gott hatte andere Pläne, und er hat eure bösen Absichten zu einem guten Ergebnis gebracht. Es hat eine Zeit gegeben, in der ich das nicht alles verstanden hatte, aber diese Zeit ist lange vorbei. Bitte behaltet das jetzt in euren Köpfen – Gott hat alles gut gemeint und gut gemacht.« Dies war der Augenblick, in dem sich Joseph als großer Mann erwies wie nie zuvor oder hernach. Winston Churchill hätte gesagt, es war seine »beste Stunde«.

Ein Hubschrauber-Pilot hat mir einmal ein großartiges Erlebnis erzählt, das er hatte, als er einen Polizei-Hubschrauber flog: Er sah zum ersten und letzten Mal in seinem Leben einen vollständigen Regenbogen. Alles, was wir gewöhnlich von einem Regenbogen sehen, ist ein Bogen, dessen eines Ende oder beide die Erde berühren. Aber das ist nur der halbe Regenbogen, sagte mir der Pilot, denn der Regenbogen ist eigentlich ein voller Kreis. »Als ich genau die richtige Position hatte und in diesem himmlischen Prisma genau den richtigen Punkt erwischt hatte, sah ich nicht nur das Ganze, *ich flog hindurch und um ihn herum*. Es war ein Erlebnis, wie man es nur einmal im Leben hat.«

»Also liegt kein Schatz am Ende des Bogens vergraben?«, scherzte ich.

»Nein«, antwortete er, »weil es kein Ende gibt.«

Joseph sagte zu seinen Brüdern: »Ich sehe den gesamten Regenbogen. Ihr seht nur einen Teil davon. Aber ich sage euch, denn ich bin hindurchgegangen und habe ihn umrundet: Er hat kein Ende. Ihr wolltet Böses, aber Gott wollte Gutes.« Der Schatz lag in Joseph, ganz einfach, nicht in irgendeiner vermeintlichen Truhe irgendwo.

Bewachen Sie Ihr Herz, wenn Sie die Macht haben, anderen Schuld einzujagen oder aufzuerlegen. Weigern Sie sich, sie mit der Nase in die Pfütze zu tauchen, die sie gemacht haben. Erinnern Sie sich an den wartenden Vater des »verlorenen« Sohnes. Oder noch besser: Erinnern Sie sich an Joseph. »Habt keine

Angst«, tröstete er sie freundlich. »Ich werde für euch und eure Kinder sorgen.«

Ich liebe die Worte des unsterblichen Liedes von George Robinson:

> Loved with everlasting love
> *Geliebt mit ewiger Liebe,*
> Led by grace that love to know
> *von Gnade so geführt, dass ich diese Liebe kennen lernte,*
> Gracious Spirit from above,
> *du gnädiger Geist von oben*
> Thou hast taught me, it is so!
> *hast mir beigebracht, dass es so ist.*
> O, this full and perfect peace!
> *O welch voller, vollkommener Friede!*
> O, this transport all divine!
> *O welch göttliche Gewissheit!*
> In a love which cannot cease,
> *In einer Liebe, die nicht aufhören kann,*
> I am His and He is mine.[69]
> *gehöre ich ihm und er gehört mir.*

Meine Lieblingszeile in diesem Lied ist »Von Gnade so geführt, dass ich diese Liebe kennen lernte«. Das tritt so deutlich hier zutage, weil es Joseph so klar beschreibt, der, wie Christus, eine Liebe hatte, die nicht aufhörte.

Joseph wurde von Gnade geleitet. Er sprach Gnade aus. Er vergab in Gnade. Er vergaß aus Gnade. Er liebte aus Gnade. Er erinnerte sich aus Gnade. Es war aus Gnade, als seine Brüder sich furchtsam vor ihm verbeugten, dass er sagen konnte: »Richtet euch auf! Gott hat alles gut gemeint und gut gemacht.«

Sein Lebensende

Welch eine Art, sein Leben zu Ende zu bringen! Der Geist Gottes verliert keine Zeit und leitet von Josephs wichtigsten Worten, dem Ausdruck der Gnade, zu seinen letzten Worten über.

Gottes Uhr läuft schließlich bis zum Ende dieses großartigen Lebens, während wir von Josephs größter Stunde zu seiner letzten überwechseln. Bis zum letzten Atemzug ist es wunderbar, in der Nähe dieses Mannes zu sein. Kein Jammern, kein Weinen, keine Reue. Und bis zum Ende dachte er an andere. Statt Aufmerksamkeit auf sich und seine Erfolge zu ziehen – die ja riesig waren – erinnerte er sie an das, was Gott versprochen hatte – was Ewigkeitswert hat.

> Und Joseph sprach zu seinen Brüdern: »Ich sterbe; aber Gott wird euch gnädig heimsuchen und aus diesem Lande führen in das Land, das er Abraham, Isaak und Jakob zu geben geschworen hat.« Darum nahm er einen Eid von den Söhnen Israels und sprach: »Wenn euch Gott heimsuchen wird, so nehmt meine Gebeine mit von hier.« Und Joseph starb, als er hundertundzehn Jahre alt war. Und sie salbten ihn und legten ihn in einen Sarg in Ägypten.
>
> Gen 50,24-26

Als Joseph wusste, dass er sterben würde – und er war bereit zu sterben –, bestätigte er seiner Familie es noch einmal. Er hatte Gottes Versprechen nicht vergessen und wollte wie sein Vater Jakob nicht, dass seine Familie es vergäße.

»Gott wird sich weiter um euch kümmern«, sagte er. »Und eines Tages wird er euch in das Land unserer Vorväter zurückführen, in das Land Kanaan.« Er forderte sie dann auf, ihm nicht nur zu schwören, dass sie das auch glaubten, sondern dass sie, wenn es geschehen würde, seine Gebeine mit dorthin nehmen würden.

Dann, im hohen Alter von 110 Jahren, tritt Joseph beinahe ebenso schnell von der biblischen Szene ab, wie er gekommen ist. Er lässt eine Fülle von Erinnerungen zurück, die an ein Leben untadeliger Integrität und gnadenvoller Vergebung erinnern.

SIE UND ICH – UNSERE RESTLICHEN JAHRE

Dies ist das Ende der Geschichte, das Ende von Genesis, aber nicht das Ende der Nation.

Durch das Leben Josephs haben wir festgestellt, dass wohl Jahrhunderte seither vergangen sein mögen, dieser Mann aber doch viele unserer eigenen Erlebnisse durchlebte und was er im Laufe seines Lebens lernte, heute für uns so wichtig ist wie die Abendschau im Fernsehen – eigentlich sogar noch aktueller. Seine Hinterlassenschaft an uns ist, dass er noch immer zu uns spricht, auch wenn er schon lange tot ist. Wir haben viele Wahrheiten entdeckt, während wir sein Leben und seinen Charakter untersucht haben. Wahrheiten über Integrität, Vergebung, Schuld, über Glauben und ganz gewiss über Gnade. Aber drei bleibende Lektionen scheinen über allem wie ein wundersamer Duft zu schweben:

Zunächst: *Gott arbeitet in allen Dingen zu seiner Ehre und unserem Besten.* Ja, in <u>allen</u> Dingen. Kein Element des Lebens ist unwichtig oder verschleudert, wenn es unter der planenden Hand unseres liebevollen himmlischen Vaters ausgelebt wird. Ich bin überzeugt, dass Joseph sich auf diese Tatsache schon früh in seinem Leben einstellte, was erklären würde, wie er die Schläge und das Herumgestoßen-Werden ertrug, denen und dem er zur Übergenüge ausgesetzt war. Wenn wir bemerken, dass wir unser Leben unter dem fürsorglichen Schutz des Vaters leben, bewirkt das Wunder, wenn einem immer und immer wieder der Boden entzogen wird.

Zweitens: *Joseph lebte sein Leben frei von Bitterkeit*, trotz allem, was ihm zustieß, trotz aller harten Schläge, die ihn unterwegs trafen. Sogar im hohen Alter war er frei von Bitterkeit. Der Baum seines Lebens trug keine bitteren Früchte.

Wenige Dinge sind ähnlich schwierig oder beunruhigend wie ein bitterer alter Mensch – der Ärger, Gotteslästerliches ausspuckt, über ganzen Alben von Untaten brütet, die man ihm angetan hat, und sich vom Bodensatz von »Hätte«- und »Wäre«-Erinnerungen ernährt.

Eine Frau hat jene eindringlichen Worte geschrieben: »Sind sie wirklich so wichtig, all die ›WARUMS‹? Könnten auch die besten Antworten je die Schmerzen beseitigen oder die schlagendsten Gründe meine Tränen ungeweint machen, auch wenn sie direkt aus dem Himmel kämen? Nein, ich würde noch immer weinen. Mein Gott, du hast mich aus dem schwarzen Abgrund der Hölle gerettet; rette mich jetzt vor der Tyrannei der Bitterkeit!« Haben sich die Klauen der »Tyrannei der Bitterkeit« schon um Sie geschlossen? Wollen Sie so Ihr restliches Leben verbringen, all die Jahre? Wird das die Erinnerung sein, die man an Sie haben wird, wenn Sie nicht mehr sein werden? Lassen Sie das nicht zu! Lassen Sie uns unsere restlichen Jahre so zubringen wie Joseph es tat, indem wir den Menschen in unserer Umgebung Mut zusprechen, den ansteckenden Charme der Gnade verbreiten, die hoffnungsstiftenden Versprechen Gottes beanspruchen.

Mein lieber Freund Ken Gire stellt drei tief schürfende Fragen und bietet dann ausgezeichnete Antworten in seinem Buch *A Father's Gift: The Legacy of Memories*:

An welches Bild wird sich mein Sohn erinnern
    wenn er zu dem einfachen Gedenkstein aus Granit
    kommen wird,
    der über dem Grab seines Vaters errichtet wurde?
    Woran wird sich meine Tochter erinnern?
    Oder meine Frau?

Ich habe mich entschlossen, weniger Vorlesungen zu halten,
    weniger Plattitüden in Gang zu setzen,
    sie weniger zu kritisieren,
    weniger oft meine Meinung anzubringen.

Von jetzt an möchte ich ihnen Bilder geben,
    von denen sie zehren können,
    die ihnen Trost spenden,
    sie ermutigen,

sie erwärmen,
wenn ich nicht mehr bin.

Denn wenn ich nicht mehr sein werde,
wird es nur noch zweierlei geben:
Stille.
Und Erinnerungen.

Von all dem,
was ich ihnen geben könnte,
um ihr Leben ein bisschen mehr auszufüllen,
es ein bisschen reicher zu machen,
sie ein bisschen besser vorzubereiten für die Reise, die
vor ihnen liegt,
ist nichts dem Geschenk vergleichbar,
das Erinnerungen bieten können –
Bilder, die ihnen zeigen, dass sie für mich ganz besondere Menschen sind
und dass ich sie liebe.

Bilder werden noch da sein,
wenn ich nicht mehr bin.

Bilder, die sie in sich tragen,
die sie freisetzen, sie selbst zu sein.[70]

Zuletzt: Als Joseph dem Tod gegenübertrat, hatte er sowohl mit Mensch als Gott Frieden geschlossen. Er hatte schon lange vorher Frieden mit seinen Brüdern geschlossen, und da dies ein Friede war, der auf der Gnade Gottes aufbaute, hielt er noch immer. All das traf zu, weil zwischen ihm und Gott alles stimmte, der für ihn keine entfernte Figur war, sondern der sein Herr und Meister war. Wie seine Ahnen hatte auch Joseph die Gewissheit, dass er in seinem Tod in das Volk Gottes aufgenommen werden würde.

Auch wir müssen dem Tod mit dieser Gewissheit gegenüber-
treten, damit wir »aus dem schwarzen Abgrund der Hölle gerettet« sind. Diese Worte sollten unbedingt in uns haften bleiben.
Ohne Jesus ist, wenn der Tod hereintritt, nichts außer Hölle und
ihr Schrecken. In Jesus Christus ist nichts außer Ewigkeit mit
Gott und all ihre Freuden. Wenn wir den Tod unseres Erlösers
annehmen als Tod an unserer Stelle, dann werden das letzte
Zwielicht und die Mitternacht verwandelt werden in einen herrlichen, freudigen Morgen, der niemals aufhören wird.

SCHLUSS-BETRACHTUNG

Joseph – ein Mensch im Vertrauen auf Gott

Als ich damit begann, diese biografische Serie über großartige Lebensgeschichten aus Gottes Wort zu schreiben, fragte ich mich, ob ich nicht im Laufe der Zeit beim Schreiben die Begeisterung und die Freude daran verlieren würde. Es überraschte mich jedoch nicht, dass mein erster Band, *David*, von der ersten bis zur letzten Seite spannend für mich war. Sein vielfältiges und dynamisches Wesen beeindruckte mich von Anfang bis Ende.

Aber ich kann mich an kein erfreulicheres oder erfüllenderes Erlebnis in meiner ganzen schriftstellerischen Laufbahn erinnern als das, welches mir das Schreiben der Biografie Josephs bereitet hat. Ich meine das aus ganzem Herzen und ohne Übertreibung. Nie bin ich in meinem Geist mehr auferbaut und in meiner Seele mehr gestärkt worden, als während ich das Leben dieses großartigen Mannes studierte, durch den Gott seinen Willen so wirksam kundtat. Und die Leichtigkeit, mit der diese Kapitel zusammengestellt wurden, grenzt ans Erstaunliche.

Es gab Augenblicke, in denen ich so mit dem Schreiben beschäftigt war, dass ich Mühe hatte, mich in meiner Umgebung zurechtzufinden. Ich möchte noch offener zu Ihnen sein: Es gab einige wenige Phasen, in denen ich mich fühlte, als sitze Joseph hier und dränge mich, veranlasse mich, jene Zeilen genau so zu verfassen, oder hindere mich, anderes anders auszudrücken. Einmal musste ich laut über einen Ausdruck lachen, den ich gebrauchte. Es war, als ob dieser Mann sich über mich beuge und mir ins Ohr flüstere. Auch wenn ich sicher nicht an »automatisches Schreiben« glaube, fühlte ich mich beim Schreiben mehr vom Heiligen Geist geleitet als je in meinem Leben. Es gab Zeiten, in denen ich von der Geschichte so gefangen genommen war, dass ich beinahe das Rollen der Räder der Wagen hören konnte und die Sphinx vor meinem Fenster zu sehen erwartete. Es war atemberaubend und ich lobe Gott sehr darüber. Ich weiß nicht, was da geschehen ist.

Ich bin weder müde noch hungrig gewesen, habe auch keine einzige mentale Blockade erlebt (der Schrecken jedes Autors), seitdem ich mich vor Wochen an den Tisch gesetzt hatte. Manche Tage begannen kurz nach drei Uhr morgens. Andere endeten kurz vor Mitternacht. Ich brauche normalerweise nicht viel, aber während ich an diesem besonderen Projekt saß, brauchte ich noch weniger Schlaf. *Es ist wunderbar gewesen!* Die Gedanken sind frei geflossen und die Kapitel haben herrlich zueinander gepasst. Ich wünschte, alle Bücher wären solch eine Freude zu schreiben!

Das Beste von allem ist, dass es wirklich ein geistliches Erlebnis war. Es gab gewisse Szenen, wo ich eine Pause einlegen musste, um meinem eigenen bedürftigen Herzen zu gestatten, die Anwendung, die ich gerade für andere geschrieben hatte, aufzunehmen. Ich fand die Kapitel, die eine positive Haltung bewahrten, besonders überzeugend. Auch schickte ich meine Gefühle auf eine Reise, als ich unsere Familientreffen noch einmal aufleben ließ. Ich durchlebte jene Szenen aus meiner eigenen Vergangenheit wieder, als ich Kapitel zehn schrieb. Und ich will gerne einräumen, dass ich bei großen Teilen des letzten Kapitels geweint habe. Es war mir nicht bewusst gewesen, wie viel Trauerarbeit ich noch um den Verlust meines eigenen Vaters zu leisten hatte, bevor ich über Josephs Trauer um seinen Vater Jakob schrieb. Ich hatte gedacht, das sei vorbei. Das war falsch. Aufgrund dieser Dinge und vieler anderer ist Joseph mir so nahe gekommen wie wenige andere Gestalten, mit denen ich mich befasst habe.

Ich hoffe jetzt, dass Sie eine ähnliche Beziehung zu dem ägyptischen Premierminister aufbauen, dessen bemerkenswertes Leben voll ist von Dingen, die jeden von uns dazu bewegen sollten, sich hinzusetzen und Aufmerksamkeit zu entwickeln. Weil die Erfahrung, über ihn zu schreiben, so bereichernd war, fühle ich mich ermutigt, mich mit einer weiteren biblischen Gestalt zu befassen. Aber das ist eine andere Geschichte und sie soll an anderer Stelle genossen werden. Joseph sei es gedankt, dass ich es kaum erwarten kann, an meinen Tisch zurückzukehren, bereit für neue Taten.

Aber für heute wollen wir Gott danken, dass er einen Mann emporgehoben hat, der ihm in jeder Situation vertraut hat und der die Gnade Gottes denen vorlebte, die sie nicht verdienen. Meine Hoffnung ist, dass Sie, wenn Sie von Josephs vorbildlichem Geist und seinen außergewöhnlichen Fähigkeiten lesen, beginnen wie er zu denken und zu leben. Immerhin ist das doch unser Ziel, wenn wir über Männer und Frauen Gottes lesen – uns zu befreien von jenen Dingen, die uns zu Gefangenen gemacht und unsere Beziehung zu Jesus lange genug gestört haben. *Joseph, ein Mensch im Vertrauen auf Gott, fordert uns dazu heraus, auf unsere Umgebung einzuwirken, indem wir unser Leben anders führen – durch die Gnade Gottes zum Ruhme Gottes.*

Sie machen doch mit dabei?

ANMERKUNGEN

1 David Aikman, *Great Souls: Six who Changed the Century* (Nashville: Word Publishing, 1966), S. xii.

2 Aikman, *Great Souls*, S. xvi.

3 Clarence Edward Macartney, *Preaching Without Notes* (New York: Abingdon-Cokesberry Press, 1946), S. 121–122.

4 Naomi H. Rosenblatt und Joshua Horwitz, *Wrestling with Angels* (New York: Delacorte Press, 1995), S. 315.

5 H. C. Leupold, *Exposition of Genesis*, Bd. 2 (Grand Rapids, Mich.: Baker Book House, 1959), S. 955.

6 *Congressional Quarterly*, zitiert von Willliam Bennett in *Index of Leading Cultural Indicators* (New York: Simon & Schuster, 1994), S. 83.

7 Wörtlich: »Die sieben Gewohnheiten der hocheffektiven Familien«.

8 Entspricht ungefähr der deutschen Mittleren Reife, also mit rund 17 Jahren.

9 Stephen R. Covey, *The Seven Habits of Highly Efficient Families* (New York: Golden Books, 1997), S. 16–17.

10 Robert G. DeMoss, Jr.: Leaven to Discern (Grand Rapids, Mich: Zondervan Publishing House, 1992), S. 53.

11 F. B. Meyer, *Joseph – Beloved – Hated – Exalted* (Fort Washington, Penn.: Christian Literature Crusade, n.d.), S. 24.

12 Dietrich Bonhoeffer, *Versuchung* [die englische Version *Temptation* erschien in New York: Macmillan Publishing Co., Collier Books, 1953. Das Zitat stammt von dort S. 116–117].

13 Meyer, S. 30.

14 Thomas Carlyle, zitiert aus *John Bartlett's Familiar Quotations*, Hrsg.: Emily Morison Beck (Boston: Little, Brown and Co., 1980), S. 474.

15 Clarence Edward Macartney, *Trials of Great Men of the Bible* (Nashville: Abingdon Press, 1946), S. 46–47.

16 Bonhoeffer, *Versuchung*, S. 116–117.

17 William Congreve, zitiert in John Bartletts *Familiar Quotations*, S. 324.

18 Dag Hammarskjold, *Markings*, übers. von Lief Sjoberg und W. H. Auden (New York: Alfred A. Knoph, 1965), S. 615.

19 Alexander Solschenizyn, *The Gulag Archipelago*: 1918–1956. An Experiment in Literary Investigation, Bd. 3, Teil 5, Kapitel 5 (New York: Harper Collins, 1992), S. 615.

20 Original: »*The Electric Thomas Edison*«.

21 Charles Edison, »The Electric Thomas Edison«, *Great Lives, Great Deeds* (Pleasantville, N. Y.: Reader's Digest Association, 1964), S. 200-203.

22 C. S. Lewis, *The Problem of Pain* (New York: Macmillan Publishing Co., Collier Books, 1962), S. 93.

23 Wo ist Gott, wenn alles schmerzt?

24 Philip Yancey, *Where Is God When It Hurts?* (Grand Rapids, Mich.: Zondervan Corp.: 1977), S. 95.

25 G. Frederick Owen, *Abraham to the Middle-East Crisis*. 4. und überarbeitete Ausgabe (Grand Rapids, Mich.: Wm. B. Eerdmans Publishing Co., 1957), S. 29.

26 Joseph Bayly, *The Last Thing We Talk About*, früher unter dem Titel *The View from a Hearse* (Elgin, Ill.: David C. Cook Publishing, Co., 1973), S. 120–121.

27 Franz von Assisi, zitiert in John Bartlett's *Familiar Quotations*, S. 138.

28 J. Oswald Sanders, *Robust in Faith* (Chicago: Moody Press, 1965), S. 44.

29 Victor P. Hamilton, *The Book of Genesis: Chapters 18–50*, Hrsg. R. K. Harrison (Grand Rapids, Mich. Wm. B. Eerdmans Publishing Co., 1959), S. 508.

30 Eugene H. Peterson, *The Message: The New Testament in Contemporary English* (Colorado Springs: NavPress, 1993), S. 314.

31 Gene Getz, *Joseph: Overcoming Obstacles through Faithfulness* (Nashville: Broadman & Holman, Publishers, 1996), S. 108.

32 Alexander Whyte, *Bible Characters*, Bd. I (Grand Rapids, Mich.: Zondervan Publishing House, 1952), S. 122–123.

33 Meyer, S. 69. Der »Lethe-Strom«, auf den Meyer sich bezieht, ist ein »Fluss im Hades, dessen Wasser es an sich hat, dass, wer daraus trinkt, seine Vergangenheit vergisst«. (Mariam-Webster's Collegiate Dictionary, 10. Ausg. Siehe »lethe«.)

34 Leupold, S. 1053.

35 Eugene H. Peterson, *The Message: The Wisdom Books* (Colorado Springs: NavPress, 1993), S. 126.

36 William E. Sanger, zitiert in Haddon W. Robinson, *Biblical Teaching* (Grand Rapids, Mich.: Baker Book House, 1980), S. 150.

37 C. S. Lewis, *Mere Christianity,* überarbeitete Ausg. (New York: Macmillan Publishing Co., Collier Books, 1952), S. 72–73.

38 Hamilton, S. 546.

39 William Shakespeare, *King Henry VI,* 5.6.2.

40 Paul Tournier, *Guilt and Grace* (San Francisco: Harper & Row Publishers, 1962), S. 93.

41 Henry Morris, *The Genesis Report* (Grand Rapids, Mich.: Zondervan Publishing House, Regency Reference Library. 1990), S. 257.

42 Frederick Buechner, *Wishful Thinking: A Theological ABC* (New York: Harper & Row, Publishers, 1973), S. 33–34.

43 Deborah Jean Swindoll, Abdruck genehmigt.

44 John H. Sailhammer, *The Expositor's Bible Commentary,* Bd. 2, Hrsg. Frank E. Gaebelein (Grand Rapids, Mich.: Zondervan Publishing House, Regency Reference Library, 1990), S. 257.

45 Wörtlich: »Über Dich werden wunderbare Dinge gesagt«, »Wie süß klingt Jesu Name dem Gläubigen« und »Wie wunderbar der Gnaden Ton«.

46 Hamilton, S. 587.

47 Douglas MacArthur, zitiert in *Quote Unquote,* zus.gest. von Lloyd Cory (Wheaton, Ill.: SP Publications, Victor Books, 1977), S. 15.

48 Alfred Edersheim, *Bible History, Old Testament,* Bd. I (Grand Rapids, Mich.: Wm. B. Eerdmans Publishing Co., 1959), S. 175.

49 David Redding, *Jesus Makes Me Laugh* (Grand Rapids, Mich.: Zondervan Publishing House, 1977), S. 100-102.

50 James M. Black, »When The Roll Is Called Up Yonder«, *The Hymnal for Worship and Celebration* (Waco, Tex.: Word Music, eine Abteilung von Word, Inc., 1986), S. 543.

51 Diese Interpretation ergibt sich in der Lutherbibel nicht, wohl aber in der New American Standard Bible, die Swindoll zugrunde legt.

52 Frank Goble, *Excellence in Leadership* (Thornwood, N.Y.: Caroline House Publishers, 1972), S. 131.

53 Arthur Maslow, *Motivation and Personality* (New York: Harper & Row, 1954), S. 257, 207, 203.

54 Die New American Standard Bible benutzt hier den Begriff »verweilen«, der hinweist auf einen nur vorübergehenden Aufenthalt.

55 Arthur Gordon, »*A Foolproof Formula for Success*«, Readers' Digest (Dezember 1966), S. 88.

56 Warren Wiersbe, *The Integrity Crisis* (Nashville: Oliver Nelson, eine Unterabteilung von Thomas Nelson Publishers, 1988), S. 21.

57 Ibid., S. 21, 22.

58 Jerry White, *Honesty, Morality and Conscience* (Colorado Springs: Nav-Press, 1979), S. 49.

59 Goble, S. 29.

60 Stephen Pile, *The Incomplete Book of Failures* (New York: E. P. Dutton, 1979), S. 22.

61 Peter Drucker, *The Effective Executive* (New York: Harper & Row, 1966), S. viii.

62 Clarence Edward Macartney, *The Greatest Men of the Bible* (New York: Abingdon Press [1941]), S. 108–109.

63 Whyte, *Bible Characters*, Bd. I, III.

64 James Dobson, *Straight Talk to Men and Their Wives* (Waco, Tex.; Word Books, 1980), S. 213.

65 Notes, *The NIV Study Bible* (Grand Rapids, Mich.: Zondervan Publishing House, 1985), S. 213.

66 Bayly, S. 29–30.

67 John Donne, ein Dichter des Englands des 17. Jahrhunderts.

68 Joyce Baldwin, *The Message of Genesis 12-50* (Downers Grove, Ill.: Inter Varsity Press 1986), S. 214.

69 George Robinson, »I Am His and He Is Mine«, *The Hymnal for Worship and Celebration* (Waco, Tex.: Word Music, eine Unterabteilung von Word, Inc., 1986), S. 490.

70 Ken Gire, *A Father's Gift: The Legacy of Memories*, vormals unter dem Titel *The Gift of Remembrance* (Das Geschenk der Erinnerung, des Gedenkens) (Grand Rapids, Mich.: Zondervan Publishing House, 1992), S. 51, 53, 57.

hänssler

Ein weiteres Buch aus der Reihe von Charles R. Swindoll

Charles R. Swindoll

David - Ein Mensch nach dem Herzen Gottes
Mit David geistlich wachsen

Pb., 420 S.
Nr. 393.491, ISBN 3-7751-3491-3

David – der größte König des Alten Testaments. David – Politiker, Poet, König und Ge-
jagter. David – trotz Schwächen und Stärken ein Mensch nach dem Herzen Gottes.
In dieser Biografie der besonderen Art schreibt Charles Swindoll mehr als nur ein Le-
bensbild des großen Königs David: es ist eine tief gehende Auslegung des Lebens Davids,
die praxisbezogen in den Alltag des Lesers spricht. Anhand von ausgewählten Bibelstel-
len zeichnet Swindoll das Leben Davids nach. Er macht deutlich, wie sich Gottes Plan in
Davids Leben zeigt und zieht Parallelen zu unserem Leben. In packender, zeitgemäßer
Sprache gelingt dem Autor ein tief gehendes und spannendes Porträt – ein Buch, das he-
rausfordert!

Bitte fragen Sie in Ihrer Buchhandlung nach diesem Buch!
Oder schreiben Sie an den Hänssler Verlag, D-71087 Holzgerlingen.

hänssler

Bücher von Max Lucado

Max Lucado
Weil der Himmel die Erde berührte
Pb., 120 S.
Nr. 393.463, ISBN 3-7751-3463-8

»Der Himmel selbst öffnete sich und legte das Kostbarste, was er zu bieten hatte, in einen menschlichen Körper hinein ... Er, der größer als das Universum ist, wurde ein Embryo.« Dieses Buch von Max Lucado lässt den Himmel die Erde berühren, indem es Jesus ganz neu nahe bringt. Lucado zeichnet das Leben von Jesus von der Geburt an so spannend und lebendig nach, dass der Leser einen neuen Blick bekommt. Ein fesselndes Buch, das den Glauben erneuert und stärkt – in Lucados bekannt seelsorgerlicher, humorvoller Sprache geschrieben.

Max Lucado
Wenn Gott dein Leben verändert
Pb., 200 S.
Nr. 393.602, ISBN 3-7751-3602-9

Anhand von biblischen Episoden und Alltagsbeispielen zeigt Lucado, wie Gott unser Leben verändern kann! Ein Buch, das gut tut und dem Glauben neue Kraft gibt.

Max Lucado
Weil Gott dich trägt
Pb., 260 S.
Nr. 393.096, ISBN 3-7751-3096-9

Max Lucado erklärt anhand des Römerbriefes sowie anhand kleiner Episoden aus dem Alltag die größte Entdeckung seines Lebens: das Konzept göttlicher Gnade.

Max Lucado
Wie du Gott ganz vertrauen kannst
Pb., 220 S.
Nr. 393.033, ISBN 3-7751-3033-0

Gott jagt uns nach und tut alles, um unsere Aufmerksamkeit zu bekommen! Entdecken Sie ganz neu, was diese Botschaft für Sie bedeutet!

Bitte fragen Sie in Ihrer Buchhandlung nach diesen Büchern!
Oder schreiben Sie an den Hänssler Verlag, D-71087 Holzgerlingen.